2017 年度国家社科重大项目"网络金融犯罪的综合治理研究"（项目编号：17ZDA148）、
2017 年福建省社科规划项目"环境犯罪刑法治理的早期化问题研究"（项目编号：FJ2017 B002）的阶段性成果

STUDIES ON THE SHIFTING FORWARD OF
CRIMINAL LAW PROTECTION:

Phenomenological Observation and Dogmatic Analysis

刑法保护前置化研究：

现象观察与教义分析

李晓龙 著

厦门大学出版社 国家一级出版社
XIAMEN UNIVERSITY PRESS 全国百佳图书出版单位

图书在版编目(CIP)数据

刑法保护前置化研究:现象观察与教义分析/李晓龙著. —厦门:厦门大学出版社,
2018.7
ISBN 978-7-5615-6975-7

Ⅰ. ①刑… Ⅱ. ①李… Ⅲ. ①刑法-研究-中国 Ⅳ. ①D924.04

中国版本图书馆 CIP 数据核字(2018)第 103927 号

出 版 人	郑文礼
责任编辑	甘世恒
封面设计	李夏凌
技术编辑	许克华

出版发行 厦门大学出版社

社　　址	厦门市软件园二期望海路 39 号
邮政编码	361008
总 编 办	0592-2182177　0592-2181406(传真)
营销中心	0592-2184458　0592-2181365
网　　址	http://www.xmupress.com
邮　　箱	xmup@xmupress.com
印　　刷	厦门集大印刷厂

开本	720 mm×1 000 mm　1/16
印张	17
字数	300 千字
版次	2018 年 7 月第 1 版
印次	2018 年 7 月第 1 次印刷
定价	68.00 元

本书如有印装质量问题请直接寄承印厂调换

厦门大学出版社
微信二维码

厦门大学出版社
微博二维码

目　录

第一章 引 言

第一节 研究的目的与动机

一、问题意识

由于将确保安全视为国家治理责任的国民观念日益高涨，主张刑法处罚早期化的积极主义刑法观开始出现。[①]一方面，不仅在国内治安和组织犯罪等传统领域，而且在信息技术、环境保护或经济犯罪等新兴领域，持续出现了将保护范围由个人法益侵害提前到集合法益侵害、将保护程度由侵害犯或结果犯类型提前到危险犯或预备犯类型的刑法保护前置化立法；另一方面，在司法实务中刑法保护前置化也成为刑法适用的流行主题，例如将索取贿赂未遂与收受贿赂既遂同等看待的"企行犯"解释模式、将绑架中的勒索财物或不法要挟视为"超过内心倾向"的目的犯解释模式、将醉酒驾驶理解为"大众行为之规范违反"的危险犯解释模式、将网络平台服务商的日常中性行为予以前阶段处罚的预备犯解释模式，都明显表示出通过刑法解释将可罚性时点提前的企图。

面对这种早期化刑事立法的浪潮，大致存在两种论证进路：或者是立足于传统法益将行为类型由侵害犯前置为抽象危险犯，而取消行为与法益之间的侵害关联；或者是将属于传统法益的"人的生命健康与财产"前置

[①]　周光权 . 积极刑法立法观在中国的确立 [J]. 法学研究，2016(4):23-25.

到抽象集合领域，通过创立例如"环境安全"等普遍法益来遮掩行为与传统法益之间的微弱关联。这两种不同的正当性论证途径正好反映了刑法保护前置化的两条发展道路，前者称为刑罚处罚的前置化（Vorverlagerung der Strafbarkeit），后者称为法益保护的前置化（Vorverlagerung des Rechtsgüter-schutzes），两者共同构成刑法保护前置化的表现形式。

但是，一方面，刑罚处罚的前置化所带来的前置犯罪类型，由于作为其处罚根据的危险关联难以判断，特别是作为危险征兆的事前预测与作为侵害发生的事后观察不易区别，能否符合法益保护原则与责任主义的要求存在疑问。另一方面，法益保护的前置化所带来的环境安全和公共秩序等普遍法益，由于其概念和内容是不明确的，其处罚范围和保护形式也不确定，能否符合法治国原则下的明确性要求存在问题。由此必须追问刑法为了安全保护的促进能否且如何做出贡献？也即人们必须询问应当根据什么条件来区分前置化与非前置化？继而前置化因为可罚性扩张或者既遂时点前移而是不合法的吗？是否为了避免远程意义的危险就能够使一个对基本权利的侵犯被正当化？一个构成要件的前移所导致的不法内涵欠缺是否可以通过刑法的解释理论和刑罚幅度调整所弥补？

二、研究综述

随着现代国家由强调最小化国家权力介入的 19 世纪自由主义法治国家范式，向重视事前预防与防控危险的"预防国家（Präventionsstaat）"[①] 或者"安全国家（Sicherheitsstaat）"[②] 范式的变迁，刑法的机能已不限于对过去实

---

① 有关预防国家的详尽分析，可参见 STEFAN HUSTER, KARSTEN RUDOLPH (Hrsg.).Vom Rechtsstaat zum Präventionsstaat[M].Frankfurt:Suhrkamp, 2008:9-20; WOLFGANG KÄCK.Risikovorsorge als Staatsaufgabe[J].Archiv des öffentlichen Rechts (AöR)，1996，121:13-16.

② 有关安全国家的详尽分析，可参见 DIRK SIMON. Präzeptoraler Sicherheitsstaat und Risikovorsorge[M]. Frankfurt am Main:Peter Lang, 2009:63-77; TOBIAS SINGELNSTEIN, PEER STOLLE. Die Sicherheitsgesellschaft:Soziale Kontrolle im 21. Jahrhundert[M]. Wiesbaden:Verlag für Sozialwissenschaften，2008:20-23.

施犯罪的镇压和抑制，而转向对未来可能风险的前置介入和积极防控。^① 也即为了达成通过危险预防和风险管理的安全确保这一任务，以刑法作为积极工具在法益侵害或者危险（Gefährdung）发生的前阶段就积极介入，将刑法视作消除社会风险与回应民意吁求的最佳手段而扩张其适用范围，成为世界各国在应对各类现代犯罪问题的价值选择。由此导致刑法保护的前置化（Vorverlagerung des Strafrechtsschutzes）或者刑法的早期化（Strafrechtsvorverlagerung）在最近数十年间一直是各国刑法立法的基本特征。^② 德国自 1976 年第 14 部刑法修正案开始，刑法持续显示出以法益保护的前置化与刑罚处罚的前置化为中心的早期化处罚趋势。^③ 日本自 20 世纪末期以来逐渐进入"立法活性化"的时代，其刑事立法活动除了显示出与刑法谦抑原则相对的"刑罚积极主义"倾向外，还带有"处罚的早期化""法益概念的抽象化"等特征。^④ 在我国，多部刑法修正案通过设置危险犯构成要件来前置刑法干预起点，体现出刑法干预早期化、扩张化、能动化的鲜明特色。^⑤

对于刑事立法的这种变化，哈塞默（Hassemer）和诺伊曼（Neumann）以"机能化（Funktionalisierung）"、"脱形式化（Entformalisierung）、前置化法益保护（Vorverlagerung des Rechtsgüterschutzes）"来加以批评，^⑥ 乔克斯

---

① 代表性见解参见CORNELIUS PRITTWITZ.Strafrecht und Risiko:Untersuchungen zur Krise von Strafrecht und Kriminalpolitik in der Risikogesellschaft[M]. Frankfurt:Vittorio Klostermann，1993:160-162. 进而 Prittwitz 教授指出，工业社会的"预防刑法（Präventionsstrafrecht）"通过新型法益保护和刑法保护的事前要求，变样为风险社会的"巨大操纵刑法（Großsteuerungsstrafrecht）"，这种巨大操纵刑法是非效率的、反生产性的，进而丧失了长期的名声和信赖性，在法治国家上是不被容许的同时，以"危险刑法的危险"加以表现。

② BEATRICE BRUNHÖBER.Von der Unrechtsahndung zur Risikosteuerung durch Strafrecht und ihre Schranken [M]// ROLAND HEFENDEHL，TATJANA HÖRNLE，LUÍS GRECO (HRSG.).Streitbare Strafrechtswissenschaft:Festschrift für BERND SCHÜNEMANN zum 70.Geburtstag.Berlin/Boston:Walter de Gruyter，2015:4.

③ WINFRIED HASSEMER.Kennzeichen und Krisen des modernen Strafrechts[J].Zeitschrift für Rechtspolitik(ZRP)，1992(10):378ff.

④ 井田良 . 最近の刑事立法をめぐる方法論的諸問題 [J]. ジュリスト，2008，1369:54.

⑤ 梁根林 . 刑法修正 : 维度、策略、评价与反思 [J]. 法学研究，2017(1):44-45.

⑥ 哈塞默和诺伊曼教授的评注参见：WINFRIED HASSEMER/ULFRID NEUMANN. Vorbemerkungen zu §1.Rn.341.[M]// URS KINDHÄUSER, ULFRID NEUMANN,HANS-ULLRICH PAEFFGEN(HRSG.). Nomos Kommentar zum Strafgesetzbuch (NK):Band 1.5 Auflage.Baden-Baden: Nomos , 2017:184.

（Joecks）以"机能化"、"转向（Diversion）"、"财产剥夺（Abschöpfung）"、"法人的刑事处罚（Strafbarkeit juristischer Personen）"、"国际化（Internationalisierung）"来加以评价，① 罗克辛（Roxin）以刑法的"欧洲化（Europäisierung）"、"多文化性（Interkulturelles Strafrecht）"、"前置化刑事可罚性（Vorverlagerung der Strafbarkeit）"来加以说明，② 希尔根多夫（Hilgendorf）以"灵活化（Flexibilisierung）"、"刑法的扩张（Strafrechtsausweitung）"、"前置化（Vorverlagerung）"来加以分析，③ 归纳这些见解，能够发现其共同的特征在于对法益保护或刑法处罚之"前置化"趋势的重视。

在学说史上，刑法的前置化（早期化）与刑法的前阶段犯罪化（Vorfeldkriminalisierung）是同义语，该议题最早来源于1985年京特·雅各布斯（Günther Jakobs）教授在法兰克福市召开的全德刑法教师会议上发表的主题演讲《法益侵害前阶段的犯罪化》（*Kriminalisierung im Vorfeld einer Rechtsgutsverletzung*）④，在这篇论文中Jakobs从绝对国民隐私理论出发表达了对刑法前阶段犯罪化这一预防性转变的忧虑。之后Hassemer（1992，1994）⑤从现代刑法的角度、Herzog（1991）⑥与Prittwitz（1993）⑦从风险刑法

① 乔克斯教授的评注参见：WOLFGANG JOECKS. Einleitung. Rn.117-125.[M]// WOLF-GANG JOECKS，KLAUS MIEBACH. Münchener Kommentar zum Strafgesetzbuch: Band 1: §§ 1-37.3 Auflage. München: C.H.Beck，2017: 37-40.

② CLAUS ROXIN. Strafrecht Allgemeiner—Teil Band I:Grundlagen.Der Aufbau der Verbrechenslehre [M].4 Auflage.München:C.H.Beck，2006:(§ 4 Rn.45，51)127，131.

③ ERIC HILGENDORF. 형법의 세계화와 전문화 [M]. 이상돈，홍승희，역 . 서울：박영사，2010:54-56.(埃里克·希尔根多夫 . 刑法的全球化与专业化 [M]. 李相暾，洪承希，译 . 首尔：博英社，2010:54-56.)

④ GÜNTER JAKOBS. Kriminalisierung im Vorfeld einer Rechtsgutsverletzung[J].Zeitschrift für die gesamte Strafrechtswissenschaft (ZStW)，1985，97(4).

⑤ WINFRIED HASSEMER.Kennzeichen und Krisen des modernen Strafrechts[J].Zeitschrift für Rechtspolitik (ZRP)，1992(10); Winfried Hassemer.Produktverantwortung im modernen Strafrecht[M]，Heidelberg:C.F.Müller，1994.

⑥ FELIX HERZOG. Gesellschaftliche Unsicherheit und strafrechtliche Daseinsvorsorge:-Studien zur Vorverlegung des Strafrechtsschutzes in den Gefährdungsbereich [M].Heidelberg:R. v.Decker，1991.

⑦ CORNELIUS PRITTWITZ. Strafrecht und Risiko:Untersuchungen zur Krise von Strafrecht und Kriminalpolitik in der Risikogesellschaft [M].Frankfurt am Main:Vittorio Klostermann，1993.

的角度、Seelmann（1992）[①] 从象征刑法的角度分别对刑法的前阶段犯罪化进行了严厉的批判。在学说史上除了对刑法前阶段犯罪化趋势的正当性展开批判之外，还展开了对该趋势的合法化论证。Schroeder（1985）[②] 从侧防刑法理论出发肯定了作为侧防规范保护的刑法保护前置化、Stratenwerth（1993）[③] 从未来刑法理论出发主张面向未来保障的刑法保护前置化、Hirsch（1995）[④] 从古典刑法理论出发主张通过灵活解释的刑法保护前置化，Hassemer（1994，2000）[⑤] 从核心刑法理论出发主张作为干涉法的保护前置化，Jakobs（2004，2006）[⑥] 从敌人刑法理论出发主张作为危险源消除的刑法保护前置化，Sieber（2009）[⑦] 从安全刑法理论出发主张确保国民安全的刑法保护前置化。

德国学说史上早期谈论刑法保护前置化趋势大多侧重于抽象价值讨论，而晚近则强调对刑法保护前置化趋势本身的具体考察。Arndt Sinn 和 Walter Gropp（2011）[⑧] 在其领导的跨国研究项目中系统地讨论了行为刑

---

① KURT SEELMANN. Risikostrafrecht:Die "Risikogesellschaft" und ihre "symbolische Gesetzgebung" im Umwelt- und Betäubungsmittelstrafrecht [J].Kritische Vierteljahresschrift für Gesetzgebung und Rechtswissenschaft (KritV), 1992(4).

② FRIEDRICH-CHRISTIAN SCHROEDER. Die Straftaten gegen das Strafrecht[M].Berlin/New York:Walter de Gruyter，1985.

③ GÜNTER STRATENWERTH. Zukunftssicherung mit den Mitteln des Strafrechts?[J]. Zeitschrift für die gesamte Strafrechtswissenschaft (ZStW), 1993，105(4).

④ HANS JOACHIM HIRSCH. Strafrecht als Mittel zur Bekämpfung neuer Kriminalitätsformen?[C]// HANS-HEINER KÜHNE，KOICHI MIYAZAWA(HRSG.). Neue Strafrechtsentwicklungen im deutsch-japanischen Vergleich.Köln: Carl Heymanns 1995.

⑤ WINFRIED HASSEMER. Produktverantwortung im modernen Strafrecht[M]. Heidelberg:C.F.Müller，1994; WINFRIED HASSEMER. Grundlinien einer personalen Rechtsgutslehre[C]// Andrew von Hirsch (Hrsg.).Strafen im Rechtsstaat.Baden-Baden:Nomos，2000.

⑥ GÜNTHER JAKOBS. Bürgerstrafrecht und Feindstrafrecht.[J]. Höchstrichterliche Rechtsprechung zum Strafrecht (HRRS)，2004(3); GÜNTHER JAKOBS.Staatliche Strafe:Bedeutung und Zweck [M].Paderborn/München/ Wien/Zürich:Ferdinand Schöningh，2004; GÜNTHER JAKOBS.Terroristen als Personen im Recht?[J].Zeitschrift für die gesamte Strafrechtswissenschaft (ZStW)，2006，117(4).

⑦ [德] 乌尔里希·齐白 (Ulrich Sieber). 全球风险社会与信息社会中的刑法：二十一世纪刑法模式的转换 [M]. 周遵友，江溯，等，译 . 北京：中国法制出版社，2012.

⑧ ARNDT SINN/WALTER GROPP/FERENC NAGY(Hrsg.). Grenzen der Vorverlagerung in einem Tatstrafrecht:Eine rechtsvergleichende Analyse am Beispiel des deutschen und ungarischen Strafrechts[C]. Gättingen: Universitätsverlag Osnabrück，2011.

法前置化的概念、技术与边界，夯实了刑法保护前置化议题的基本范畴。Hanna Sammüller-Gradl（2015）① 从环境犯罪法益前置化的角度深入分析了作为德国环境刑法效率障碍的归责问题，丰富了环境刑法保护前置化的正当化论证路径。Sugil An（2016）② 则主张环境刑法的前阶段犯罪化根源于生态学的危机、现代性的辩证和责任结构的变化，表现为刑法的机能化、法益概念的稀释化与典型危险的犯罪化。

在日韩，高桥则夫（2003）③ 主张着眼于刑法规范意识的形成机能而承认处罚的早期化，井田良（2007）④ 把处罚阶段早期化的原因归纳为刑事立法的活性化、刑罚机能的多元化、社会构造的变形化，金尚均（2011）⑤ 将早期化立法的根据概括为危险的事前防患、避免回复困难的实害阻止、预防未来侵害的法益保全，金载润（2013）⑥ 主张作为风险刑法前置工具的抽象危险犯和预备罪通过具体解释技术能够停留在法治国刑法的框架内。

在我国，伴随着晚近对风险刑法的讨论，少数学者也开始涉及刑法保护前置化的问题。姚贝和王拓（2012）⑦ 认为刑法的前置化处罚包括单纯行为犯、蓄积犯、预备犯和违反特定禁令的不作为犯，王永茜（2013）⑧ 把法益保护的提前化和刑事处罚的前置化视为现代刑法扩张的新手段，主张刑法保护前置化的根据是现代社会中的新型风险，而刑法处罚前置化的根据是抽

---

① HANNA SAMMÜLLER-GRADL. Die Zurechnungsproblematik als Effektivitätshindernis im Deutschen Umweltstrafrecht:Untersuchung im Hinblick auf das Rechtsgut der Umweltdelikte[M]. Berlin:Duncker & Humblot，2015.

② SUGIL AN. Vorfeldkriminalisierung in der Risikogesellschaft[M].Frankfurt am Main:PL Academic Research，2016.

③ 高橋則夫. 刑法の保護の早期化と刑法の限界 [J]. 法律時報，2003，75(2).

④ 井田良. 変革の時代における理論刑法学 [M]. 東京：慶應義塾大学出版会，2007.

⑤ 金尚均. 処罰段階の早期化再考 [M]// 浅田和茂 (ほか)，編. 人権の刑事法学：村井敏邦先生古稀記念論文集. 東京：日本評論社，2011.

⑥ 김재윤. 형법을 통한 안전보장의 가능 성과 한계에 관한 고찰 [J]. 비교형사법연구，2013(25).〔金载润. 在风险社会中通过刑法操纵风险的可能性和界限——以风险刑法和敌人刑法为中心 [J]. 韩国：建国法学，2013(25).〕

⑦ 姚贝，王拓. 法益保护前置化问题研究 [J]. 中国刑事法杂志，2012(1).

⑧ 王永茜. 论现代刑法扩张的新手段——法益保护的提前化和刑事处罚的前置化 [J]. 法学杂志，2013(6).

象危险与实害结果的客观关联性。刘艳红（2015）[①]与黄旭巍（2016）[②]围绕环境犯罪刑法治理早期化是否违反谦抑性原则展开激烈的争论。

国内外学者的研究虽然极大丰富了刑法保护前置化趋势的理论认知，但是总体来说还存在以下不足：一是在研究内容上过多侧重于对刑法保护前置化趋势的正当性讨论，而缺少对刑法前置化类型的规范适用分析，难以为实务提供可资利用的理论支持。二是在研究方法上单一侧重于对刑法保护前置化趋势的抽象价值分析，而缺乏对刑法保护前置化趋势的实际效果检讨，在刑法保护前置化趋势的实证经验研究上有待加强。三是在研究结论上批判有余而建设不足，在如何化解刑法保护前置化的弊病并提供问题解决方案上明显薄弱。

第二节　研究的内容与范围

从来刑法由于其采用所有法律中最严厉的制裁手段而被视为最后手段，所以刑法的发动必须以其他手段无法实施有效控制为限。也即刑法的守备范围应该给予人的生命、身体及财产等人的生活利益以最大限度的尊重，在人类生活的最低限度条件和与此相关的诸领域上不能轻易适用刑法。[③]但是最近的刑事立法通过前阶段犯罪而持续扩张其守备范围。法益保护早期化也即以"危险"进行处罚究竟意味着什么？这种处罚的根据应当在何处寻找？进而在现代社会中刑法具有何种问题解决能力及犯罪预防能力？由此，本书主要研究以下问题：

1. 研究刑法保护前置化的基础理论。首先，分析刑法前置化现象的表现形式。通过检讨现行环境刑事立法的变化，辨析环境犯罪的保护法益和行为类型，指出法益保护的前置化和刑罚处罚的前置化是刑法保护前置化

---

① 刘艳红．环境犯罪刑事治理早期化之反对 [J]．政治与法律，2015(7)．

② 黄旭巍．污染环境罪法益保护早期化之展开——兼与刘艳红教授商榷 [J]．法学，2016(7)．

③ 金尚均．危険社会と刑法：现代社会における刑法の機能と限界成文堂 [M]．東京：成文堂，2001:3．

的两种表现形式。其次，分析刑法前置化现象的产生背景。指出社会风险的大量增加、社会不安的广泛蔓延、社会统合的严重弱化是刑法保护前置化的三大现实动因，而机能主义的刑法观、积极预防的刑罚观、结果导向的刑事政策观是刑法保护前置化的三大理论支柱。

2. 研究刑法保护前置化的正当根据。首先，考察刑法保护前置化现象的正当性讨论。通过评述 Hassemer 教授的现代刑法批判、Herzog 与Prittwitz 教授的风险刑法批判、Seelmann 教授的象征刑法批判以及我国学者关于刑法保护前置化的讨论，从法益论、预防论与归责论三个角度分别阐述刑法保护前置化的优点与局限性。其次，考察刑法保护前置化现象的合法化尝试。通过回顾学说史上有关刑法保护前置化问题的合法化尝试，细致讨论诸种合法化解释路径的妥当性，提出关于刑法保护前置化的基本立场。

3. 研究作为刑法保护前置化工具的抽象危险犯。可罚性提前到法益侵害或者具体危殆化以前的抽象危险犯，把重点置于侵害的未然防止与事前预防，在侵害以前阶段就谋求有效的预防，具有使传统刑法的要塞崩溃的问题点。[①] 即使在刑事立法领域根据社会的风险管理和风险分配的想法而创造刑罚法规的倾向不可避免，但在解释论上仍然不能轻易地以作为行为控制指针的风险概念来取代作为适正刑罚指导原理的危险诸概念。应尽可能地从危险判断的领域排除风险预防或风险管理的考虑，而从犯罪事后处理的角度出发进行危险判断的精密化。作为刑法保护前置化工具的抽象危险犯或预备犯，都必须通过刑法教义理论所衍生出的法益侵害及其危险的检验。也即法益的危险与危险性的概念是适正刑罚的最低限度的指导原理。虽然在法条的范围内必须尊重立法者的风险评价，但是维持"法益危险与危险性"，并在解释论上追求"危险判断的精密化"，是为不偏向行为控制的侧面所必不可少的。

4. 研究作为刑法保护前置化工具的普遍法益概念。一般而言刑法根据

---

① 对此的详尽分析参见：김재윤 . 현대형법의 위기와 과제 [M]. 광주광역시 : 전남대학교출판부, 2010:16-18.（金载润 . 现代刑法的危机和课题 [M]. 韩国光州 : 全南大学出版部 ,2010:16-18.）

最后手段原则而保护生命、身体、名誉、国家机能等国民基本权保障的核心领域，但是由于现代社会的科技发展与经济发展所带来的犯罪结构形态的变化，法益概念已经发生了被保护法益与保护法益之法益的分离，而出现了想要预先介入国家权力的"保护法益的前置化"现象，不是个人法益的国家法益社会法益也即环境、租税、经济领域的利益也作为刑法法益进行保护。保护法益的前置化和法益概念的扩大化，会导致构成要件上不确定概念的增加，作为刑罚预防效果前提的国民预见可能性遭致毁损。也即，保护法益的前置化必然导致在构成要件上以不确定概念形成义务规定的现象增加，而不确定概念的增大导致裁判过程中以具体事案为前提的司法追加解释成为必须，由此发生立法权力向司法权力的不正常迁移，而使作为接受规范的国民规范理解力低下。

第三节　研究的进路与方法

虽然现代社会在一定意义上可以说是风险社会①，而刑法保护前置化又是现代社会的基本样态，但是本书并不打算采用转借风险社会的理论而由风险和危险的关联性出发来论证刑法前置化的正当性这一通常进路，而是想要直接由刑法的教义学理论出发，首先通过考察刑法保护前置化的实相，阐明刑法保护前置化这一概念的所指；既而分析刑法保护前置化的存在问题，探讨刑法保护前置化的正当根据；然后针对刑法保护前置化的两种手

---

① 自 1970 年之后，风险的概念逐渐成为世界各国刑事制度的运作重点，不论是刑事政策的目标设定、制度策略，还是相关的理论论述和实务展开都转而强调风险预防与安全管理，而把统计与保险精算技术作为衡量风险的工具，由此导致矫治、惩罚个别犯罪者不再是刑事司法制度的重心。例如 Jonathon Simon 教授主张，当代社会已从强调犯罪者改造的"规训社会（disciplinary society）"，逐渐转变成犯罪与被害风险之控制的风险社会。（See JONATHAN SIMON.The Emergence of a Risk Society:Insurance，Law，and the State[J].Socialist Review，1987:61-89.）O'Malley 教授认为，如果说象征监视规训的圆形监狱（panopticon）乃是规训社会的象征，那么以增加高速行车阻碍之道路减速带（speed hump）便成为风险社会的象征。〔See O'MALLEY.RISK，Power and Crime Prevention[M] // G.Hughes et.al.(eds).Criminological Perspectives:Essential Readings.London:Sage，2003:449-465.〕

段，推演刑法保护前置化的前置界限。

从这一基本思路入手，本书拟在第二章中现实考察德、日、中三国刑事立法及刑法理论的发展趋势，由此反映出刑法保护前置化的实证基础和形式特征。在第三章中阐明刑法保护前置化的概念、原因、表现等基本理论问题，界定厘清本文分析的理论框架和概念工具。在第四章中从法益论、罪责论以及预防论角度分析刑法保护前置化的存在问题，由此引申出刑法保护前置化的限制必要性。在第五章中通过对理论上各种刑法前置化根据的考察，推导出本书所主张的法益机能与类型样态的两重限制根据。在第六、第七章中进一步探讨刑法保护前置化的正当化路径，提出对法益保护前置和刑法处罚前置进行限缩解释的基本构想。

第二章 刑法保护前置化的现实考察

自 20 世纪后期开始，由于传统犯罪浪潮带来的犯罪风险和后期工业社会产生的新型风险的相互交织，引发了一般国民对安全价值的强烈要求，惩罚主义刑事政策和机能主义刑法理论应运而生。各国刑法中出现了将保护范围由生命身体等个人法益侵害提前到体系机能等普遍法益侵害、将保护程度由侵害犯或结果犯犯罪类型提前到危险犯或预备犯犯罪类型的前置化立法。这种刑法保护的前置化或提前化趋势具有何种特征，围绕其在刑法理论上产生出何种讨论，本章就此展开研究。[①]

第一节 德国刑法的保护前置化趋势

19 世纪以后的德国刑法追求以理性市民社会为前提而指向个人法益保护的自由主义刑法模式，在刑事政策上把与时代状况相适应的"自由化（Liberalisierung）"和"废止（Abschaffung）"作为其特征，其代表例示诸如堕胎刑罚规定（《德国刑法典》第 218 条以下）的废止或缓和、同性恋刑罚

---

① 虽然刑法保护前置化是各国刑法发展的趋势，但是在不同国家之间进行比较是相当困难的。这是因为，德国刑法不处罚杀人预备和抢劫预备等预备行为，而否定把重罪的教唆未遂、帮助未遂视为可罚的实行从属性原则，重罪的共谋仅仅与未遂同样处罚（《德国刑法》第 30 条），犯罪不告知罪这一真正不作为犯相当广泛的处罚。而且，德国并不像日本那样广泛地对行政违反科处刑罚，而是把其归委于"秩序违反法"，刑法仅仅作为刑事刑法而纯粹化，在这种被纯粹化的刑事刑法中有必要注意处罚早期化的问题。在德国学说中，诸如主张伪造货币预备不应当作为处罚对象，把伪造文书预备罪与文书行使罪一起作为既遂处罚是不当的这种前置立法批判论是相当有力的。但是这种被纯粹化的刑法形象，在没有秩序违反法的日本是无法被采纳的。

规定（《德国刑法典》第 175 条）的废止。[①] 但是从 20 世纪后半叶开始，德国刑法却出现了以"构成要件的新设、既存犯罪的强化、处罚界限的提前"为内容的犯罪行为可罚性扩大的趋势，[②] 不仅在国内治安和组织犯罪等传统领域的犯罪化上，而且在生命技术、环境保护或者经济犯罪等新兴领域的犯罪化上，持续显示出与非犯罪化倾向相脱离的犯罪化倾向。[③]

一、德国刑法保护前置化的立法

（一）德国刑法中的刑法处罚前置化

1. 预备行为的处罚前置化

德国刑法保护前置化倾向的最初契机，是以防止暴力及恐怖犯罪为目的的一系列立法。自德国 1976 年第 14 部刑法修正案颁布以来，在以暴力和恐怖主义犯罪的有效防止为目的的处罚领域扩大和重罚化上能够看到特别明显的早期化现象。[④] 例如该法案通过规定对"禁止通过威胁性的犯罪行为扰乱公共安宁"（第 126 条）的"使用书面指导行为"（第 130a 条）或者"酬谢和公开赞同行为"（第 140 条），而把处罚范围由实行行为扩大到预备行为上。由于这种预备犯立法遭到意思刑法的批评，1981 年第 19 次刑法修正案完全删除了第 80a 条、第 130a 条，由此导致刑法保护的早期化现象开始消退。但是随着 1986 年《恐怖主义对策法》在刑法中增订第 129a 条、第 140 条的扩大修正以及第 130a 条的修正复活，刑法保护的早期化现

---

① ERIC HILGENDORF. 형법의 세계화와 전문화 [M]. 이상돈, 홍승희, 역. 서울 : 박영사, 2010:43.（埃里克·希尔根多夫. 刑法的全球化与专业化 [M]. 李相暾, 洪承希, 译. 首尔 : 博英社, 2010:43.）; 김정환. 독일 형법발전의 최근 동향 [J]. 韓獨法學, 2012, 17:139.（金正焕. 德国刑法发展的最近动向 [J]. 韩国·韩德法学, 2012, 17:139.）。

② HEINRICH. Die Grenzen des Strafrechts bei der Gefahrprävention[J]. Zeitschrift für die gesamte Strafrechtswissenschaft (ZStW), 2009，121(1):112.

③ ERIC HILGENDORF. 형법의 세계화와 전문화 [M]. 이상돈, 홍승희, 역. 서울 : 박영사, 2010:50.（埃里克·希尔根多夫. 刑法的全球化与专业化 [M]. 李相暾, 洪承希, 译. 首尔 : 博英社, 2010:50.）; 哈塞默尔. 面对各种新型犯罪的刑法 [A]. 冯军, 译.// 中国人民大学刑事法律科学研究中心编. 明德刑法学名家讲演录 : 第 1 卷 [C]. 北京大学出版社, 2009:23.

④ Vgl. HANS-JOACHIM RUDOLPHI. Notwendigkeit und Grenzen einer Vorverlagerung des Strafrechtsschutzes im Kampf gegen den Terrorismus[J]. Zeitschrift für Rechtspolitik(ZRP), 1979(9):215.

象又开始繁荣。

在美国"9·11"恐怖事件发生以后，面对恐怖主义活动的新型样相和威胁，在遭受恐怖袭击之行为既遂的前阶段就对之进行打击的立法趋势大量出现。[①] 德国于 2009 年 8 月 3 日制定了《对严重威胁国家暴力犯罪预备行为的追诉法》[②]，在德国刑法上增设了第 89a 条，第 89b 条、第 91 条三种构成要件，把法益保护提前到比既存预备行为（如第 149 条伪造货币及印花税票预备）更早的阶段，也即前阶段之前阶段（Vorfeld des Verfelds）的地步。[③] 根据"对恐怖主义团体造成的显著危险要尽可能及早提前化刑法介入"这一立法理由[④]，新增构成要件被认为不是以赎罪（Sühne）和报应（Vergeltung）而是以预防（Prävention）作为目的，不是针对过去实施的不法罪责而是以刑法强调对（传统警察法领域的）将来被害的预防。[⑤]

---

① 乌尔里希·齐白教授（Ulrich Sieber）分析了恐怖主义在风险社会中引起的新型复杂风险。由于恐怖分子为了进行攻击而利用自己对手的合法基础设施，例如苯、化学物质、飞机、计算机网络等其他日常对象物都可成为有效的武器，利用这种手段的恐怖分子的攻击方式不仅常常是比较容易且难以察觉的，而且认识可能的预备行为和攻击实行之间的时间间隔在很多场合极为短暂，国家安全机关、公安机关等担当国民生命、身体、财产安全的侦查机关，没有防止恐怖活动的充裕时间，所以将来恐怖活动攻击的可能风险基本在生化武器、核武器等大量杀伤性武器上展开。在该场合潜在的恐怖分子不仅作为基地组织（Al-Qaeda）那样的国际恐怖组织的一员，而且也作为松散组织的组织末端行动成员来活动。对这种醉心于宗教的自杀攻击成员以现世的任何刑罚都无法发挥有效的威慑力。具体参见 ULRICH SIEBER. Legitimation und Grenzen von Gefährdungsdelikten im Vorfeld von terroristischer Gewalt:Eine Analyse der Vorfeldtatbestände im Entwurf eines Gesetzes zur Verfolgung der Vorbereitung von schweren staatsgefährdenden Gewalttaten[J].Neue Zeitschrift für Strafrecht (NStZ)2009:353.

② 有关"Gesetz zur Verfolgung der Vorbereitung von schweren staatsgefährdenden Gewalttaten(GVVG)"法案的详尽分析可参见：김정환. 테러예비행위와 보호감호의 규정을 통해 살펴본 독일형법의 유럽화와 기능화 [J]. 비교형사법연구, 2012,14(1): 32-54.(金正焕. 由恐怖预备行为和保护监护的规定考察德国刑法的欧洲化和机能化 [J]. 韩国·比较刑事法研究. 2012,14(1): 32-54.)

③ HANS-ULLRICH PAEFFGEN. NK:§ 89a StGB Rn.1[M]// Urs Kindhäuser, Ulfrid Neumann，Hans-Ullrich Paeffgen (Hrsg.).Nomos-Kommentar zum Strafgesetzbuch.Band 1.3 Auflage. Baden-*Baden*: Nomos, 2010:2732.

④ 参见第 89a 条，第 89b 条、第 91 条的立法理由书：BT-Dr 16/12428, 2009.03.25, S.9.

⑤ SIEGFRIED KAUDER. Strafbarkeit terroristischer Vorbereitungshandlungen[J].Zeitschrift für Rechtspolitik (ZRP) 2009(1):20.

第一，第 89a 条第 1 款规定了"对预备实施严重威胁国家之暴力犯罪"的处罚，使因证明困难而无法以第 129a 条建立恐怖组织罪追诉的行为得到追加处罚。① 第 89a 条第 2 款通过把严重威胁国家之暴力犯罪的预备行为分为四种进行明确规定，想尽可能明确地把握具体行为类型而严格拘束法官。但是，由于预备行为被规定为一种独立不法构成要件，对其进行教唆或帮助的狭义共犯成为可能，因此能够提起具有几乎无限制扩大可罚性之可能的批判。②

第二，第 89b 条规定了"为实施严重威胁国家之暴力犯罪而与恐怖组织取得联系之行为"的处罚，将刑法可罚性扩张到通过收容或者维持与恐怖组织的交往而准备威胁国家之暴力犯罪上。但是，由于该条款规定了严重威胁国家之暴力行为的"预备行为之预备行为的预备行为（Vorbereitung der Vorbereitung der Vorbereitung）"③，所以存在因极度提前固有法益风险领域而违宪的可能。④

第三，第 91 条规定了对"严重威胁国家暴力犯罪之实行助长行为"的处罚，被理解为应对操纵互联网攻击计划或者操纵炸弹和爆炸物制造之预备行为的规定。⑤ 但是，该条规定的恐怖指导行为（Anleitung）构成要件，不同于传统教唆犯形态而被作为一个独立的构成要件，所以在其共犯（教

---

① SIEGFRIED KAUDER. Strafbarkeit terroristischer Vorbereitungshandlungen[J].Zeitschrift für Rechtspolitik (ZRP) 2009(1):20.

② HANS-ULLRICH PAEFFGEN. NK: § 89a StGB.Rn.54.[M]// Urs Kindhäuser，Ulfrid Neumann，Hans-Ullrich Paeffgen(Hrsg.).Nomos Kommentar zum Strafgesetzbuch (NK):Band 2.5 Auflage.Baden-Baden: Nomos，2017:257.

③ HANS-ULLRICH PAEFFGEN. NK: § 89b StGB.Rn.2.[M]// Urs Kindhäuser，Ulfrid Neumann，Hans-Ullrich Paeffgen(Hrsg.).Nomos Kommentar zum Strafgesetzbuch (NK):Band 2.5 Auflage.Baden-Baden: Nomos，2017:268.

④ NIKOLAOS GAZEAS，THOMAS GROSSE-WILDE，ALEXANDRA KIEßLING. Die neuen Tatbestände im Staatsschutzstrafrecht – Versuch einer ersten Auslegung der §§89a, 89b und 91 StGB[J]. Neue Zeitschrift für Strafrecht (NStZ)，2009，29(11):593，601; HANS-ULLRICH PAEFFGEN. NK: §89b StGB.Rn.5.[M]// Urs Kindhäuser, Ulfrid Neumann，HANS-ULLRICH PAEFFGEN(Hrsg.).Nomos Kommentar zum Strafgesetzbuch (NK): Band 2.5 Auflage.Baden-Baden: Nomos, 2017: 271.

⑤ SIEGFRIED KAUDER. Strafbarkeit terroristischer Vorbereitungshandlungen[J].Zeitschrift für Rechtspolitik (ZRP) 2009(1):21.

唆或者帮助）成立上可能会招致可罚性范围变得无限广泛的结果。[①]

2. 抽象危险型的处罚前置化

刑法的处罚前置化通过抽象危险犯（abstraktes Gefährdungsdelikt）在经济犯罪、环境犯罪、数据犯罪、补助金犯罪等方面的日益增多现象而能够被确认。也即不是以特定行为客体的法益危殆化为前提，而仅仅是提示一般危险性之前提条件（特定行为）的抽象危险行为，甚至连与具体行为结果没有关系的具有一定危险创出可能性的行为也作为刑罚的对象。德国刑法中抽象危险犯的处罚前置化，集中体现在第 306f 条（火灾危险的惹起）第 1 款的放火犯和不正当竞争犯罪第 298 条以下，以及环境刑法第 326 条以下。对该当具有火灾危险的企业和设施、树木和森林的他人物品和建筑物，即使仅仅具有引起火灾的危险，也处 3 年以下自由刑和罚金刑（第 306f 条第 1 款）。对商品和营业的给付进行共谋时，引诱共谋者接受特定提案，即使仅仅是基于违法协商的提案，也处以 5 年以下自由刑和罚金刑（第 298 条第 1 款）。违反基于联邦污染法而公布的法规命令（Rechtsverordnung），即使仅仅在因有害环境影响，而要求特别保护的地域上运营设施，也处以 3 年以下自由刑和罚金刑（第 329 条第 1 款）。例如《德国刑法典》第 316 条（醉酒驾驶），为了确保一定领域的"安全（Sicherheit）"而前置化可罚性，把"道路交通的安全（Sicherheit des Straßenverkehr）"认定为第 316 条的固有保护法益，所以醉酒的驾驶员引起事故而具体侵害他人或者还没有等到侵害，仅仅饮酒状态的驾驶即道路交通上的危殆化（Gefährdung）就已经能给与刑罚。对这种"危殆化（Gefährdung）"的刑事处罚，与刑罚理论中的（一般、特殊）预防理论完全相称。[②]

---

① HANS-ULLRICH PAEFFGEN. NK: § 89a StGB.Rn.24.[M]// Urs Kindhäuser, Ulfrid Neumann，Hans-Ullrich Paeffgen(Hrsg.).Nomos Kommentar zum Strafgesetzbuch (NK):Band 2.5 Auflage.Baden-Baden:、Nomos，2017:241.

② HEINRICH. Die Grenzen des Strafrechts bei der Gefahrprävention[J].Zeitschrift für die gesamte Strafrechtswissenschaft (ZStW), 2009, 121(1):124.

（二）德国刑法中的法益保护前置化

1. 经济刑法中的法益保护前置化

为了保护作为个人财产权利得以实现的前提条件，德国在众多经济刑法中通过经济制度、制度信赖等超个人法益的保护将保护客体予以前置。例如 1976 年 7 月 29 日通过的第一部《惩治经济犯罪法》，新增补助金诈骗罪之构成要件（《德国刑法典》第 264 条），单独针对补助金程序中的虚假陈述施以刑罚。1986 年 5 月 15 日公布了第二部《惩治经济犯罪法》，该法的重点内容是惩治计算机犯罪的新构成要件（《德国刑法典》第 202a 条、第 263a 条、第 269 条、第 270 条、第 303a 条和第 303b 条）、投资诈骗的构成要件（《德国刑法典》第 264a 条）、滥用支票与信用卡的构成要件（《德国刑法典》第 266b、第 152a 条）。这些构成要件不仅保护财产规划权（新增补助金诈骗罪）、投资者的个人资产及其处分自由（投资诈骗罪），而且还同时保护资本市场运行这个超个人法益。[①] 再如 1998 年德国《第 6 次刑法改革法》对《德国刑法典》第 265 条保险滥用罪修改为"第 1 项：行为人为了使自己或第三者获得保险偿付，而对投保沉没、损毁、妨碍使用、遗失或者盗窃之保险的物品，进行损害、毁坏、妨碍其可使用性、隐匿或者移交他人的，倘行为未依第 263 条规定加以处罚，处三年以下的自由刑或者罚金；第 2 项：未遂犯罚之"，通过将保护法益设定为"保险经济的支付能力"（die Leistungsfähigkeit der Verskcherungswirtschaft）而使可罚性前置到对保险机构的财产仅仅具有抽象危险的预备阶段。

2. 环境刑法中的法益保护前置化

在环境犯罪立法中，有鉴于工业发展过程中，往往干扰人类赖以维生的自然环境（水、土地、空气、动物与植物），自 1970 年开始，德国学界就有支持透过刑罚保护环境的呼声。例如 1971 年德国刑法典草案中人类中心主义的环境法益观占据支配地位，该法案把环境犯罪纳入"人的危殆化"这一标题下，主张"环境保护不是问题，因环境危险而保护人类生命和健康才是

---

① 汉斯·阿亨巴赫（Hans Achenbach）. 德国经济刑法的发展 [J]. 周遵友，译. 中国刑事法杂志, 2013(2):119-120.

问题"。但是随着 1980 年第 18 次刑法修正案（第 1 次环境犯罪对策法）把环境犯罪行为编入作为核心刑法的刑法典第 28 章中（现为第 29 章），通过未遂可罚性的扩大化（第 324 条第 2 项、第 326 条第 4 项）、刑罚威嚇的严厉化（第 324 条）、抽象危险犯的构成要件化（第 326 条）、潜在危险犯的构成要件化（第 328 条第 3 项、第 4 项），将刑法保护的范围由环境污染对个人法益的危险转移到对自然环境的危险，只要足以认定有可能损坏自然环境或人类生活就能够成立刑事责任。[①]1994 年第 31 次刑法修正案（第 2 次环境犯罪对策法）不仅进行了土地污染构成要件的新设（第 324a 条）、大气污染构成要件（第 325 条）和噪音防止构成要件（第 325a 条）的独立化和扩张，而且通过保护水域纯粹性的第 324 条和保护自然保护领域的第 329 条第 3 项，保护与人的健康、动物、植物以及重要物有关的土地和大气的第 324a 条和第 325 条赋予生态学保护方向的重要性，环境保护不限于人类保护，生态学的保护法益也作为独立法益被承认。也即干扰自然环境不必然影响人类生活（例如单纯排放某种科学上不影响人类健康，但可能污染保育类动物的废水），保护环境的利益应该从环境利益本身的需保护性着眼，这种早期的观点被称为生态法益观点。[②] 德国刑法理论的支配性见解认为德国现行环境刑法采取"生态学—人类中心主义"的折中立场，仅仅把与保全人类环境条件的现在和未来的人类利害相关的环境作为固有法益，认为构成要件有时个人保护强、有时超个人保护强，在折中的结点上呈现出不均等的现象。[③]

---

①　Vgl. GUNTER ARZT，ULRICH WEBER，BERND HEINRICH，ERIC HILGENDORF. Strafrecht Besonderer Teil:Lehrbuch [M].2.Auflage.Bielefeld:Gieseking，2009:§41 Rn.10.

②　参见许玉秀 . 我国环境刑法规范的过去、现在与未来 [M]// 入场玉秀 . 主观与客观之间 : 春风煦日论坛 (刑事法丛书系列). 台北 : 新学林出版股份有限公司，1997:451-455; Vgl. GUNTER ARZT，ULRICH WEBER，BERND HEINRICH，ERIC HILGENDORF. Strafrecht Besonderer Teil:Lehrbuch [M]. 2. Auflage. Bielefeld: Gieseking，2009:§41 Rn. 2.

③　MICHAEL KLOEPFER，HANS-PETER VIERHAUS. Umweltstrafrecht[M]. 2 Auflage. München:C.H.Beck Verlag，2002:13.

3. 网络刑法中的法益保护前置化

德国网络刑法的前置化主要通过三种方式：[①] 一是对存在于"网络世界"之外的传统法益的前置化。对此的例子是《德国刑法典》第 268 条（伪造机械记录罪）、第 269 条（伪造有证明重要性之电子资料罪），由于这些条款无论是保护个人法益还是保护法律交往的安全性，都不需要以法益的直接侵害或者具体危险为前提；无论是技术记录和数据的伪造还是操纵性制造或利用，都不能直接影响法律交往中的信赖、侵害他人的财产或其他个人法益，所以这种形式的法益保护前置化虽然能够实现对法益的前置保护，但由于刑法提早着手的原因通常并不在法益本身的前置上，因而并非法益保护前置化的典型形式。二是通过创设计算机法益来进行的新型法益的前置化。对此的例子是通过 2007 年 8 月 7 日第 41 号《德国刑法修正案》被引入的《德国刑法典》第 202a 条（窥探数据）、第 202b 条（截取数据）。第 202a 条禁止无故克服存取防护而使自己或第三人取得非为自己所制作且对于无权存取特别防护之数据之存取路径，第 202b 条禁止无故使用技术方法使自己或第三人由非公开之数据传输或数据处理设施使用之电磁性传送而取得非为其所用之数据，创设了"保持信息技术系统的保密性和完整性"[②]这一新型法益。这种法益来自于《德国基本法》第 1 条第 1 款、第 2 条第 1款的个人权利，因为信息技术系统通常用来存储高度敏感性的个人数据和经济数据，因而是个人自由发展和实现其基本权利所必要的。"计算机法益"的独立性也表明，不仅保护私人领域或者对数据的支配权对行为不法具有重要性，而且保护整个信息技术系统的完整性和保密性以防止未经授权的信息获悉及控制的可能性也是行为应罚性的重要内容，就这点而言该

---

① JENS PUSCHKE. Vorverlagerung der Strafbarkeit am Beispiel der Verfolgung von Cybercrime in Deutschland[C] // Arndt Sinn (Hg.).Cybercrime im Rechtsvergleich: Beiträge zumdeutsch-japanisch-koreanischen Strafrechtssymposium 2013. Gättingen:V&Runipress GmbH，2015:187-188.

② JENS PUSCHKE. Vorverlagerung der Strafbarkeit am Beispiel der Verfolgung von Cybercrime in Deutschland[C] // Arndt Sinn (Hg.).Cybercrime im Rechtsvergleich: Beiträge zumdeutsch-japanisch-koreanischen Strafrechtssymposium 2013.Gättingen:V&Runipress GmbH，2015:174.

法益不是一个中间法益或者表象法益。三是通过预备行为的犯罪化而实行的刑法保护的前置化。对此的例子是《德国刑法典》第 202c 条（对于窥探与截取数据之预备）、第 263a 条第 3 款（电脑欺诈罪预备）、第 303a 条第 3 款（变更电磁记录罪预备）、第 303b 条 5 款（干扰电脑使用罪预备），这种类型的前置化被归因于计算机相关事情的特别复杂性以及该领域法益侵害的低可见性和可追溯性，通常表现为与主行为一起针对相同法益的预备行为，因此不能说是以法益本身为基准的前置化。

二、德国刑法保护前置化的讨论

与德国刑事立法的保护早期化趋势相一致，德国刑法理论上也展开了与此有关的热烈讨论。以德国 1976 年《第 14 部刑法修正案》的颁布、到 1986 年德国《恐怖主义对策法》的颁布、再到 2001 年美国"9·11"恐怖事件为分界，大致可以将德国刑法理论就刑法保护前置化的讨论划分为三个阶段。

（一）第一阶段的讨论

1. 侧防刑法的前置化讨论

针对德国刑法自 1976 年第 14 部刑法修正案以来的立法倾向，出现了刑法保护前置化或早期化的讨论。例如德雷尔（Dreher）和鲁道菲（Rudolphi）教授指出，这些构成要件不具有通说或判例所说的那种固有保护法益，而是在早期阶段保护被构成要件目录所列举之犯罪给与侵害之法益的规定。[①] 施罗德 (Schroeder) 教授将这种见解一般化，在 1985 年出版的《违反刑法的犯罪行为》（*Die Straftaten gegen das Strafrecht*）一书中认为，这一时期的新设构成要件可以分为"对抗已经计划或实行之犯罪的构成要件""压制刺激犯罪决意（作为犯罪源的行为样态）的构成要件""以刑事

---

① Vgl. EDUARD DREHER. Der Paragraph mit dem Januskopf [M] // K.Lackner et al.(eds.).Festschrift fur Wilhelm Gallas zum 70.Geburtstag.Berlin/New York:Walter de Gruyter，1973:307-312; Vgl. HANS-JOACHIM RUDOLPHI. Notwendigkeit und Grenzen einer Vorver-lagerung des Strafrechtsschutzes im Kampf gegen den Terrorismus[J]，Zeitschrift für Rechtspoli-tik(ZRP)，1979(9):215.

追诉或刑罚执行之确保为目的的构成要件"三种类型。由于这些构成要件的任务是保护或强化刑法的其他构成要件的效果，所以大致上可以看作是"对刑法的犯罪"（Straftatengegen das Strafrecht）。施罗德教授由此得出结论："二十世纪的刑事立法者并未创出新的法益，而是通过侧面的或补强的规定来保护既存法益，进一步强力涵括法益侵害的前地（vorfeld）与周边（umfeld）。"① 即早期化构成要件的特征与直接保护既存法益的规定不同，其是通过把其目的置于包含了使刑法主要保护客体处于侵害或危险之可能性这一犯罪促进态度（Kriminogene Verhaltensweisen）的规制上，从侧面支援对主要保护客体的保护。② 这种刑法保护的早期化，把以法益侵害结果发生为要件的侵害犯既遂作为基准，如果从保护法益方来看，是从法益侵害保护到法益危险保护的早期化；如果从行为人方来看，是处罚未遂以前的预备行为也即刑法干涉的早期化。这种早期化虽然确实会带来法益保护的效率化，但是由于必然伴有处罚范围的扩大，所以与保障市民自由的法治国原则存在紧张的关系。

2. 意思刑法的前置化讨论

雅各布斯（Jakobs）教授在 1985 年的论文《法益侵犯前阶段的犯罪化》（*Kriminalisierung im Vorfeld einer Rechtsgutsverletzung*）中将刑法保护的前置化限定在因行为人主观犯意而在既遂以前进行处罚的犯罪类型上，例如预备、预备未遂、预备教唆与帮助、预备的教唆与帮助的未遂、教唆未遂、教唆预备以及教唆预备的帮助等，其具体立法例诸如《德国刑法典》第 111 条公然煽动他人实施犯罪、第 129 条"建立犯罪组织"和第 129a 条"建立恐怖组织"，第 130 条"煽动民众"和第 131 条"暴力描述"、第 140 条"对犯罪行为的酬报或赞同"等。③ 雅各布斯以刑法原则上不介入市民生活的私人领域为基础，批判了这一时期德国刑事立法在法益保护早期化中的意思

① FRIEDRICH-CHRISTIAN SCHROEDER. Die Straftaten gegen das Strafrecht[M].Berlin/New York:Walter de Gruyter，1985:23.

② FRIEDRICH-CHRISTIAN SCHROEDER. Die Straftaten gegen das Strafrecht[M].Berlin/New York:Walter de Gruyter，1985:2，9-11.

③ GÜNTER JAKOBS. Kriminalisierung im Vorfeld einer Rechtsgutsverletzung[J].Zeitschrift für die gesamte Strafrechtswissenschaft (ZStW)，1985，97(4):774.

刑法倾向，认为《德国刑法典》第 129 条"建立犯罪组织"和第 129a 条"建立恐怖组织"把行为计划这一主观要素作为危险判断的主要基准很容易导向嫌疑刑法。①

尤瑞利斯·韦伯（Urilich Weber）教授在 1987 年《通过危险犯和企行犯的刑法保护的向前推移》（*Die Vorverlegung des Strafrechtsschutes durch Gefährdung-und Unternehmensdelikte*）一文中认为，"未遂犯、预备犯、目的犯在通常情况下以行为者为实现法益侵害的努力（anstrehen）为其特征，但立法者在危险构成要件中则放弃了这种法益侵害意思"，"反倒是在抽象危险犯中可罚性是通过实行立法者类型化的危险行为而实现的"。因此，"在具体危险犯中附加的危险惹起是必要的，而抽象危险犯没有必要具有具体的现实的法益侵害危险，仅仅具有侵害倾向的行为实行就足矣"②。继而韦伯就刑法保护早期化提出了三点特征：第一，在德国刑法上，包括刑法典、附属刑法以及规定抽象危险构成要件的秩序违反法在内，危险犯构成要件明显地比侵害犯构成要件要显著增加；第二，关于具体危险犯，实务上在适用此类危险构成要件时，对于危险的证明陷入很大困难；第三，在法益侵害前阶段的犯罪化上，出现了两种相互冲突的刑事政策观点，一方面是为保护法益纵使未达实质侵害也要适用刑法，另一方面则是刑法最后手段性角色的达成。③

（二）第二阶段的讨论

随着以 1986 年《恐怖主义对策法》、1986 年《第 2 次惩治经济犯罪

---

① GÜNTER JAKOBS. Kriminalisierung im Vorfeld einer Rechtsgutsverletzung[J].Zeitschrift für die gesamte Strafrechtswissenschaft (ZStW)，1985，97(4):774，780; 新谷幸一 . 法益保护的早期化倾向——雅各布斯的学说 [J]. 修道法学，1989，11(1):73-76.

② RILICH WEBER. Die Vorverlegung des Strafrechtsschutzes durch Gefährdungs-und Unternehmensdelikte[M]// Hans-Heinrich Jescheck(Hrsg.).Die Vorverlegung des Strafrechtsschutzes durch Gefährdungs-und Unternehmensdelikte.Berlin/New York:Walter de Gruyter，1987:21; 金尚均 . 危険社会と刑法 : 現代社会における刑法の機能と限界 [M]. 東京 : 成文堂，2001:34.

③ URILICH WEBER. Die Vorverlegung des Strafrechtsschutzes durch Gefährdungs-und Unternehmensdelikte[M]// Hans-Heinrich Jescheck(Hrsg.).Die Vorverlegung des Strafrechtsschutzes durch Gefährdungs-und Unternehmensdelikte.Berlin/New York:Walter de Gruyter，1987:2; 金尚均 . 危険社会と刑法 : 現代社会における刑法の機能と限界 [M]. 東京 : 成文堂，2001:34.

法》、1992 年《组织犯罪抗制法》为开始的又一轮早期化立法的出现，法兰克福刑法学派中代表人物哈塞默（Hassemer）教授以"古典刑法（klassisches Strafrecht）"对"现代刑法（modernes Strafrecht）"，赫尔佐克（Herzog）教授等以"侵害刑法（Erfolgsstrafrecht）"对"风险刑法（Risikostrafrecht）"的二元模式开启了第二波对刑法保护前置化的讨论。

1. 现代刑法的前置化讨论

哈塞默教授将自上个世纪 70 年代开始的立法趋势称为现代刑法，而与源自于启蒙时期的古典刑法相对称。[①] 哈塞默认为，古典刑法立足于启蒙主义政治哲学传统，以明确性原则、责任主义以及刑法补充性作为刑法的基本原理，而把刑法作为社会问题解决的最后手段。但是随着现代社会的变化，刑法已成长为社会冲突解决的优先工具，而体现出不同于古典刑法的前置化保护倾向。[②]

哈塞默认为由于现代社会的发展而出现的行为需求，刑事可罚性的前置化和扩大化成为刑事政策的重心。立法者不再关注概念与系统的演进，也不再重视刑罚与处分的执行，而是显著扩张其负荷能力，将其视野投入刑法分则，特别是由改革而来的特定领域，例如"环境、经济、信息处理、毒品、租税、对外贸易"等组织犯罪领域。[③] 因此，现代刑法为应对现代社会之新生社会现象，必然把安全确保作为其目的功能而将刑法保护前置化。以前置化保护为目的的现代刑法往往体现出三个特征：一是法益保护原则由一种有限的处罚禁止转化为一种处罚诫命，由一种正确入罪化的消极标准转化为积极标准。二是预防由古典刑法中的附加性刑罚目的转变为现代刑法中的支配性刑罚典范（Strafparadigma），现代刑法日渐显示出为达目的而

---

① 哈塞默尔. 面对各种新型犯罪的刑法 [C]. 冯军，译 .// 中国人民大学刑事法律科学研究中心编 . 明德刑法学名家讲演录：第 1 卷 . 北京大学出版社，2009:23.

② Vgl. WINFRIED HASSEMER. Kennzeichen und Krisen des modernen Strafrechts[J]. Zeitschrift für Rechtspolitik(ZRP), 1992(10):379-380.(中译文可参见 Winfried Hassemer. 现代刑法的特征与危机 [J]. 陈俊伟，译 . 月旦法学杂志，2012(8):245-249.); WINFRIED HASSEMER. Produktverantwortung im modernen Strafrecht[M], Heidelberg:C.F.Müller, 1994:3.

③ WINFRIED HASSEMER. Kennzeichen und Krisen des modernen Strafrechts[J]. Zeitschrift für Rechtspolitik(ZRP), 1992(10):380.(中译文可参见 Winfried Hassemer. 现代刑法的特征与危机 [J]. 陈俊伟，译 . 月旦法学杂志，2012(8):249-250.)

不择手段的特征。三是结果导向由古典刑法中补充性准则转变为现代刑法中的主导性目标，刑法不再是社会保护的最后手段（ultima ratio）而转变为解决社会问题的优先手段（prima ratio）。[①]

哈塞默指出现代刑法的前置化主要采用了两种工具：[②] 第一是普遍法益。现代刑法所专注的领域仅仅是整体或间接与公民个人相关的诸如社会制度或者国家制度等，所以应个别涉及保护的不是个人法益而是普遍法益（Universalrechtsgut），也即"不再关注作为刑法保护对象的自由、名誉或健康那样的个人'古典'利益，反倒是具有关注现代的、复杂的像针眼那样结合的社会利益的倾向"[③]。第二是抽象危险犯。由于抽象危险犯的犯罪形式放弃了损害的因果证明而仅考虑行为证明，作为法官判断基准的已不再是其行为的危险性，而是过去此行为入罪化时立法者的动机，所以刑法的适用负担被极大减轻了。

哈塞默对现代刑法的前置化大体采取批判的态度，他认为：第一，把普遍法益与抽象危险犯作为扩张刑法负荷的工具，不仅会造成不法的可见性与可感性降低，有可能带来恣意判断的危险性，而且会拆毁归属构造使法官轻易适用犯罪构成，有可能导致侵害国民基本权的更大危险。[④] 第二，刑法保护的前置化容易导致法适用的执行赤字（Vollzugsdefizit）[⑤]，而使刑法沦

---

① WINFRIED HASSEMER.Kennzeichen und Krisen des modernen Strafrechts[J].Zeitschrift für Rechtspolitik(ZRP)，1992(10):380-381.(中译文可参见 Winfried Hassemer. 现代刑法的特征与危机 [J]. 陈俊伟，译 . 月旦法学杂志，2012(8):249-351.)

② WINFRIED HASSEMER.Kennzeichen und Krisen des modernen Strafrechts[J].Zeitschrift für Rechtspolitik(ZRP)，1992(10):381-383..(中译文可参见 Winfried Hassemer. 现代刑法的特征与危机 [J]. 陈俊伟，译 . 月旦法学杂志，2012(8):250-351.)

③ WINFRIED HASSEMER.Einführung in die Grundlagen des Strafrechts[M].2.Auflage. München:Verlag C.H.Beck，1990:275.

④ WINFRIED HASSEMER.Kennzeichen und Krisen des modernen Strafrechts[J].Zeitschrift für Rechtspolitik(ZRP)，1992(10):380, 382 .(中译文可参见 Winfried Hassemer. 现代刑法的特征与危机 [J]. 陈俊伟，译 . 月旦法学杂志，2012(8):251, 253.)

⑤ 哈塞默教授认为这种执行赤字不仅意味着必须适用的法不能发挥机能，而且意味着法及其适用被不均等的不当适用。哈塞默批判这种领域中不仅暗数犯罪（Dunkelfeld）很多，而且存在选择恣意性问题。参见 WINFRIED HASSEMER.Produktverantwortung im modernen Strafrecht[M]，Heidelberg:C.F.Müller，1994:14-17.

落到象征刑法（symbolisches Strafrecht）。① 象征刑法即使在短期内很有效果，但是从长期来看终究还是会破坏刑法的真正实现，而使刑法丧失其具有的本来机能。第三，前置化必然意味着刑罚要件减少而降低可罚性限制，立法者就各构成要件所给与法官的解释引导就会相应减弱，赋予被告人得到公正辩护的可能性也会相应降低。而一个能够给与刑事法官以充分意义与目的指导的差异化构成要件要素系统的丧失，显然会导致法律明定的解释预定目标的软化与弱化。②

2. 风险刑法的前置化讨论

把刑法保护的前置化作为应对由贝克提出的危险社会（Gefahrengesellschaft）或风险社会（Risikogesellschaft）挑战的主要手段，分析刑法作为预防工具的实效性和社会问题解决能力，进而展开刑法前置化界限的构想，是第二波刑法前置化讨论的主要内容。

菲利克斯·赫尔佐克（Felix Herzog）教授在 1991 年出版的教授资格论文《社会的不安全性和刑法的预防措施——对在危险领域对刑法保护前置的研究》（*Gesellschaftliche Unsicherheit und strafrechtliche Daseinsvorsorge: Studien zur Vorverlegung des Strafrechtsschutzes in den Gefährdungsbereich*）中评价了以作为现代风险刑法中最显著现象的抽象危险犯。赫尔佐克认为，由于社会经济和科学技术的急速发达，社会的不安感被极大化，缺乏安全性的社会把确保稳固秩序作为前提的同时确立了以下行动纲领。③ 危险

① 把现代风险社会的刑法新变化以象征性机能来分析的涉及象征刑法的意义和机能的文献，可参见 MONIKA VOß. Symbolische Gesetzgebung:Fragen zur Rationalität von Strafgesetzgebungsakten, München:Ebelsbach, 1989:25-35; 김학태 . 상징형법의 의미와 기능 [J]. 외법논집, 1999, 6:61-83.(金学泰 . 象征刑法的意义和机能 [J]. 外法论集, 1999, 6:61-83.) 김학태 . 법의 상징기능에 관한 연구－상징입법의 개념과 기능에 대한 비판적 고찰 [J]. 법철학연구, 2000, 3(2):171-194.(金学泰 . 法的象征机能研究——对象征立法概念和机能的批判性考察 [J]. 韩国·法哲学研究, 2000, 3(2):171-194.)

② WINFRIED HASSEMER.Kennzeichen und Krisen des modernen Strafrechts[J].Zeitschrift für Rechtspolitik(ZRP), 1992(10):380-381.(中译文可参见 Winfried Hassemer. 现代刑法的特征与危机 [J]. 陈俊伟, 译 . 月旦法学杂志, 2012(8):250-251.)

③ FELIX HERZOG. Gesellschaftliche Unsicherheit und strafrechtliche Daseinsvorsorge:-Studien zur Vorverlegung des Strafrechtsschutzes in den Gefährdungsbereich[M]. Heidelberg:R. v.Decker, 1991:54; 金尚均 . 危険社会と刑法：現代社会における刑法の機能と限界 [M]. 東京：成文堂, 2001:159.

构成要件特别是抽象危险犯构成要件的扩张，部分把社会经济或者科学领域、文化秩序或者伦理道德的或者政治基本契约上的革新、过剩的超复杂性（Überkomplexität）、结构变化、变革（Umbrüchen）置于眼前，能作为对社会不安定之定向或定位的应对来解释。① 在这种状况下，面对自我确信和信赖的分解以及与传统关系的稳固内心确信被破坏的情况，刑法的社会统制以种种不安和安全的高涨欲求为根据，把其管辖范围扩张到将秩序置于危险的行为成为说明可能的。② 也即刑法已经不再是立足于法治主义和自由主义来保障国民每个人的自由和权利的手段，反倒是作为除去社会危险源的唯一手段起作用。面对刑法的这种前置化倾向，赫尔佐克指出"在危险领域的刑法扩张不是自然的过程，不能作为从人类生活条件被一般导出的刑法任务增加来理解"，"危险刑法不仅在一定范围内可以说和应对风险的社会能力相矛盾而破坏社会的自律性规制"③，而且会带来"通过危险刑法的刑法危险"（Gefährdung des Strafrechts durch Gefährdungsstrafrecht）这一二律背反的结果。④

库尔特·泽尔曼（Kurt Seelmann）教授在 1992 年发表的论文《"风险刑法"：风险社会以及环境刑法和毒品刑法中的"象征性立法"》（Die

① FELIX HERZOG.Gesellschaftliche Unsicherheit und strafrechtliche Daseinsvorsorge:-Studien zur Vorverlegung des Strafrechtsschutzes in den Gefährdungsbereich[M].Heidelberg:R.v.Decker，1991:54.；金尚均．危険社会と刑法：現代社会における刑法の機能と限界 [M]. 東京：成文堂，2001:159.

② FELIX HERZOG.Gesellschaftliche Unsicherheit und strafrechtliche Daseinsvorsorge:-Studien zur Vorverlegung des Strafrechtsschutzes in den Gefährdungsbereich[M].Heidelberg:R.v.Decker，1991:54；金尚均．危険社会と刑法：現代社会における刑法の機能と限界 [M]. 東京：成文堂，2001:159.

③ FELIX HERZOG.Gesellschaftliche Unsicherheit und strafrechtliche Daseinsvorsorge:-Studien zur Vorverlegung des Strafrechtsschutzes in den Gefährdungsbereich[M].Heidelberg:R.v.Decker，1991:72；金尚均．危険社会と刑法：現代社会における刑法の機能と限界 [M]. 東京：成文堂，2001:159.

④ FELIX HERZOG.Gesellschaftliche Unsicherheit und strafrechtliche Daseinsvorsorge:-Studien zur Vorverlegung des Strafrechtsschutzes in den Gefährdungsbereich[M].Heidelberg:R.v.Decker，1991:70; CORNELIUS PRITTWITZ. Strafrecht und Risiko:Untersuchungen zur Krise von Strafrecht und Kriminalpolitik in der Risikogesellschaft [M].Frankfurt am Main:Vittorio Klostermann，1993:156.

"Risikogesellschaft" und ihre "symbolische Gesetzgebung" im Umwelt-und Betäubungsmittelstrafrecht）中专门分析了刑法保护的前置化问题。泽尔曼认为，通过刑法从初期阶段就阻止风险发生的刑法前置犯罪化可以分为，刑法为先前阶段的保护而另外规定法益的方法，以及承认把犯罪成立时点提前到比以前早的先行阶段的犯罪评价。[①] 前者即所谓的法益保护的前置化，是指如果说在传统社会中法益指向人的生命和财产等个人权利，那么在风险社会中法益指向作为保障个人法益之前提的机能关联和体系关联。后者即所谓的犯罪成立的前置化，是指采取抽象危险犯或者适性犯等将可罚性提前到法益侵害前阶段的犯罪类型，通过把与行为结果无关的经验上具有危险的行为也作为刑罚对象，以此来缓和侵害结果和因果关系的要件。[②] 泽尔曼认为，前阶段犯罪化的目的在于对"没有不安感的持续确定性"的追求，但是在风险社会的这种矛盾领域中，由于社会分工和体系分化所带来的归属困难（Zurechnungsschwierigkeiten）和反生产性（Kontraproduktivität）问题，以及由此而来的相当泛滥的执行赤字（Vollzugsdefizit），所以刑法的前阶段犯罪化最终会因实效性缺乏，而不得不将其视为象征性刑法。[③] 也即，通过普遍法益和抽象危险犯类型的前阶段犯罪化，短时间来看似乎使归属变得容易，但由于其使刑法上非常重要的行为人与行为结果的直观关联相分离，反倒使法适用的个别归属变得困难。而且由于刑法往往在环境刑法和毒品刑法领域中存在与自身固有目的设定相矛盾的危险，所以容易陷入反生产性的危险。例如毒品刑法使不法毒品交易扩散且价格上升，进而诱发侵入户盗窃、抢劫和恐

---

① KURT SEELMANN.Risikostrafrecht:Die "Risikogesellschaft" und ihre "symbolische Gesetzgebung" im Umwelt-und Betäubungsmittelstrafrecht [J].Kritische Vierteljahresschrift für Gesetzgebung und Rechtswissenschaft (KritV)，1992(4):452.

② KURT SEELMANN.Risikostrafrecht:Die "Risikogesellschaft" und ihre "symbolische Gesetzgebung" im Umwelt-und Betäubungsmittelstrafrecht [J].Kritische Vierteljahresschrift für Gesetzgebung und Rechtswissenschaft (KritV)，1992(4):453-455.

③ KURT SEELMANN.Risikostrafrecht:Die "Risikogesellschaft" und ihre "symbolische Gesetzgebung" im Umwelt-und Betäubungsmittelstrafrecht [J].Kritische Vierteljahresschrift für Gesetzgebung und Rechtswissenschaft (KritV)，1992(4):457-458.

吓等二次犯罪。[①]

科尼利厄斯·普里特威茨（Cornelius Prittwitz）教授在 1993 年发表的教授资格论文《刑法与风险》（*Strafrecht und Risiko*）中体系性考察了风险社会中刑事立法的前阶段化现象。在 1997 年发表的《风险刑法的风险》（*Risiken des Risikostrafrechts*）的论文中又进一步把刑法保护的前置化作为风险刑法的基本特征进行了分析。普里特威茨认为，对风险社会中的外部危险和内面安全的日益关切，助长了刑法的机能化和法益保护的早期化。与重视刑法理念维度的传统刑法理论不同，现代刑法更注重刑法的实效性，因此在归属基准上实现了从行为邪恶性到社会风险性的范式转换。[②] 这种根本性变化导致风险刑法依据刑法适用效果和实效性来设定其方向，把减少风险和排除风险以确保安全作为其根本目的。[③] 也即风险社会的刑法，通过新法益特别是不明确的普遍法益保护和刑法保护前置化而变成巨大操控（Großsteuerung）的刑法，这种巨大操控的风险刑法不仅保护更多不同的法益，而且在更早期也即在侵害前阶段就保护法益。[④] 普里特威茨指出，这种意义的风险刑法的适用原则和正当性基准依据与传统归属原则无关的特定

---

① KURT SEELMANN.Risikostrafrecht:Die "Risikogesellschaft" und ihre "symbolische Gesetzgebung" im Umwelt-und Betäubungsmittelstrafrecht [J].Kritische Vierteljahresschrift für Gesetzgebung und Rechtswissenschaft (KritV)，1992(4):458-459.

② CORNELIUS PRITTWITZ.Risiken des Risikostrafrechts[M] // Frehsee，Löschper，Smaus (Hrsg.).Interdisziplinäre Studien zu Recht und Staat:Konstruktion der Wirklichkeit durch Kriminalität und Strafe.Band 5.Baden-Baden:Nomos，1997:54.

③ Vgl. CORNELIUS PRITTWITZ. Strafrecht und Risiko:Untersuchungen zur Krise von Strafrecht und Kriminalpolitik in der Risikogesellschaft [M].Frankfurt am Main:Vittorio Klostermann，1993:174，176-178. CORNELIUS PRITTWITZ. Risiken des Risikostrafrechts[M] // Frehsee，Löschper，Smaus (Hrsg.). Interdisziplinäre Studien zu Recht und Staat:Konstruktion der Wirklichkeit durch Kriminalität und Strafe.Band 5. Baden-Baden:Nomos，1997:54，55.

④ 普里特威茨教授把预防刑法大致区分为：以一般预防和特别预防为特征的"旧预防刑法"和对这种传统预防刑法的效用性和正当性提起疑问的"新预防刑法"。普里特威茨教授把后者特别定义为"巨大操纵刑法"，他认为"巨大操纵刑法"与传统的预防刑法不同，其保护法益侵害以前的（früher）、更多（mehr）法益以及多样（andere）法益。在这种场合的立法者显示出对普遍法益（Universalrechtsgüter）越来越多的关心的倾向。Vgl. CORNELIUS PRITTWITZ. Strafrecht und Risiko:Untersuchungen zur Krise von Strafrecht und Kriminalpolitik in der Risikogesellschaft [M].Frankfurt am Main:Vittorio Klostermann，1993:245.

目标设定来决定，其归属基准也不是根据发生的损害来评价而是根据风险的增大来决定的，所以终究只不过是具有追求象征性保障手段之机能的象征刑法的面貌。① 长期来看不仅会产生在法治国家上不能被容忍的"国民法意识的低下、法秩序拘束性的信赖降低以及法秩序有效性的降低"，而且在环境刑法上的介入反倒会产生阻碍合理环境政策形成的反生产性效果。②

（三）第三阶段的讨论

1. 敌人刑法的前置化讨论

雅各布斯（Jakobs）通过观察规定前阶段构成要件（Vorfeldtatbestände）③的《德国刑法典》第 129a 条（建立恐怖组织），第 129b 条（犯罪组织和恐怖组织；扩大的追缴和没收），认为这种可罚性前置化的构成要件具有敌人刑法的特点。④ 雅各布斯认为，如果把刑罚作为对犯罪人因其犯罪行为而使社会准则无法运转所作出之应答来看待，那么刑罚只有针对能够理解该意味（也即刑罚具有一般预防效果）的理性社会成员才会具有效果。对于不能贯彻作为人来对待的必要最小限度认识保障的人，由于其不仅导致法的规范效力丧失而且被视为危险源，所以刑法的可罚性应当被前置到犯罪预

---

① CORNELIUS PRITTWITZ.Risiken des Risikostrafrechts[M] // Frehsee，Löschper，Smaus (Hrsg.).Interdisziplinäre Studien zu Recht und Staat:Konstruktion der Wirklichkeit durch Kriminalität und Strafe.Band 5.Baden-Baden:Nomos，1997:53.

② CORNELIUS PRITTWITZ.Strafrecht und Risiko:Untersuchungen zur Krise von Strafrecht und Kriminalpolitik in der Risikogesellschaft [M].Frankfurt am Main:Vittorio Klostermann，1993:258.

③ 2001 年"9·11"恐怖事件以后，《德国刑法典》通过第 129b 条的规定扩张了前阶段构成要件的范畴，因此在理论上可以说"9·11"恐怖事件成为对前阶段构成要件扩张的明示根据。（Vgl. HEINRICH. Die Grenzen des Strafrechts bei der Gefahrprävention[J].Zeitschrift für die gesamte Strafrechtswissenschaft (ZStW), 2009，121(1):119.）同时慕尼黑高等法院对《德国刑法典》第 129b 条也表达了"戴着刑法面具的警察法（Polizeirecht in strafrechtlicher Gestalt）"之意见，反映出即使是在实务上也存有对前阶段构成要件的疑虑。（Vgl. OLG München.NJW. 2007:2787.）

④ GÜNTHER JAKOBS. Terroristen als Personen im Recht?[J].Zeitschrift für die gesamte Strafrechtswissenschaft (ZStW), 2006, 117(4):843; ARNDT SINN. Moderne Verbrechensverfolgung–auf dem Weg zu einem Feindstrafrecht?[J]. Zeitschrift für Internationale Strafrechtsdogmatik(ZIS)，2006:107-108; FRANK SALIGER. Feindstrafrecht:Kritisches oder totalitäres Strafrechtskonzept? [J].Juristische Zeitung (JZ)，2006，15/16:756-758.

备阶段，"刑罚不仅是对已实行之行为的处罚，而且即使为预防未来犯罪行为也能被投入"①。由此把以沟通为目的的市民刑法（Bürgerstrafrecht）和作为风险应对手段的敌人刑法（Feindstrafrecht）相区别，敌人刑法最适化法益保护（Optimierung des Rechtsgüterschtzes），而市民刑法最适化自由领域。②雅各布斯认为，现行刑法规范存在两种不同倾向，市民刑法被适用于市民，通过对市民行为的外部化以回复被侵害之规范效力；敌人刑法被适用于敌人，通过广泛前置化到法益侵害以前阶段的危害性而消除危险。也即市民刑法遂行维持规范效力的机能，而敌人刑法遂行消除危害的机能（Strafrecht zur Bekämpfung der Gefahr）。③

贝恩德·许迺曼（Bernd Schünemann）严厉批判了通过敌人刑法来正当化前阶段构成要件的见解，认为适用于现代恐怖主义的规定"不是因为涉及雅各布斯所谓的敌人，而是因为涉及集体行为模式，才有必要制定这些特殊的犯罪构成要件"。虽然现代刑法必须要处罚参与恐怖组织的行为，但是"必须要对参与行为的质量以及证明行为人故意的证据设置严格的法治国要求，以避免将在政治上支持本身是合法目的的、属于公民自由的行为入罪"④。由于以敌人刑法为基础通过抽象危险犯和预备罪而过度前置化可罚性，会导致行为人的地位弱化，从正面违反了所有的人类都是尊严的这一宪法价值，德国学界对恐怖预备行为处罚规定（的必要性）的评价大致上持否定见解，认为该规定由于把可罚性提前到犯罪计划阶段，使客观构成要件标识改变为主观认识，所以被评价为心情刑法（Gesinnungsstrafrecht）⑤，难以

---

①　GÜNTHER JAKOBS.Bürgerstrafrecht und Feindstrafrecht [J/OL].Onlinezeitschrift für Höchstrichterliche Rechtsprechung zum Strafrecht (HRRS)，2004(3):88-92.

②　GÜNTER JAKOBS. Kriminalisierung im Vorfeld einer Rechtsgutsverletzung[J].Zeitschrift für die gesamte Strafrechtswissenschaft (ZStW)，1985，97(4):751，756.

③　GÜNTHER JAKOBS.Bürgerstrafrecht und Feindstrafrecht [J/OL].Onlinezeitschrift für Höchstrichterliche Rechtsprechung zum Strafrecht (HRRS)，2004(3):88，90.

④　贝恩德·许迺曼.敌人刑法？——对刑事司法现实中令人无法忍受的侵蚀趋向及其在理论上的过分膨胀的批判 [M].杨萌，译.// 冯军，主编.比较刑法研究.北京：中国人民大学出版社，2007:263.

⑤　HANS-ULLRICH PAEFFGEN. NK: § 89a StGB.Rn.2.[M]// Urs Kindhäuser, Ulfrid Neumann, Hans-Ullrich Paeffgen(Hrsg.).Nomos Kommentar zum Strafgesetzbuch (NK):Band 2.5 Auflage.Baden-Baden: Nomos，2017:228.

符合行为责任原则（Tatschuldprinzip）[1]。

2. 安全刑法的前置化讨论

对"9·11"恐怖事件以后的德国刑法前置化趋势，德国刑法理论上出现了想要在自由和安全的紧张关系上优先看待安全，把刑法作为克服犯罪恐惧之手段，而规定对危险行为人的隔离和除去之特别法的取向。例如乌尔里希·齐白（Ulrich Sieber）教授认为，"与当代风险社会密切相关的技术上、经济上与政治上的变化催生了新形势的复杂犯罪，这些复杂犯罪的新形式特别在恐怖主义、有组织犯罪和经济犯罪领域构成重大风险。在涉及安全与自由的保障时，复杂犯罪的这些新风险与新形式使传统刑法遭遇其功能上的边界限制"[2]。面对这种功能边界限制，国家往往在法律修改中通过拓展刑法的适用范围和强化其他法律手段之补充来发挥刑法的安全保障功能。[3] 因此，在刑事实体法领域中，刑事问责移至犯罪行为开展之前的时点，国家在犯罪发生之前、在正对某个行为人特定犯罪的嫌疑具体化之前就已开始介入。例如在针对复杂犯罪造成的风险时，特别是由恐怖主义和有组织犯罪造成的风险时，立法部门规定了所谓的"组织犯"或"成员犯"、共谋型犯罪以及调节刑事责任分配的特殊法律手段（比如联合犯罪企业、雇主责任和严格责任），刑法被过多地赋予了预防职能，从而超越了其"通过镇压进行预防"的传统方式。

但是，为了这种安全保护的集中有效的形成，而使用禁止增加、制裁强化、控制密度增加、程序的非形式化等控制手段，导致刑法完全被安全或预防范式所完全支配。[4] 其结果是，监视与控制手段的强化在安全形成和维持这一观点下，不是以对自由的威胁而是以对自由的保护轻易取得说服

---

[1] HANS-ULLRICH PAEFFGEN. NK: §89a StGB.Rn.2. und §89b StGB.Rn.3. [M]// Urs Kindhäuser，Ulfrid Neumann，Hans-Ullrich Paeffgen(Hrsg.). Nomos Kommentar zum Strafgesetzbuch (NK):Band 2.5 Auflage.Baden-Baden: Nomos，2017:257，269.

[2] 乌尔里希·齐白. 全球风险社会与信息社会中的刑法 [M]. 北京：中国法制出版社，2012:162.

[3] 乌尔里希·齐白. 全球风险社会与信息社会中的刑法 [M]. 北京：中国法制出版社，2012:162.

[4] UDO DI FABIO. Sicherheit in Freiheit[J].Neue juristische Wochenschrift (NJW)，2008，61(7):421，422; BERNHARD HAFFKE. Vom Rechtsstaat zum Sicherheitsstaat?[J].Kritische Justiz(KJ)，2005，38 (1):18; WINFRIED HASSEMER. Sicherheit durch Strafrecht[J].Strafverteidiger (StV)，2006，24(3):321，322，329.

力。① 由此导致把安全生产者的角色作为刑法目的，而与作为危险阻止法
（Gefahrenabwehrrecht）的预防性警察法的差异变得无意义。② 齐白教授对
此指出："为了防止刑法的传统保障制度被抛弃，刑法的传统领域被其他部
门法所接管，必须对安全法的整体格局进行界定：其一，（回望性的）使用
镇压手段的刑法（旨在解决过去发生的犯罪）；其二，（前瞻性的）使用预防
手段的警察法（旨在维持秩序与预防未来危害）；其三，（前瞻性的）情报法
（旨在预防未来危害，而这种危害是在前期并在特定领域有尚未形成的安全
隐患所构成的）。"③

第二节　日本刑法的保护前置化趋势

一、日本刑法保护前置化的立法

在日本自 20 世纪末期以来，国家治理形态逐步深入日常生活的细微领
域，以刑罚来应对各种类型的风险以实现安全成为整个刑事政策的核心内
容。日本近年旺盛的刑事立法活动除了基于与刑法谦抑原则相对的"刑罚
积极主义"之倾向外，并带有"入罪化""处罚的早期化""法益概念的抽象
化""法的拼贴化""重罚化"等特征。④ 这种特征使得刑法处罚的前置化
和法益保护的提前化成为日本现代刑事立法的基本取向。

（一）日本刑法中的法益保护前置化

日本刑法为了应对现代社会中的新型风险，在刑事政策上体现出鲜明

---

① UDO DI FABIO. Sicherheit in Freiheit[J].Neue juristische Wochenschrift (NJW)，2008，
61(7):421，422; WINFRIED HASSEMER. Sicherheit durch Strafrecht[J].Strafverteidiger (StV)，
2006，24(3):321，325，328.

② PETER-ALEXIS ALBRECHT. Erosionen des rechtsstaatlichen Strafrechts[J].Kritische
Vierteljahresschrift für Gesetzgebung und Rechtswissenschaft (KritV) 1993:163，171; WINFRIED
HASSEMER. Sicherheit durch Strafrecht[J].Strafverteidiger (StV)，2006，24(3):321，331.

③ 乌尔里希・齐白. 全球风险社会与信息社会中的刑法 [M]. 北京：中国法制出版社，
2012:195.

④ 井田良. 最近の刑事立法をめぐる方法論的諸問題 [J]. ジュリスト，2008，1369:54-63.

的危险预防和风险管理思想，由此导致最近的刑事立法具有明显的法益保护前置化倾向。其具体表现在：

1. 基于安全或制度信赖保护的法益保护前置化。日本在大量特别刑法中通过法益保护的前置化来保护国民的"安全"或"制度信赖"。例如日本1999年制定的《与非法侵入行为的禁止等有关的法律》第8条规定，对破坏计算机安全系统以非法控制或不正侵入计算机的行为进行处罚，该行为实际上是非法获取计算机储存数据或计算机运行利益的前阶段行为，因此其法益不是计算机信息资料、业务秘密等具体利益，而是作为前阶段的计算机的持有人对他人无法利用该系统的信赖。再如日本2003年制定的《骚扰行为等规制法》第13条规定，对同一人反复实施尾随行为，侵害其身体安全、居住平稳及名誉，或者使其感觉到行动自由明显受到侵害之不安时予以处罚。该罪的法益最终可以归结为精神的平和或不被不喜欢的人骚扰这种安全感的保护。又如2003年制定的《特殊开锁工具持有禁止法》第15条规定，违反禁止贩卖或授予特殊开锁工具时，以及第16条规定违反禁止持有特殊开锁工具及违反禁止暗中携带指定侵入工具（如螺丝刀、撬棍、钻孔机）时，将对此予以处罚。"这些犯罪是把入室盗窃的预备或者预备的前阶段行为或帮助行为加以独立并进行可罚化的犯罪，因此是逾越只处罚未遂的刑法典将法益保护进行了前置化。"[①]

2. 基于现代社会风险源排除的法益保护前置化。为了预防随着国际化和信息化带来的危险，日本2001年《刑法修正案（法97号）》在《刑法典》第163条之2以下增设了"关于支付用磁卡的电磁记录的犯罪"，将非法获取磁卡信息的预备、实行，非法获取磁卡信息的保管、提供、获得以及非法制造等行为都予以处罚。[②]这种处罚非法获取磁卡信息之预备行为的极端前置化正是从国际化和信息化对策中产生出来的结果，应该理解为是保护以电磁记录为组成部分的支付用磁卡的支付清算系统之安全性这种新性质

---

① 伊东研祐.现代社会中危险犯的新类型[M].// 郑军男，译.何鹏，李洁，主编.危险犯与危险概念.吉林：吉林大学出版社，2006：183.

② 山口厚.刑法各论[M].2版.王昭武，译.北京：中国人民大学出版社，2011：567-576.

的法益。① 再如针对基于国际性犯罪组织的毒品犯罪、洗钱犯罪、所谓地下钱庄及非法汇款、贩卖人口等，历来就要求特别的对待。日本 1999 年《关于有组织犯罪之处罚及犯罪受益之规制等法律》第 6 条之 2 规定了组织犯罪的共谋罪，这意味着作为国际性犯罪的组织活动所实施的犯罪产生了有必要在预备前阶段加以排除的新型危险。

3. 基于人的根本生存领域保护的法益保护前置化。由于科学技术的发展已经开始渗入与人类生存密切相关的所谓人之生存的根本领域，所以产生了设立新的集合或普遍法益对其进行提前保护的倾向。例如，1997 年制定的日本《禁止器官买卖之器官移植的法》第 11 条第 1 项至第 4 项规定，禁止"为移植手术之使用提供器官"或接受、要求、约定或提供、提议"作为其斡旋之报酬的财产上的利益"；第 5 项规定，禁止明知是违反第 1 项至第 4 项之行为而摘除器官或将之用于移植手术。关于器官买卖等罪的法益或处罚根据，一般认为是"确保对器官移植的公平性和正当性的信赖"或"器官提供者"的自由和"接受器官分配之机会的平等"。再如 2000 年制定的《与人相关的克隆技术等规制法》规定了所谓的克隆人罪，也即将克隆人的胚胎、人和动物杂交的胚胎、人的性交合胚胎或人的性集合胚胎植入人或动物的胎内的行为予以处罚。学界一般认为克隆人罪的法益是"人的尊严"或应该称为"作为人种之生命统一性"这种新的社会法益。

（二）日本刑法中的刑法处罚前置化

在日本刑法中从很早以前就存在着前置化刑法处罚的规定。不仅现行 1907 年《刑法典》中规定了一系列抽象危险犯以及若干预备罪与持有罪等早期化处罚形式，而且特别刑法如早在 1884 年明治时代规定的《爆炸物取缔罚则》② 中就能看到相当先进的处罚早期化。特别是进入 20 世纪 90 年代以来，由于一方面容许刑法干预在越来越早的阶段并因此向前延伸刑事可罚性领域，另一方面将对诸如特定生命、身体或自由等法益的严重损害以越来越严厉的刑罚进行反应，因此导致"日本刑法在世纪之交前后存在两

---

① 伊东研祐 . 现代社会中危险犯的新类型 [M].// 郑军男，译 . 何鹏，李洁，主编 . 危险犯与危险概念 . 吉林：吉林大学出版社，2006:188.

② 参见日本明治 17 年太政官布告（だじょうかんふこく）第 32 号。

个相互对向的力矩，以预防为方向的刑事可罚性前置化和以结果为导向的刑事责任严罚化趋势，同时平行且共同标明了日本的当代刑法"①。

从保护领域上看可以将日本有关处罚阶段早期化的立法概括为四种类型：②一是科技风险防范方面的刑法处罚前置化。这种处罚前置化是指把防止由现代科学技术产生的不确定负面风险作为目的，通过早期化处罚阶段而保护未来人类的安全或健康、自然的社会基础的安全、社会体系和子系统的安定。例如与环境破坏、转基因和克隆技术有关系的诸问题，与口蹄疫感染和疯牛病等家畜动物相关联的诸问题，与使用计算机的活动相关联的诸问题，毒品和兴奋剂等药物滥用问题等等。属于第 1 种类型的处罚前置化立法能够举出《克隆技术规制法》《非法侵入行为禁止法》、"非法制作支付用磁卡的电磁记录罪等（《刑法典》第 163 条之 2 以下）"以及一系列的药物规制立法等等。二是社会治安保障方面的刑法处罚前置化。这种处罚前置化是指把恐怖主义等社会治安保障的风险作为目的，通过早期化处罚阶段而把"特定危险者或者团体"视为风险源而加以排除。也即自日本 1995年地铁沙林毒气事件和美国 2001 年"9·11"恐怖事件以来，安全获得了超越人权之价值而被广泛认知，因而把在价值观或思想上不同而不可能以法规范去控制的危险人或组织从社会中排除，以防止其带来大规模犯罪和不特定多数人的个人利益侵害。属于第 2 种类型的处罚前置化立法能够举出《破坏活动防止法》《沙林毒气规制法》《实施无差别大量杀人行为之团体规制法》《恐怖资金提供处罚法》。三是个人法益侧防方面的刑法处罚前置化。这种处罚前置化是指把防止对古典个人法益的犯罪风险作为目的，通过早期化处罚阶段而侧防从来的刑罚规范。也即由于现在已经处于严重的状态，并且将来会招致重大法益侵害，所以为保全法益而规制行为。属于第

① MAKOTO IDA. Neuere Entwicklungen im japanischen Strafrecht im Lichte gesell-schaftlicher Veränderungen[M] //Manfred Heinrich, Christian Jäger, Bernd Schünemann, et al.(Ed.).Strafrecht als Scientia Universalis:Festschrift für CLAUS ROXIN zum 80.Geburtstag am 15.Mai 2011[C]. Berlin/New York:Walter de Gruyter, 2011:1609ff.

② 参见金尚均．刑法とリスク [J]．法の科学 2009, 40:177-182; 金尚均．社会的迷惑行为と刑法の机能 [M] // 金尚均, HENNING ROSENAUB, 编著．刑罚论と刑罚正义：日本——ドイツ刑事法に关する对话．东京：成文堂, 2012:258-259.

3 种类型的处罚前置化立法能够举出《特殊开锁工具持有禁止法》《儿童卖淫、儿童色情物品禁止法》《骚扰行为等规制法》《儿童虐待防止法》《有关家庭暴力防止和被害人保护的法律》《有关规制实施无差别大量杀人之团体的法律》等。四是偏差行为遏制方面的刑法处罚前置化。这种处罚前置化是指把防止日常社会生活的相关风险作为目的，通过早期化处罚阶段而解决涂鸦、静坐示威、家庭垃圾随意丢弃、路上的吸烟、违法停车等日常社会生活中的诸问题。从来以刑罚规制的行为都是具有重大社会侵害性的行为，但是由于受到"刑罚民粹主义"的影响，日本近来对仅仅只是惹起他人不快的"社会厌烦行为或反社会举动"等社会偏差行为以刑罚应对的倾向非常显著。属于第 4 种类型的处罚前置化立法一般见于日本各地方自行制定的生活安全条例和烦扰防止条例，以及停车禁止规制的强化等。①

从处罚根据上看可以将日本有关处罚阶段早期化的立法区别为三种类型：② 一是为防止实害发生于未然而禁止具有法益侵害或具体危殆化之高度可能性的行为（即第一次预防）。在现行《刑法典》上典型的有，骚乱罪（《刑法典》第 106 条）、聚众不解散罪（《刑法典》第 107 条）、放火罪（《刑法典》第 108 条以下），浸害现住建筑物罪（《刑法典》第 119 条）、往来危险罪（《刑法典》124 条以下）、净水污染罪等（《刑法典》第 162 条）、伪造通货罪（《刑法典》第 148 条以下）、伪造文书罪（《刑法典》第 154 条以下）、伪造有价证券罪（《刑法典》第 162 条）、非法制作支付用磁卡的电磁记录罪等（《刑法典》第 163 条之 2 以下）、准备凶器集合及聚集罪（《刑法典》第 208 条之 3）、遗弃罪（《刑法典》第 217 条以下）等等。在特别刑法领域可以举出，保护普遍法益的犯罪类型如《克隆技术规制法》《沙林毒气规制法》《恐怖资金提供处罚法》，保护个人法益的犯罪类型如《与非法侵入行为的禁止等有关的法律》《利用互联网异性介绍业务引诱儿童的行为规制法》《特殊开锁工具持有禁止法》《儿童卖淫、儿童色情物品禁止法》等。

---

① 以刑罚规制社会偏差行为的倾向不限于日本，在英国存在所谓的反社会行为命令（Anti Social Behavior Order）、在德国有把涂鸦作为器物毁坏罪而科处刑罚的刑法修正案。

② 参见金尚均．処罰段階の早期化再考 [M]// 浅田和茂（ほか），編．人権の刑事法学：村井敏邦先生古稀記念論文集．東京：日本評論社，2011:63-69．

二是为防止法益侵害作为行为蓄积结果发生而禁止具有经由多次实施或频繁实施而最终惹起社会上重大结果可能性的行为（即第二次预防）。此种类型在现行刑法典中可以举出公然猥亵罪（《刑法典》第 174 条）和赌博罪（《刑法典》第 185 条），一系列药物禁止立法如《毒品和精神药物取缔法》《大麻取缔法》《阿片类药物和精神药物取缔法》《致幻剂取缔法》《在国际协作下谋求防止助长有关规制药物之不正行为的与毒品和精神药物法有关的法律》《有关废弃物处理和清扫的法律》等等。在特别刑法领域可以举出，把社会烦扰行为和不快行为在各地方自治体条例中予以规制的法令，例如禁止在路上吸烟和烟头乱扔的法令（《目黑区建立没有乱扔垃圾之城市的条例》）等。三是为防止行为引发后续关联犯罪而禁止现在已经处于严重状态并且将来会招致重大法益侵害的行为（即第三次预防）。在这里可以举出《有关骚扰行为等规制的法律》《有关家庭暴力防止和被害人保护的法律》《有关防止儿童虐待的法律》《有关规制实施无差别大量杀人之团体的法律》等。

从行为方式上看可以将日本有关处罚阶段早期化的立法划分为三种类型：[①] 一是行为客体具有其本身一看就明白之危险的违法或者至少强烈推定违法性的犯罪类型；二是以行为目的区别合法行为与违法行为的犯罪类型；三是既不以行为客体来明确化处罚范围也不要求行为目的的犯罪类型。例如日本第 193 届国会于 2017 年 6 月 15 日通过并于同年 7 月 11 日施行的《〈有关有组织犯罪的处罚以及犯罪收益规制等的法律〉部分修正法》中新设的"准备恐怖主义活动等罪"就属于第二种类型。准备恐怖主义活动等罪可以分为第 1 款罪和第 2 款罪。第 1 款罪的成立需具备：（1）该当附表四所列之罪的行为，作为恐怖主义集团及其他有组织犯罪集团的团体性活动；（2）二人以上计划通过以实行该行为的组织来实施的；（3）在参与该当计划的任何一人根据计划实施了筹备资金或物品、预先勘察相关场所等为实行所计划之犯罪的准备行为。第 2 款罪的成立需具备：（1）该当附表四所列之罪的行为，以使恐怖主义集团及其他有组织犯罪集团获得不正当权益，或者维持或扩大恐怖主义集团及其他有组织犯罪集团的不正当权益为

---

① 井田良.比較法の視点から見たテロ等準備備罪 [J]. 刑事法ジャーナル.2018，55:27.

目的；（2）二人以上计划通过以实行该行为的组织来实施的；（3）在参与该计划的任何一人根据计划实施了筹备资金或物品、勘查相关场所等为实行所计划之犯罪的准备行为。由于"准备恐怖主义活动等罪"以一个条文处罚多达 277 个犯罪的预备行为，因此引发了日本刑法学者以及民众对于处罚的过度扩张和侦查权过度介入公民私生活的强烈担忧，不仅在审议过程中就遭受了诸如"21 世纪的治安维持法""侵害内心自由""开启监视国家的道路"等严厉的批评，而且即使在通过以后也没有结束讨论而形成合意，有关该规定违宪而应立即废止的主张仍然被展开。[①]

二、日本刑法保护前置化的讨论

日本理论对法益保护的前置化与处罚阶段的前置化的讨论，开始于被称为所谓的"刑事立法时代"的 2000 年前后，发端自严罚化、重罚化志向下的刑事立法活跃化的事实。因此，日本刑法的保护前置化与其说是受到风险社会理论讨论的影响，不如说是受到严罚化倾向和"体感治安恶化"的影响。[②] 由于把风险社会与将来难以展望的社会不安和安全欲求相联接的讨论方法，与从现代社会风险的观点来进行观察的方法存在着很大的不同，因此在有关刑法保护前置化的讨论上呈现出见解上的差异。

（一）有关日本刑法前置化背景的讨论

由于今天在日本"为了安全社会"的犯罪控制口号越来越响亮，刑法的机能转变也日益走向预防性安全国家，传统上以回溯性法益侵害为核心的刑法形象已经转变为以预测性风险防御为重心的新型图景。这种从惩罚到预防的重心移动在实体刑法内部带来了前置化、早期化的趋势。

首先，日本刑法的处罚阶段早期化是社会结构变化的必然结果。由于现代社会的巨大化、复杂化、科学化、高度技术化，对每个人来说大体上不

---

① 例如日本学者高山佳奈子、内田博文、海渡雄一等即采取此观点，参见高山佳奈子. 共謀罪の何が問題か [M]. 東京：岩波書店，2017；内田博文. 治安維持法と共謀罪 [M]. 東京：岩波書店，2017；海渡雄一. 共謀罪は廃止できる [M]. 東京：緑風出版，2017。

② 金尚均. 処罰段階の早期化再考 [M]// 浅田和茂（ほか）編. 人権の刑事法学：村井敏邦先生古稀記念論文集. 東京：日本評論社，2011:57-58.

可能存在对主体的完全控制，人们的生活依存于脆弱的技术手段集合体，个人的行动所具有的损害惹起可能性大大增加，人们踏入未知领域的情形日益频繁发生，而且因自身的轻微脱逸行动使重大被害发生的领域大量出现，这种社会构造的变化必然要求早期的刑事介入。①

其次，日本刑法的处罚阶段早期化是刑事立法活性化的当然归结。由于"更加依赖于刑罚的社会、现代社会中人们的普遍不安、缺乏共有价值观的社会构成、国际社会的协同压力"②这一立法活性化的背景，刑法的面貌"从保护具体法益的刑法向维持抽象秩序的刑法变迁"③，"刑事规制的目光从作为对已然之反动的刑罚向面向将来之危险的防止方向转变"④，由此导致"肯定更早时点的刑罚权介入和在实害发生时科处更重的严厉刑罚这两种倾向会变得更加显著"⑤。

再次，日本刑法的处罚阶段早期化是刑法机能多元化的产物。"抽象危险犯与其说是对过去事件的反动，不如说是面向将来危险之防止而被提前。刑罚具有对过去行为的反动和对将来危险防止的侧面，所以处罚根据或刑罚机能不是一元的。注重结果重大性的重罚化、严罚化倾向与处罚早期化的倾向这两种看似矛盾之倾向的共存，能够被评价为对应于刑罚机能的多元性。"⑥在经济刑法、环境刑法以及组织犯罪对策立法中的犯罪化非常显著，"在那里不仅能看到未然抑止（＝犯罪化）和事后报应（＝重罚化、严罚化）的彻底化，而且能看到以体感治安的恶化为理由的社会安全保障这一两者共通的强烈要求，在这种意义上把刑法的谦抑性与社会安全保障加以衡量，由此而得到扩大刑法网眼的理由"⑦，这是因为，"想要从正面承认积极评价刑法的宣示效果与人伦形成机能，使前置化（早期化）刑法介入的动

① 井田良 . 変革の時代における理論刑法学 [M]. 東京：慶應義塾大学出版会，2007:19.
② 井田良 . 刑事立法の活性化とそのゆくえ [J]. 法律時報，2003，75(2):4-5.
③ 井田良 . 変革の時代における理論刑法学 [M]. 東京：慶應義塾大学出版会，2007:33.
④ 井田良 . 変革の時代における理論刑法学 [M]. 東京：慶應義塾大学出版会，2007:34.
⑤ 井田良 . 変革の時代における理論刑法学 [M]. 東京：慶應義塾大学出版会，2007:12.
⑥ 井田良 . 変革の時代における理論刑法学 [M]. 東京：慶應義塾大学出版会，2007:34.
⑦ 浅田和茂 . 刑法の介入の早期化と刑法の役割 [M]// 浅田和茂（ほか），編集 . 転換期の刑事法学：井戸田侃先生古稀祝賀論文集 . 東京：現代人文社，1999:731.

向变得显著"①。

最后，日本刑法的处罚阶段早期化是刑法国际化发展的要求。例如2001 年日本增订了支付工具之电磁记录不正作出等罪（日本《刑法典》第163 条之二以下），将不正作出、供用、让与、借贷、输入以及资料之取得或提供行为之未遂也列入处罚（日本《刑法典》第 163 条之五）。直接原因是 2001 年日本政府签署了欧盟委员会的"网络犯罪协议"，在这里被要求的前置化鉴于，"这一领域社会有害行为在经验上可证明的发展，以及从所谓的循证刑事政策（evidence-based criminal policy）的角度来看可以承受任何反对"②。再如日本在历经 17 年时间与三次废案以后，第 193 届国会终于于 2017 年 6 月 15 日通过了以新设"准备恐怖主义活动等罪"为核心的《〈有关有组织犯罪的处罚以及犯罪收益规制等的法律〉部分修正法》，实际既是为了履行日本政府于 2000 年 12 月 12 日签署的《联合国打击跨国有组织犯罪公约（United Nations Convention against Transnational Organized Crime）》的承诺，也是为了回应主张运用早期处罚手段来共同打击组织犯罪的国际社会的呼声。③

（二）有关日本刑法前置化立场的讨论

由于客观主义立场在日本刑法理论中占据统治性地位，因此多数日本刑法学者对新出现的前置化趋势表示怀疑，他们感到忧虑的是法益保护原则、明确性原则等刑法基本原理是否因为刑法的前置处罚而面临威胁，刑法理论面对基于安全需求而产生的前置化趋势应当如何作出反应。④

---

①　浅田和茂 . 刑法的介入の早期化と刑法の役割 [M]// 浅田和茂（ほか），編集 . 転換期の刑事法学：井戸田侃先生古稀祝賀論文集 . 東京：現代人文社，1999:731.

②　MAKOTO IDA. Neuere Entwicklungen im japanischen Strafrecht im Lichte gesellschaft-licher Veränderungen[M]// Manfred Heinrich，Christian Jäger，Bernd Schünemann，et al. (Ed.). Strafrecht als Scientia Universalis: Festschrift für CLAUS ROXIN zum 80. Geburtstag am 15. Mai 2011[C]. Berlin / New York: Walter de Gruyter，2011:1609ff.

③　井田良 . 比較法の視点から見たテロ等準備罪 [J]. 刑事法ジャーナル .2018(55):23-24.

④　想要划定日本刑法学者对刑法保护前置化（早期化）的基本立场非常困难，因为日本学者由于其固有的谦逊与谨慎的学术品格，在具体论述时往往采用技术上的持中主义。不过透过观察日本学者围绕作为前置立法典型的准备恐怖主义活动等罪的理论论争，特别是以2017 年 2 月 1 日发表的《共謀罪法案の提出に反対する刑事法研究者の声明》为线索（http://www.kt.rim.or.jp/~k-taka/kyobozai.html），大致能够将日本刑法前置化的立场讨论区分为肯定说、否定说与折中说三种立场。

肯定说从重视刑法机能发挥的角度出发，认为刑法保护的前置化、早期化不仅能够未然性防止重大法益遭受不可恢复之破灭性损害，而且能够发挥刑法的规范意识形成机能，具有塑立行为规范的积极意义。如井田良教授认为，由于高度工业化和尖端科技化而使现代社会变得非常复杂，人们的社会生活在很大程度上依赖于人们彼此之间的盲目信任和各种脆弱的技术设施。因此导致"现代社会中个人行动具有的法益侵害潜能相应扩大，从如果今天不给予禁止那么以后就会变得为时已晚这种问题事态来看，在这些领域的早期化刑法介入具有合理性是不能否定的"①。肯定说的主张最新体现在其对增设"准备恐怖主义活动等罪"的态度上，例如木村圭二郎律师认为，在现代社会中市民的人权只要没有国家的积极参与就很难期待被充分地保障。基于"国家权力＝恶"的观念而限缩刑罚法规规制的反对意见，必须说过于观念化而不理解作为组织犯罪对策的本罪之本质。② 安井哲章教授也指出，"准备恐怖主义活动等罪是由计划行为和实行准备行为构成的犯罪类型。实行准备行为并不是以推定确认计划行为之存在为重点，其本身是为准备恐怖主义活动等罪的处罚建立基础的中心行为，因此准备恐怖主义活动等罪与仅仅以合意为其本质的共谋罪具有不同的基本构造"③。

否定说主张刑法的保护对象应该被限定在个人的生命、身体、自由、财产等古典法益上，根据贯彻法益概念所具有的自由保障机能的立场，刑法保护的早期化将被批判为刑法的过度介入。④ 例如曾根威彦教授认为，现在刑法学的整体倾向上无法看到继承战后自由主义潮流的动向，反而通过实质性解释法律框架而扩大了处罚范围，追认应对新犯罪状况的实务犯罪对策，作为正当化风潮被指出、且追求国民规范意识之强化而呼吁刑法介入的早期化，把"以恶制恶"的国民舆论作为后盾的处罚化、重罚化的动向，取

---

① 井田良.変革の時代における理論刑法学 [M].東京：慶應義塾大学出版会，2007:16.

② 木村圭二郎.テロ等準備罪制定過程における論点：反対論を素材とした検討 [J].刑事法ジャーナル，2018，55:45.

③ 安井哲章.コンスピラシーとテロ等準備罪 [J].刑事法ジャーナル，2018，55:36.

④ 金尚均.危険社会と刑法：現代社会における刑法の機能と限界成文堂 [M].東京：成文堂，2001:33-36；浅田和茂.刑法的介入の早期化と刑法の役割 [M]//浅田和茂（ほか）編集.転換期の刑事法学：井戸田侃先生古稀祝賀論文集.東京：現代人文社，1999:732-734.

代了"国家（权力）对市民（人权）"的图式，而描绘出"犯罪（危险）对安全（不安消解）"的图式。以此为背景，在由于家庭、学校、职场、地域等方面的影响而弱化传统社会统治的今天，存在提高对刑法这一控制手段的依存度，对刑法给予过剩期待的事情。曾根威彦教授指出，在为满足人们物质欲望而创出风险社会的同时，为防止实害发生于未然而早期介入刑法的严罚化，是带有摧毁近代刑法基本原则之危险的本末倒置的想法，因此应鸣响有损于以市民的自卫学习为出发点的社会自律规制的警钟。① 浅田和茂教授也批判道，为了应付风险而采用刑法的想法，必然不得不走向刑法介入的前置化、早期化、扩大化的道路。例如就作为最显著的问题领域的环境刑法来看，解决环境问题和投入刑法手段是不同的问题，这种情形具有拆毁近代刑法基本原则的危险，而且容易造成警察权力的肥大化，刑法的早期介入容易有损于社会的自律性规制。②

　　折中说主张如果把刑法保护早期化进行区分并限定，就能够在不得已这一角度肯定刑法保护早期化的合理性。③ 例如高桥则夫教授一方面认为，由于在风险社会中如果有风险就有实现可能性，所以为防止风险实现后已为时过晚，因此有必要在之前的阶段进行处罚，"处罚的早期化"以及"处罚的扩大化"由此而变得重要。根据重视积极的一般预防理论和刑法的行为规范机能的立场，刑法保护的早期化由于其志向于通过刑罚来确证规范妥当并确立规范意识，有助于形成与现代社会相适应的新型伦理，所以刑法保护的早期化能够因此而获得正当性根据。④ 另一方面，高桥则夫教授也指出，风险社会使刑罚机能由事后处理机能向事前预防机能变质，预备行为原本不处罚，但是现在产生连预备的预备也科处刑罚的立法，进而不怎么重

　　① 曽根威彦 . 現代の刑事立法と刑法理論 [J]. 刑事法ジャーナル .2005, 1:11; 曽根威彦 . 現代社会と刑法 [M]. 東京 : 成文堂，2013:9-14.
　　② 浅田和茂 . 刑法的介入の早期化と刑法の役割 [M]// 浅田和茂（ほか）編集 . 転換期の刑事法学 : 井戸田侃先生古稀祝賀論文集 . 東京 : 現代人文社，1999:738，739.
　　③ 堀内捷三 . 刑法における重点の変遷 [M]// 芝原邦爾他編 . 松尾浩也先生古稀祝賀論文集 . 上巻 . 東京 : 有斐閣，1998:70-73; 新谷一幸 . ハセマー「象徴的刑法と法益保護」[J]. 修道法学 .1995, 17(2):24-26.
　　④ 高橋則夫 . 刑法的保護の早期化と刑法の限界 [J]. 法律時報，2003，75(2):15-16.

视实行行为性，而不管怎样都要宣布该当行为之禁止的"象征立法"也被制定。在这种意义上高桥强调，应当把刑法的最后手段性视为盾牌，作为控制行为的手段，民法和行政法应该被首先适用，作为第二次规范的刑法，必须严守自由保障机能而实行刑罚消极主义。①

日本附属刑法的扩散化趋势和前置化趋势，不仅从很长一段时间以来就被观察到，而且已经被包含在刑法典中的预备犯、危险犯和持有犯之中，因此日本刑法学者虽然不赞成但至少是消极地接受，并由此逐渐转向如何依据刑法固有原则对前置化、早期化刑法立法的限制解释上。②

（三）有关日本刑法前置化根据的讨论

由于受德国风险社会理论讨论的影响，在日本刑法保护的前置化（早期化）被作为风险控制的重要一环而被持久检讨，特别是对作为刑法保护前置化根据的风险问题的讨论尤为激烈。

一般认为风险社会理论对日本刑法之影响大致可以归纳为四点③：（1）连距离被害相当遥远阶段的行为也处罚的处罚早期化；（2）实施直接加害行为的行为人以外的人也作为处罚对象的犯罪行为主体的扩散；（3）产生了提高法定刑或者加重现实科刑即所谓重罚化的现象；（4）产生广泛导入摄像监视这样的监视强化。

日本学者岛田聪一郎教授批判了这种问题设定，认为风险社会不一定意味着对人充满危险的社会，其反倒意味着从风险也即由不希望事实出现的频度和不期望结果出现的程度所构成函数之观点去理解和构成社会，所以把风险社会论和上述四点相联接来议论的做法存在疑问。关于刑法处罚的早期化现象，应当把以风险社会为前提的处罚早期化（环境保护、克隆制作禁止）和不以风险社会为前提的处罚早期化（共谋罪法案、撬门工具持有

---

① 高橋則夫．刑法の保護の早期化と刑法の限界 [J]．法律時報，2003，75(2):17-18.

② 例如松宫孝明教授在其新作中就显示了这种理论转向。参见松宫孝明．「共謀罪」を問う：法の解釈・運用をめぐる問題点 [M]．法律文化社，2017:45.

③ 参见金尚均．危険社会と刑法：現代社会における刑法の機能と限界成文堂 [M]．東京：成文堂，2001:35；高橋則夫．刑法の保護の早期化と刑法の限界 [J]．法律時報，2003，75(2):17.

罪等）予以区分。① 岛田教授认为德国学者贝克所描述的风险社会的风险，虽然不同于传统以统计概率作为计算可能对象的风险，但是仍然能对刑法理论给予影响。例如"在环境保护等以从来基于统计手法的风险控制难以应对的场合，对从来不一定被明确意识的法益作为新的法益予以保护，以及某种程度的广泛规定抽象危险犯这一处罚的早期化成为必要"②。这是因为，"人们享受良好环境的权利对人类来说是与生命、身体的安全相并列的极其重要的利益，保护这种利益具有合理性。这种利益从来都是重要的，只不过人类到最近才认识到其重要性，因此把保护这种利益评价为法益的抽象化是不适切的"③。在此基础上，岛田指出，"在被假想的被害由于重大而无法挽回的场合，即使在个别行为的危险性很低的场合也有必要进行规制，这一风险管理的想法在此应被活用。也即被假想的危险在关系到环境破坏这样的全体人类之利益的场合，即使每个行为产生的个别危险性很低，或者即使有时因果关系上残留不明确的部分，但犯罪化仍然被认为是有可能的"④。针对批判处罚阶段前置化的见解，岛田聪一郎教授反驳道，由于不能否定刑罚法规的存在本身具有一定的一般预防效果，因此批判说指出的问题点：即使在刑罚法规立法后也应该通过谋求有关行政规制现状和刑罚法益实际运用的改善来合理解决，其本身不能成为否定立法必要性的论据。⑤ 对于犯罪事前规制的情形，并不是说规制和抑制的紧密因果关系如果没有被证明规制就不被正当化。这是因为，被假定的被害与全体人类相关，容纳了统计上某种程度的预测可能的犯罪。

　　日本学者金尚均教授也修正了自己的观点，认为处罚阶段的早期化同

---

①　島田聡一郎. リスク社会と刑法 [M]// 長谷部恭男編. リスク学入門 3 法律からみたリスク. 東京：岩波書店, 2007:23.

②　島田聡一郎. リスク社会と刑法 [M]// 長谷部恭男編. リスク学入門 3 法律からみたリスク. 東京：岩波書店, 2007:32.

③　島田聡一郎. リスク社会と刑法 [M]// 長谷部恭男編. リスク学入門 3 法律からみたリスク. 東京：岩波書店, 2007:19.

④　島田聡一郎. リスク社会と刑法 [M]// 長谷部恭男編. リスク学入門 3 法律からみたリスク. 東京：岩波書店, 2007:20.

⑤　島田聡一郎. リスク社会と刑法 [M]// 長谷部恭男編. リスク学入門 3 法律からみたリスク. 東京：岩波書店, 2007:22.

时具有两个面向：① 一方面，为了阻止作为将来大规模实害的结果发生，把社会上一定活动所孕育的实害发生之潜在力，也就是着眼于不可视风险而进行的法律规制，作为刑法的课题来讨论；另一方面，因为受到社会的严罚化、重罚化志向和"体感治安恶化"等主张的强烈影响，把有犯罪倾向或者诱发将来犯罪的行为看作风险，事前禁止这些行为的倾向非常强烈。也即，预料下一代的将来实害发生之可能性的问题和现在社会生活中犯罪被害之可能性的问题应该分属被区别对待的不同领域，"前者本来与自然犯距离遥远，反倒是为了保全将来的社会基础而犯罪化、处罚化一定的活动，而后者参照犯罪现象的恶化现状，在对犯罪抑止的强烈关心基础上，对一般的中立行为在具有犯罪目的的场合予以处罚"②。金尚均教授进而指出，其结果不能预测不可看见、其规模不可测定不能计算的实害发生之风险的问题，与受到社会的严罚化重罚化志向和"体感治安的恶化"等主张强烈影响而把有犯罪倾向或者诱发犯罪的行为作为风险来把握之场合的问题，虽然在立法目的上并不相同，但在仅把作为风险规制形式的一定行为视为构成要件要素这一点上具有共通性，正是在这里存在把抽象危险看作处罚根据的处罚阶段之前置化、早期化。③

由于所谓处罚阶段的早期化、前置化，意指以法益侵害以前的危险为处罚根据进行刑事规制，并且把具有使法益侵害发生可能性的行动作为消极的风险来实行刑事规制，所以导致有关风险的讨论在日本刑法学上被一定程度地接受，因此在日本处罚阶段前置化的议论可以说是在考虑以控制未知风险为课题的风险社会的影响，以及讨论"体感治安恶化"之影响后进行的。两者在风险来源和风险性质上存在差异，"在传统领域的处罚早期化、重罚化、监视强化等现象，和风险社会论之间也许只是缓和的而非论理的联系"。如果把刑法处罚早期化的议论作为风险社会论的必然归结来对待，恐

---

① 参见金尚均. 処罰段階の早期化再考 [M]// 浅田和茂（ほか）編. 人権の刑事法学：村井敏邦先生古稀記念論文集. 東京：日本評論社，2011:56.

② 金尚均. 処罰段階の早期化再考 [M]// 浅田和茂（ほか）編. 人権の刑事法学：村井敏邦先生古稀記念論文集. 東京：日本評論社，2011:56-57.

③ 金尚均. 処罰段階の早期化再考 [M]// 浅田和茂（ほか）編. 人権の刑事法学：村井敏邦先生古稀記念論文集. 東京：日本評論社，2011:57.

怕会导致理论的迷失与问题的错位。[①] 不过如果从刑法机能发挥的角度而言，两种讨论方向在把刑罚看作排除异质者与偏差者的措置，试图通过刑罚赋科实现同质化以确保社会安全和体制信赖这一点上是共同的。[②]

第三节　我国刑法的保护前置化趋势

一、我国刑法保护前置化的立法

（一）我国刑法中的法益保护前置化

由于风险社会带来的新型风险的不可视性和后果严重性，如果要等到该风险仅仅通过对行为客体的实际侵害才能具体化，那么刑法介入的可能性就会被难以容忍地向后推迟，法益保护的意义和价值就会被削弱甚至被剥夺。因此立法者为了避免这种现象，往往通过将某种功能侵害或制度损坏规定了法益，在某种行为尚未造成或尚未充足对个人法益的侵害结果之前，就将其视为对制度或功能的这一超个人法益的侵害。我国近来有关法益保护前置化的立法主要有以下类型：

1. 安全信赖型的法益保护前置化

2001 年《刑法修正案（三）》第 8 条以《刑法典》第 291 条之一增设了"投放虚假危险物质罪"和"编造、故意传播虚假恐怖信息罪"，也即"投放虚假的爆炸性、毒害性、放射性、传染性病原体等物质，或者编造爆炸威胁、生化威胁、放射威胁等恐怖信息，或者明知是编造的恐怖信息而故意传播，严重扰乱社会秩序的，处 5 年以下有期徒刑、拘役或者管制；造成严重后果的，处 5 年以上有期徒刑"。立法机关在《关于〈中华人民共和国刑法修正案（三）草案〉的说明》中指出该罪的立法理由是："为了惩治向机关、团体、企业、事业单位或者个人以及向公共场所或公共交通工具投放虚假的

---

① 島田聡一郎.リスク社会と刑法 [M]// 長谷部恭男編.リスク学入門 3 法律からみたリスク.東京：岩波書店,2007:32.

② 参见松原芳博.リスク社会と刑事法 [J].法哲学年報.2009:78-90.

毒害性、放射性、传染病病原体等物质，或者以爆炸威胁、生化威胁、放射威胁，制造恐怖气氛，或者故意传播恐怖性谣言，扰乱社会秩序的行为。"因此该罪实际上是把国民不安的解消、安心感的确保作为主要目的，在法秩序信赖的回复和规范的安定化上寻求刑罚目的的积极一般预防论，也即"该条处罚的是制造普遍危险感的行为，是以国民的安全感作为保护法益，而承认了一般人的安全感与信赖感可以作为法益来保护"[①]，认定此罪应以"是否给多数人产生了惶恐心理造成严重破坏社会秩序的结果作为罪与非罪的界限"[②]。例如"邮寄假白粉、编造虚假恐怖信息或者明知是编造的恐怖信息而传播，从手段上讲一般不可能对生命安全和财产造成实际危害，而行为人更多地想借此在社会上造成一种恐怖气氛，引起社会秩序的混乱"[③]。2015 年《刑法修正案（九）》除了强化刑法的社会治理功能，规定了使用虚假身份证件、盗用身份证件罪、拒不履行信息网络安全管理义务罪、非法利用信息网络罪、帮助信息网络犯罪活动罪等犯罪外，还突出了对恐怖主义犯罪、网络犯罪的预备行为、帮助行为、关联行为的早期干预和外围防控，增设了准备实施恐怖活动罪、"宣扬恐怖主义、极端主义、煽动实施恐怖活动罪"、利用极端主义破坏法律实施罪、"强制穿戴宣扬恐怖主义、极端主义服饰、标志罪"等犯罪。

2. 制度保护型的法益保护前置化

随着计算机信息技术的飞速发展和越来越普遍的广泛应用，网络多媒体、网络社区等营造出独立于真实社会的虚拟世界，网络人格（ID 账号）、网络货币（游戏点数）、网络空间（讨论社区）虽然不具有真实世界的法益特性，但是由于在虚拟世界中可形成特有的人际关系与权属利益，因此产生出刑罚介入的实质需求。《刑法修正案（七）》在第 285 条第 2 款、第 3 款分别增设三个新型网络犯罪罪名，分别是"非法获取计算机数据罪""非法控制计算机信息系统罪""提供侵入、非法控制计算机信息系统的程序、工

① 吕英杰. 风险刑法下的法益保护 [J]. 吉林大学社会科学学报，2013(4):32.

② 王作富. 刑法分则实务研究（中）[M]. 第 3 版. 北京：中国方正出版社，2007:1264.

③ 黄太云.《中华人民共和国刑法修正案（三）》的理解与适用 [M]// 刑事审判参考. 北京：法律出版社，2002(1):73.

具罪"。上述三罪的保护客体一般从普遍法益的角度进行解释，认为其保护法益是指计算机信息系统或数据的安全。[①] 这种计算机信息系统或数据的安全，不是具体个人的利益侵害判断，而是取向于社会成员对电脑机制的共同信赖感，当行为人妨害了电脑的身份认证机制、电脑的信息保护效果或者数据资料处理机能时就存在法益侵害。因此即使黑客侵入受到密码或认证机制保护的电脑系统，纵然只是单纯读取内部信息而并未改变电脑状态，但由于某种程度上也影响对电脑安全机制的社会信赖，所以具有处罚的必要性。如果把保护信息安全信赖作为保护法益，该损害要素必然从社会法益的思考方向掌握。损害必须与个人实际发生的利益缺陷脱钩，而采取社会法益的影响面向。判断重心应是确定、删除、变更电脑数据行为，是否使得社群成员减少对信息安全机制的信赖程度，个人损害在这种意义下只是社会法益有无损害的反射效果。2011 年最高人民法院最高人民检察院《关于办理危害计算机信息系统安全刑事案件应用法律若干问题的解释》，对非法获取计算机数据罪的"情节严重"解释仅仅从行为的形式结果上进行了限定，而忽略了对行为实质效果也即信赖损害的实质限定。

3. 环境保护型的法益保护前置化

我国《刑法》第 338 条规定的污染环境的犯罪，原刑法规定只有造成重大环境污染事故，致使公私财产遭受重大损失或者人员伤亡的严重后果才构成犯罪。但《刑法修正案（八）》修改为只要实施了违反国家规定，排放、倾倒或者处置有放射性的废物、含传染病病原体的废物、有毒物质或者其他有害物质行为，严重污染环境的，就可以构成犯罪。这表明立法者已经肯定了独立的环境法益。该罪的立法理由认为，按照原《刑法》第 388 条是重大环境污染事故罪，只有造成重大环境污染事故，致使公私财产遭受重大损失或者人身伤亡的严重后果实际发生才构成犯罪。但是在司法实践中，一般只有发生了突发的重大环境污染事故，才追究刑事责任。对于不是突发的环境污染事故，而是长期累积形成的污染损害，即使给人的生命健康、财产安全造成了重大损失也很难被追究刑事责任。这主要有两个方面的原

---

① 皮勇. 我国网络犯罪刑法立法研究——兼论我国刑法修正案（七）中的网络犯罪立法 [J]. 河北法学，2009(6):51-52.

因："一是我国目前在重大环境污染事故的认定标准和损失鉴定机制等方面还不够完善，难以准确评估重大污染事故的损失。二是难以确定污染行为特别是那种由于长期违法排污积累而形成的污染与损害结果之间的因果关系。其中有一些是污染企业数十家，难以确认责任主体。"① 上述原因在很大程度上影响了对环境污染犯罪行为的定罪量刑。针对上述司法实践中存在的问题，为保障人民群众的生命健康安全，严惩严重污染环境的行为，维护经济的可持续发展，《刑法修正案（八）》第46条对重大环境污染事故罪的犯罪构成作了修改，降低了犯罪构成的门槛，将原来规定的"造成重大环境污染事故，致使公私财产遭受重大损失或者人身伤亡的严重后果"修改为"严重污染环境"，从而将虽未造成重大环境污染事故，但长期违反国家规定，超标准排放、倾倒、处置有害物质，严重污染环境的行为规定为犯罪。

4. 人格尊严型的法益保护前置化

关于人体器官买卖禁止是否入罪化，我国《刑法修正案（八）》增设了组织出卖人体器官罪，越过了单纯出卖人体器官行为的可罚性问题，而直接将组织他人出卖人体器官的行为提前予以处罚。由于立法将组织出卖人体器官罪规定在故意伤害罪与过失致人重伤罪之间，因此理论上一般从体系解释的角度来解释，"组织出卖人体器官罪的法益与伤害罪的法益相同，都是指身体健康（生理机能的健全），组织出卖人体器官罪可以视为一种特别类型的故意伤害罪"②。但是，刑法分则的体系排列只是解释构成要件保护法益的提示根据之一，立法者之所以作如此安排是因为考虑到"组织出卖人体器官行为""未经同意摘取器官行为"和"非法摘取器官行为"存在于同一领域，而"非法摘取器官行为"能够直接确认为对他人生命、身体的侵犯，所以才根据调整领域的相似性将三种行为一同归属于伤害罪之后。但是，由于非法摘取器官的成立单纯出卖人体器官的行为并不构成本罪，因此组织出卖人体器官罪的可罚性在于，"通过组织行为的聚合功能对器官交易的实质性促进作用，为他人顺利出卖人体器官创造了交易条件，而不当诱发

---

① 全国人大常委会法制工作委员会刑法室编.中华人民共和国刑法修正案（八）：条文说明、立法理由及相关规定[M].北京：北京大学出版社，2011:179.

② 张明楷.组织出卖人体器官罪的基本问题[J].吉林大学社会科学学报，2011(5):86.

人体器官商品化的趋势"①，因此组织出卖人体器官罪的保护法益不在于对个人法益的保护，而是通过对组织器官交易的重点打击，来保护个人尊严这一普遍法益，并进而促进社会的核心价值，也即在立法上将"预备行为提升规定为组织型犯罪的实行行为"以彰显出对相关法益的格外重视和充分保障观念。

（二）我国刑法中的刑法处罚前置化

由于传统以结果犯或侵害犯为中心的法益保护模式将刑法介入的时点限制在法益侵害结果的出现，因此在法益保护的有效性和完整性上难以适应作为现代社会痼疾的恐怖主义犯罪、有组织犯罪发展的基本态势。为了实现对法益的更有效保护，刑事立法将刑法处罚的时点提前到法益侵害或实行既遂之前的抽象危险或预备行为阶段，在行为仅仅体现出法益侵害的具体危险性时就予以规制。具体而言，我国刑法的处罚前置化主要表现为以下几种类型。

1. 行为型的刑法处罚前置化

修改前刑法对生产、销售假药定位为具体危险犯，不仅要求行为必须发生"足以严重危害人体健康的"危险结果，而且要求行为和危险结果之间必须具有因果关系才能成立犯罪。但是这种结果中心的归属模式很难发挥遏制假药犯罪的效果，因为一方面由于药品对人体的危害往往要经过相当长的时间才能显现，而难以判断是否足以严重危害人体健康；另一方面由于生产销售行为和危害结果之间的因果关系相距遥远，而无法认定是否存在归属关系，因此不利于保护作为国民的身体健康。既然药品是指用于预防、治疗生理机能并规定有适应症、用法和用量的物质，因此只要有生产销售假药的行为，就能够构成对人的侵害。为此《刑法修正案（八）草案》删掉了现行《刑法典》第141条假药罪的危险结果要件"足以严重危害人体健康的"，而将以具体危险结果为要件的结果犯模式转变为不以结果发生为必要的抽象危险犯模式，只要求行为人实施了具有抽象危险性的行为即构成犯罪。

---

① 董桂文. 人体器官犯罪的刑法规制——对《刑法修正案（八）》第37条的分析解读[J]. 法律科学（西北政法大学学报），2013(1):194.

2. 共犯型的刑法处罚前置化

由于计算机网络应用技术所带来的沟通效率性与行为便利性，人们之间的分工关系和协作关系都发生了很大的变化，由此导致网络下的传统共犯关系受到深刻影响，网络共同犯罪行为中的意思联络和协作行为明显弱化。[①] 例如黑客工具提供者与行为人的行为在客观上共同造成了最终的危害后果，应该认为其对于犯罪后果具有行为上的共同性，但两者之间的联系却越来越松散，提供帮助者一般没有具体的帮助对象，行为人是否希望获得帮助，提供者不知晓或不关心。提供帮助者的地位在整个犯罪过程中趋向于中性，已经达不到传统共同犯罪中行为人之间意思联络的清晰程度。为了回避这种矛盾，《刑法典》第285条第3款规定，提供专门用于侵入、非法控制计算机信息系统的程序、工具，或者明知他人实施侵入、非法控制计算机信息系统的违法犯罪行为而为其提供程序、工具，情节严重的，依照前款的规定处罚。这里处理的对象实际上包括了消极帮助行为、加重型帮助行为和潜在加重型帮助行为。通过直接立法增加罪名的方式，回避了网络犯罪与我国共犯理论中的逻辑矛盾。

3. 预备型的刑法处罚前置化

"一个完整的信用卡犯罪包括窃取、收买信用卡信息，制作假卡，运输、销售和使用假卡等流程。其中，窃取、收买、制作是初始环节，运输、销售是中间环节，使用是最终目的。"[②] 但是我国1997年《刑法》仅仅从最终环节规定第177条的伪造、变造金融票证罪和第196条的信用卡诈骗罪，缺乏对前置环节的窃取、收买、非法提供信用卡信息资料之行为的提前遮断和介入。虽然对此类行为可以按照伪造金融票证罪或信用卡诈骗罪的共同犯罪来论处，但是由于难以证明非法提供他人信用卡信息者与伪造银行卡者之间有共同犯罪的故意，所以导致无法从源头上遏制信用卡犯罪。为此我国《刑法修正案（五）》增设了"窃取、收买或者非法提供信用卡信息罪"，规定

---

① 米铁男.共犯理论在计算机网络犯罪中的困境及其解决方案[J].暨南学报（哲学社会科学版），2013(10):54-56.

② 卢勤忠.信用卡信息安全的刑法保护——以窃取、收买、非法提供信用卡信息罪为例的分析[J].中州学刊，2013(3):55.

窃取、收买或者非法提供他人信用卡信息资料的行为成立独立犯罪，该罪实际上是将预备阶段的行为前置化为实行行为，只要行为人窃取、收买或者非法提供信用卡信息的行为对信用卡的交易安全产生具体危险，就已经构成犯罪。例如 2010 年最高人民检察院、公安部《关于公共机关管辖的刑事案件立案追诉标准的规定（二）》第 31 条也基于此确立了立案标准：窃取、收买或者非法提供他人信用卡信息资料，足以伪造可进行交易的信用卡，或者足以使他人以信用卡持卡人名义进行交易，涉及信用卡 1 张以上的，应予立案追诉。再如我国《刑法修正案（九）》鉴于恐怖活动犯罪和网络违法犯罪活动的预备行为对公共安全与网络安全的潜在威胁，将相应预备行为予以实行行为化，规定了作为实质预备犯的准备实施恐怖活动罪和非法利用信息网络罪。《刑法修正案（九）》第 7 条规定：有"为实施恐怖活动准备凶器、危险物品或者其他工具""组织恐怖活动培训或者积极参加恐怖活动培训""为实施恐怖活动与境外恐怖活动组织或者人员联络""为实施恐怖活动进行策划或者其他准备"等情形之一的，即构成准备实施恐怖活动罪。《刑法修正案（九）》第 29 条规定：个人或者单位利用信息网络实施"设立用于实施诈骗、传授犯罪方法、制作或者销售违禁物品、管制物品等违法犯罪活动的网站、通讯群组""发布有关制作或者销售毒品、枪支、淫秽物品等违禁物品、管制物品或者其他违法犯罪信息""为实施诈骗等违法犯罪活动发布信息"等行为之一的，即构成非法利用信息网络罪。这两个实质预备犯的设置使刑法的干预起点大大提前，体现了明显的刑法可罚性前置的倾向。

4. 持有型的刑法处罚前置化

制售假发票和非法代开发票的行为不仅是直接危害我国税收征管制度，而且往往是偷逃税款、贪污腐败、非法套取财政资金犯罪行为的上游犯罪，严重危害到国家经济秩序的安全运行。但是我国修订前刑法将发票犯罪设定为结果犯模式，只有印制或销售假发票并达到一定数量或金额的才能够进行定罪处理。这种结果犯模式严重制约了对发票犯罪的打击效果，例如"虽然有的犯罪嫌疑人在抓获时非法持有数万份假发票，但由于没有交易成功，难以认定其出售的主观故意，往往无法追究其刑事责任"①。因此《刑法修正案（八）》在刑法典中增设了"非法持有伪造的发票罪"，把发票犯罪的预备行为升格为单独正犯，省略了对伪造发票的交易故意以及交易结果的认定，使结果犯的入罪模式转变为抽象危险犯模式，不仅有利于降低司法证明难度以加大打击力度，而且有利于提前遮断犯罪进程以实行犯罪控制。换言之，发票犯罪本身可以视为"逃避缴纳税款罪、抗税罪、骗取出口退税罪的预备行为"②，而持有伪造的发票又可以视为一般发票犯罪的预备行为，因此属于一种双重的"处罚前置化"。

二、我国刑法保护前置化的讨论

在我国，刑法保护的前置化往往被风险刑法论者视为风险刑法的主要特征，因此围绕刑法保护前置化的讨论，大多在风险刑法的论争中被附带展开。归纳其争论大致上存在肯定说、否定说与折中说的分歧。

（一）刑法保护前置化的立场之争

1. 肯定说的立场

肯定说认为在风险社会下由于安全的迫切需求，刑法保护机制通过法益保护的早期化或者刑罚的前置化实现了重大转型，"传统的事后反应为主转向风险刑法所强调的刑法保护的前置"③，因此法益保护前置意味着"刑法为了保护法益，把还没有出现危害结果的行为视作犯罪实行行为进行惩罚，以避免危害结果的出现"④。肯定说的理由是：其一，"风险的不确定性和后果的巨大性决定了风险治理的预防性，也决定了刑法对策在事实上的提前介入。风险规制将不再退缩在实害的范围内，而将以主动出击的方式，

---

① 张书琴. 发票犯罪的立法完善探究——以《刑法修正案（八）》为基点 [J]. 中国刑事法杂志，2011(12):39.

② 梁根林. 预备犯普遍处罚原则的困境与突围——《刑法》第 22 条的解读与重构 [J]. 中国法学，2011(2):165.

③ 郝艳兵，解永照. 风险社会下刑法的提前保护 [J]. 江西警察学院学报 .2011(6):70-71.

④ 姜敏. 法益保护前置：刑法对食品安全保护的路径选择——以帮助行为正犯化为研究视角 [J]. 北京师范大学学报 (社会科学版)，2013(5):83.

对风险制造要素进行事前的规制和调整，以达到风险预防的目的"①。其二，
"公众对秩序和安全的需求必然会促使作为社会秩序的最有力的守护者的
刑法作出恰当的回应，刑法自身所固有的强制性和工具性使其天然地成为
满足这一需求的理想选择。面对风险社会对人类社会提出的挑战，刑法作
为社会安全与秩序的最后一道屏障，必须充分发挥其秩序维持机能，保障和
促进社会公共安全"②。其三，在风险社会中行为人实施预备行为时就已经具
有实现的危险，这种危险实现对生活共同体的影响是灾难性的，所以应把某
些未遂犯行为规定为着手犯而予以前置性地禁止，通过对这种行为的规范
呼吁来预防危险的发生。③

2. 否定说的立场

否定说主张刑法保护前置化意味着刑事干涉的普遍化和处罚根据的稀
薄化，其不仅颠覆了法治国刑法的基本原则，而且偏离我国刑事立法的基本
模式。④ 认为古典工业社会针对传统风险所涉及的风险控制手段无法化解
风险社会的毁灭性全球风险，风险刑法理论在刑事立法上的前置化扩张是
无效的。⑤ 否定说的理由是：其一，风险刑法论者混淆了传统社会的事故型
风险和风险社会中的全球化风险，存在用风险社会理论论证传统社会风险
的理论错位。"法益保护无论如何前置，也无法超越民法、经济法、行政法
等前提法的制约，无法超越国家政治方针的制约，更无法超越科学理性的制
约。"⑥ 其二，违反刑法谦抑性原则，"在风险刑法的名义之下，大量扩张刑法
的处罚范围，将一些传统上使用行政手段或者民事手段处罚的行为纳入刑
法的处罚对象，显然违反了刑法的谦抑性原则"。⑦ 其三，违背了近代刑法
的基本宗旨，刑法的最基本任务还是保护公民的自由，而不是消除人们的不

---

① 程岩.风险规制的刑法理性重构——以风险社会理论为基础 [J].中外法学，
2011(1):124.

② 郝艳兵.风险社会中刑法保护机制的转型 [J].南通大学学报（社会科学版），
2013(4):35.

③ 赵书鸿.风险社会的刑法保护 [J].人民检察，2008(1):43-44.

④ 黎宏.对风险刑法观的反思 [J].人民检察，2011(3):19-20.

⑤ 南连伟.风险刑法理论的批判与反思 [J].法学研究，2012(4):140，151.

⑥ 南连伟.风险刑法理论的批判与反思 [J].法学研究，2012(4):151，152.

⑦ 黎宏.对风险刑法观的反思 [J].人民检察，2011(3):19.

安感。贸然提倡风险刑法，大力扩张刑法处罚范围，用刑法手段创制和形成新的规范意识，不仅为侵犯人权提供借口，而且可能会出现物极必反的效果。[①]

3. 限制说的立场

限制说在主张刑法保护的早期化是更有效率的法益保护的同时，又强调对刑法保护的早期化进行严格的限制，仅仅针对严重侵害、威胁重大法益的犯罪才能实行刑罚处罚的早期化。[②] 限制说的理由是：其一，随着社会生活的复杂化、科学化、高度技术化，个人行为所具有的潜在危险也飞跃性地增大。许多犯罪行为一旦得逞，便会造成不可估量的灾难性侵害结果，所以不能等待造成侵害结果后再处罚，而必须对法益进行提前保护，由此产生了刑罚处罚的早期化要求，对法益的提前保护成为一种更有效率的保护。[③] 其二，由于一方面刑法保护早期化意味着刑法过度介入社会生活，存在着轻视了刑法自由保障机能的危险；另一方面，刑法保护早期化必然使刑罚的起点提前，存在使实害犯的法定刑相对畸重的缺陷。[④] 所以"在刑事立法中既要防止无效的处罚早期化，也要防止过度的处罚早期化，特别是对于轻微侵害、威胁法益的行为，没有必要实行刑罚处罚的早期化"[⑤]。其三，不能简单地认为规定抽象危险犯就是法益保护的早期化，认为规定抽象危险犯就是对法益的提前保护，其实是对抽象危险犯的误解，[⑥] 抽象危险既有发生实害的特别重大、紧迫的危险，又有实际上几乎等同于实害的危险，还有比较缓和或者距离实害较远的危险。[⑦]

（二）刑法保护前置化的具体讨论

1. 保护前置化方式的讨论

一般而言，世界各国刑罚处罚的早期化主要表现为：增加危险犯的规

---

① 黎宏. 对风险刑法观的反思 [J]. 人民检察，2011(3):19.

② 张明楷. 刑事立法的发展方向 [J]. 中国法学，2006(4):24.

③ 张明楷. 刑事立法的发展方向 [J]. 中国法学，2006(4):24.

④ 张明楷. "风险社会"若干刑法理论问题反思 [J]. 法商研究，2011(5):89.

⑤ 张明楷. 刑事立法的发展方向 [J]. 中国法学，2006(4):24.

⑥ 张明楷. "风险社会"若干刑法理论问题反思 [J]. 法商研究，2011(5):88.

⑦ 张明楷. 危险驾驶罪的基本问题——与冯军教授商榷 [J]. 政法论坛，2012(6):136-137.

定，未遂犯、预备犯的处罚由例外向非例外发展，增加企行犯的规定（将预备行为、未遂行为作为既遂犯处罚），处罚对预备、未遂的教唆、帮助，增加持有型犯罪等等。但具体到我国，刑法保护前置化能够以何种方式进行，或者说哪些犯罪类型具有刑法保护前置化的特点，我国学者存在不同见解。

张明楷教授认为我国刑法的保护前置化应当考虑两点：第一，刑事立法如何发挥未遂犯、预备犯处罚规定的有效性。这是因为虽然我国现行刑法原则上处罚未遂犯、预备犯，但是由于部分未遂、预备行为不具有可罚的危害性，最终导致未遂犯、预备犯的处罚范围实际上相当窄小，原则上处罚未遂犯与预备犯的规定反而丧失了有效性。第二，增设故意抽象危险犯比增设过失具体危险犯更有效。这是因为相比较于过失具体危险犯，故意抽象危险犯具有更严重的非难可能性、更有利于提前保护法益、更便于司法机关认定。①

姚贝和王拓认为刑法前置化处罚的倾向具体地体现在以下对新类型犯罪的处罚中：一是单纯行为犯，是指不必引起任何结果甚至具体危险，只要有特定的作为或不作为就构成犯罪的行为样态。二是蓄积犯，是指虽然单独行为自身的危险性程度很低，但是当危险性累积而明显显露危险时，就达到无论是在质上还是量上予以刑事处罚的必要性程度。三是预备犯，是指为实行犯罪准备工具或制造条件的犯罪形态。在仅仅处罚实行犯仍不能周延地保护法益时，就有必要前置性地处罚预备犯。四是违反特定禁止令的不作为犯，是指为了管控风险而对从事特定科技的相关主体，在缺乏必要的许可或者严重违背特定行政规范所科处的义务时给与处罚的情形。②

郝艳兵和解永照认为风险社会刑法的提前保护机制在立法技术上主要表现为增设危险犯的规定、将某些预备或未遂性质的行为规定为独立的犯罪构成类型、增设持有型犯罪、客观的处罚条件的运用等。其中危险犯作为前置化立法代表正日益成为重要的犯罪形式，这种犯罪类型大量地出现在涉及交通、食品、环境卫生等公害性犯罪之中。无论是具体危险犯还是抽象危险犯，都是通过对危险的禁止而非实害结果的禁止来实现法益保护目的

①　张明楷. 刑事立法的发展方向 [J]. 中国法学，2006(4):24.

②　姚贝，王拓. 法益保护前置化问题研究 [J]. 中国刑事法杂志，2012(1):27-29.

的，也即具体危险犯是通过对危险状态的禁止、抽象危险犯是通过对危险行为的禁止来实现的。①

王永茜在考察了各国刑事立法中存在的处罚前置化类型后，认为预备犯和累积犯类型这两种不能成立合理的处罚前置类型，而主张将抽象危险犯作为突破传统刑法功能边界而实现提前保护的前置类型。其理由是：第一，由于实质预备犯是沿着犯罪行为实施的时点往前推置的，其不仅难以确立刑罚处罚的具体时点，而且无法提供行为的类型化限定，由此造成刑事立法无法确立统一的预备行为认定标准，相比较于抽象危险犯更容易导致对刑法的过分扩张，所以实质预备犯并非刑事立法实行刑事处罚前置化的理想的犯罪类型。第二，由于仅仅是单个的达不到危害性程度的行为的累积，并不必然能够推导出个人行为的不法，而且性质上达不到危害性程度的个人行为，即便被放大被提前也仍然无法导致法益的侵害，所以如果认为刑法应维持个人责任原则，累积犯的概念就没有存在的余地。第三，由于抽象危险犯的犯罪构成具有行为与结果之间出现了分离、行为与结果之间的因果关系不再具有重要作用、行为也不必指向具体被害人或者距离被害人产生很远的特点，正好与集体法益的侵害潜在性、不明确性特征相契合，而比较适合用来保护集体法益。②

2. 保护前置化根据的讨论

王永茜主张刑法保护前置化的根据是现代社会中的新型风险，认为"现代社会的刑法立法所要解决的是新情况、新问题，因此，要对法益进行提前保护的领域仅限于新兴的风险领域，在传统刑法中与个人利益相关的、不受风险社会影响的法益领域不存在提前保护的问题；即便在风险领域内对法益实行的提前保护也是例外的、有限的，而且必须是控制社会风险所必需的"③。

郝艳兵和解永照认为，由于风险社会刑法的提前保护机制试图通过对

---

① 郝艳兵,解永照.风险社会下刑法的提前保护 [J].江西警察学院学报,2011(6):70-71.

② 王永茜.论现代刑法扩张的新手段——法益保护的提前化和刑事处罚的前置 [J].法学杂志,2013(6):129.

③ 王永茜.论现代刑法扩张的新手段——法益保护的提前化和刑事处罚的前置 [J].法学杂志,2013(6):130.

危险的禁止来实现安全,所以刑法不再以实害的出现作为惩罚的必要条件,而是延伸到行为方式具有的危险性。只要行为具有威胁法益的高度危险性,且这种危险性超出了社会公众的容忍范围,刑法就应当在该危险演变成现实性之前提前介入,对可能受到侵害的法益进行提前保护。也即"行为对法益的危险性构成了刑法提前介入以保护法益的根据"。①

姚贝和王拓认为法益保护前置化的理论基础有三:一是积极一般预防机能的实现。积极的一般预防论所追求的是确证现行刑法规范的妥当性,以及与之相伴的规范意识的强化、觉醒。现代社会下的法益保护前置化的措施强调的正是这种积极一般预防机能的实现。二是对法益实现条件的确保。刑法介入的早期化实际上是对法益实现条件的确保。法益保护并不是对于孤立或静止状态的个人利益加以保护,而是应该进一步考虑到保护人们得以理性支配与运用这些个人利益的机会、条件与制度。三是行为无价值论的必然结论。以抽象危险犯为特征的法益保护前置化措施,不是把罪行的中心放在对法益的侵害结果上,而是放在对行为者的行为义务的违反上。②

3. 保护前置化界限的讨论

王永茜区分了刑法处罚前置化的界限和法益保护前置化的界限,主张刑法处罚前置化的界限在于抽象危险与实害结果的客观关联性,认为"既然抽象危险犯是刑事处罚的前置化,就必须有对于同一法益的、与之相关联的实害结果作为参照,不然也就无所谓前置化了,而且抽象危险与其对应的实害结果的客观关联性决定了抽象危险犯的前置化界限,抽象危险犯的前置化界限是以实害结果作为参照确定的"③;主张法益保护的前置化界限在于新兴的风险领域,认为"现代社会的刑法立法所要解决的是新情况、新问题,要对法益进行提前保护的领域仅限于新兴的风险领域。在传统刑法中与个人利益相关的、不受风险社会影响的法益领域不存在提前保护的问

---

① 郝艳兵,解永照.风险社会下刑法的提前保护[J].江西警察学院学报,2011(6):70-71.
② 姚贝,王拓.法益保护前置化问题研究[J].中国刑事法杂志,2012(1):29-30.
③ 王永茜.论现代刑法扩张的新手段——法益保护的提前化和刑事处罚的前置化[J].法学杂志,2013(6):130.

题"①。

　　姚贝和王拓认为法益保护前置化必须考虑前置化的适用界限：一是对法益进行考察与评估，也即通过考察危险行为有无对人的法益的侵害，来评估危险行为侵害法益的程度，检验"不前置处罚法益保护就不充分"的真实性。二是要防止象征刑法的措施，也即通过预备行为的实行行为化、持有行为的单独处罚、不作为犯的转向处罚，使刑法具备实效性、可操作性。三是运用反证来限缩处罚范围，也即主张在特定的案件中以允许反证的方法来排除客观上无危险的情形。②

① 王永茜.论现代刑法扩张的新手段——法益保护的提前化和刑事处罚的前置化 [J]. 法学杂志, 2013(6):130.

② 姚贝, 王拓.法益保护前置化问题研究 [J]. 中国刑事法杂志, 2012(1):30-32.

第三章　刑法保护前置化的基本理论

由于社会的日益复杂化和各种社会问题的不断出现，刑法在社会自身统治能力弱化这一名目下，把自身用作解决社会问题的工具而扩张其机能，刑法由单纯重视法益侵害与事后处罚的传统范式，转换为强调危险预防和事前预防为主的新型范式，以刑法规制法益侵害前阶段行为的刑法保护前置化倾向成为各国刑法的潮流，由此展开的理论分析和学术批评也成为当前刑法教义学研究的重要主题。

第一节　刑法保护前置化的概念

刑法保护前置化作为现代刑法的流行语被日益广泛运用于刑事立法与刑事司法领域中，但令人惊讶的却是前置化概念往往在两个相互对向的方向上被运用：一方面，人们把前置化概念作为对刑事立法或者司法解释超出自身适用界限的批判工具，谈论前置化往往意味着对其加以责难的先前理解；另一方面，人们又把前置化概念作为国家刑罚权投入与刑事立法增设之正当化的辩护武器，在组织犯罪和恐怖犯罪等刑事追诉领域具有作为不可代替之理由的强大魅力。为了化解这一悖论，刑法保护的前置化必须以一种抽象的、法原理的、舍弃个案的方法来被理性审视，但是只有在完成澄清前置化的术语和其原因及表现后才有可能。

一、刑法保护前置化的概念澄清

（一）词汇学上的刑法保护前置化概念

刑法保护前置化（Vorverlagerung des Strafrechtsschutzes）的问题领域常常使用前阶段犯罪化（Vorfeldkriminalisierung）、刑罚处罚的前置化（Vorverlagerung der Strafbarkeit）、法益保护的前置化（Vorverlagerung des Rechtsgüterschutzes）、刑法的早期化（Strafrechtsvorverlagerung）的概念 [①]，但是对刑法保护前置化概念的内涵及其与上述概念的区别及联系却并未被准确说明。这主要是因为前置化（Vorverlagerung）概念本身在德国并不存在一个确定的概念形象。查阅德语大辞典，前置化（Vorverlagerung）与扩大（Ausweitung）、扩张（Ausdehnung）是近义词，而扩大或扩张此类概念一般被理解为存在范围（Umfangs）或者适用领域（Geltungsbereiches）的扩展（Erweiterung），[②] 因此可以推断前置化概念不仅在时间上（zeitlicher）而且在事实上（sachlicher）涉及刑法。从词汇学上看，前置化（Vorverlagerung）可以拆解为 Vor（向前）与 verlagerung（移动）两个语素，"Vor"指示了一个时间上的特征，"verlagerung"则体现一个关系上的过程。因此，前置化概念是一个时间上的关系概念，刑法保护的前置化是指刑法保护范围在时间上的移动。

刑法保护的前置化不同于刑法保护的扩大化，并非每种形式的刑法保护扩张都是刑法保护的前置化。刑法保护的前置化意味着处罚范围的扩大化，但处罚范围的扩大化并不意味着刑法保护的前置化。[③] 刑法保护的前置

---

① 例如关哲夫教授认为法益保护的早期化是指法益保护时点的提前，也即不必等到侵害或者具体危险的出现，在侵害还很远的时候刑法就介入，参见关哲夫. 现代社会中法益论的课题 [J]. 王充，译，刑法论丛，2007(2):344；嘉门优教授认为法益保护早期化是指在法益"侵害"阶段之处罚不适于预防犯罪的场合，通过创设普遍法益而要求在"危险"阶段进行处罚之倾向，其内容主要指"抽象危险犯的多用"，参见嘉門優. 法益論の現代的意義 [J]. 刑法雑誌，2011，50(2):119-134.

② Vgl. RENATE WAHRIG-BURFEIND. Brockhaus,Wahrig, Deutsches Wörterbuch[M]. Gütersloh:Wissenmedia, 2012; HERMANN PAUL. Deutsches Wörterbuch: Bedeutungsgeschichte und Aufbau unseres Wortschatzes[M]. Tübingen: Max Niemeyer, 2006.

③ 张明楷. 论《刑法修正案（九）》关于恐怖犯罪的规定 [J]. 现代法学，2016(1):24.

化仅仅涉及一个在时间方向上的扩张，例如《刑法修正案（八）》修订的生产、销售假药罪，删除了"足以严重危害人体健康的"结果要件，使以具体危险结果为条件的结果犯模式转变为不以结果发生为必要的抽象危险犯模式，只要行为人实施了抽象危险行为而无待结果发生即已成立犯罪（参加图 3-1）。而刑法保护的扩大化既可以同时在时间（横向）方向和事实（纵向）方向进行，也可以分别在时间（横向）方向或者事实（纵向）方向发生。前者例如我国《刑法》第 285 条第 3 款规定的提供侵入、非法控制计算机信息系统的程序、工具罪，立法者一方面通过规定"明知他人实施侵入、非法控制计算机信息系统的违法犯罪行为而为其提供程序、工具"，把非法侵入计算机信息系统罪，非法获取计算机信息系统数据、非法控制计算机信息系统罪，破坏计算机信息系统罪之预备行为作为单独正犯行为予以制裁，从而使提供程序、工具之预备行为的刑事可罚性不依赖于之后的主行为即可独立成立犯罪；另一方面通过规定"提供专门用于侵入、非法控制计算机信息系统的程序、工具"，把刑法保护的范围扩张到技术开发、技术服务等技术性中性行为，在事实方向上扩大了计算机犯罪的适用领域（参见图 X1）。后者例如《刑法修正案（三）》增设的投放虚假危险物质罪，将"投放虚假的爆炸性、毒害性、放射性、传染病病原体等物质，或者编造爆炸、生化威胁、放射威胁等恐怖信息，或者明知是编造的恐怖信息而故意传播"的行为规定为犯罪。该罪虽然可以说是立法者为维护公共安全而在事实层面上扩大了刑法的保护范围，但是由于该罪成立犯罪以构成要件结果发生为必要，"'严重扰乱社会秩序'不仅表明了行为的性质，而且提出对实害结果的要求"[1]，因此很难说是在时间方向上存在位移的刑法保护前置化（参见图 X2）。

　　刑法保护的"扩大化（Ausdehnung）"和"前置化（Vorverlagerung）"的关系可以用图像表示如下：[2]

---

　　① 张明楷.刑法学（下）[M].5 版.北京：法律出版社，2016:1058.

　　② ARNDT SINN/WALTER GROPP/FERENC NAGY(Hrsg.). Grenzen der Vorverlagerung in einem Tatstrafrecht: Eine rechtsvergleichende Analyse am Beispiel des deutschen und ungarischen Strafrechts[M]. Gättingen:Universitätsverlag Osnabrück，2011:17.

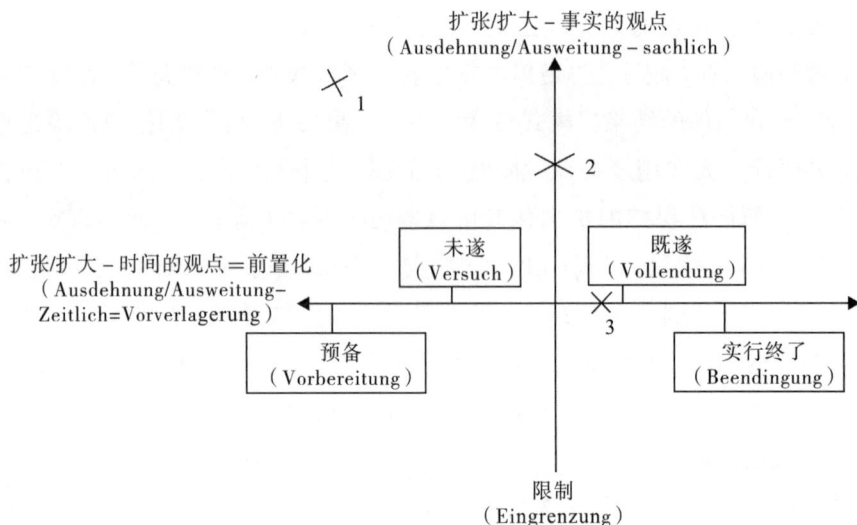

图 3-1

（二）语用学上的刑法保护前置化概念

刑法保护前置化的概念源自于德国刑法在 20 世纪 70 年代以来的保护前置化 / 早期化趋势。在这一时期，为有效防止暴力犯罪和恐怖主义犯罪，德国刑法规定了大量的"对公共秩序的犯罪行为"[①]。这类犯罪的刑罚根据通常依据"公共平稳"、"法的安全"、"公共秩序和安全"等轮廓不明确法益来进行说明，因而存在通过解释招致处罚范围扩大的可能性。为了回避这种情况，在解释学上开始认为上述犯罪是"以一定犯罪（法益侵害）的早期阶段行为（主要是预备行为）作为处罚对象"，由此而出现了所谓的"保护早期化或前置化"的讨论。例如，德雷尔（Dreher）教授就《德国刑法典》第 111 条"公然煽动犯罪"，鲁道菲（Rudolphi）教授就《德国刑法典》第 129 条"建立犯罪组织罪"指出，这些构成要件不具有通说或判例所说的那种固有的保护法益，而是在早期阶段保护对被构成要件目录所列举之犯罪

---

① Vgl. HANS-JOACHIM RUDOLPHI. Notwendigkeit und Grenzen einer Vorverlagerung des Strafrechtsschutzes im Kampf gegen den Terrorismus[J]. Zeitschrift für Rechtspolitik(ZRP)，1979(9):215.

给与侵害之法益的规定。① 施罗德 (Schroeder) 教授将这种见解一般化，主张 "二十世纪的刑事立法者并未创出新法益，而是立于根据侧防的、补强的规定来保护既存法益，进而强力涵括法益侵害的前阶段和周边领域"②。也即这些行为属于以犯罪预备为直接目的 "对刑法的犯罪"（Straftatengegen das Strafrecht），其构成要件的任务是保护或强化刑法的其他构成要件之效果。正如 Heribert Ostendorf 所恰当指出：仅仅举出被刑法保护的多数法益，并不能带来任何正确性，早期化的根据即使对法益的特别危险在每个构成要件被反映也是可能的，所以（与《德国刑法典》第 129 条有关的）"因犯罪组织或者恐怖组织之存在而创出特殊种类的危险潜在力是处罚根据，由于特别危险潜在力必须规定构成要件解释，所以在可罚性的早期化上，不是从侵害刑法到纯粹意思刑法的变质，而是法治国命令必须被特别尊重"③。

根据上述见解，可以将刑法保护前置化的早期见解概括为以下几点：第一，把构成要件目录所列犯罪称为 "基础犯罪"，把处罚与目录所列犯罪相关联行为或者其前阶段行为的形式称为 "早期化构成要件"。这种刑法保护的早期化，如果从保护法益方来看，是从对侵害保护转向对危险保护的早期化，也即法益保护的早期化；如果从行为人方来看，是处罚未遂以前的预备行为或者至少提供犯罪机会之行为的早期化，也即刑法干涉的早期化。第二，由于早期化构成要件在分则各构成要件上被保护的所有法益，或者被作为基础犯罪列举的构成要件所保护的法益，从早期阶段就被保护，所以早期化构成要件没有必要考虑独立的法益。第三，早期化特征在于对犯罪预防目的的直接追求，与直接保护既存法益的规定不同，通过与其平行的侧

---

① 　Vgl. EDUARD DREHER. Der Paragraph mit dem Januskopf [M]// K.Lackner et al.(eds.), Festschrift für Wilhelm Gallas zum 70.Geburtstag. Berlin/New York:Walter de Gruyter，1973:307-309; Vgl. RUDOLPHI. Verteidigerhandeln als Unterstützung einer kriminellen oder terroristischen Vereinigung i.S.der §§ 129 und 129a StGB[M]// Festschrift zum 70. Geburtstag von Hans-Jörg Bruns[C]. Köln: Carl Heymanns，1978:315-317.

② 　FRIEDRICH-CHRISTIAN SCHROEDER. Die Straftaten gegen das Strafrecht[M]. Berlin/New York:Walter de Gruyter，1985:23.

③ 　Heribert Ostendorf 教授的评注参见：HERIBERT OSTENDORF. §129 Bildung krimineller Vereinigungen[M]// Urs Kindhäuser, Hans-Ullrich Paeffgen, Ulfried Neumann (Hrsg.). Nomos Kommentar zum Strafgesetzbuch (NK): Band 2.5 Auflage.Baden-Baden: Nomos, 2017:757-758.

防的或补强的规定来保护法益，更强力涵括法益侵害的前阶段和周边领域。具体而言包括广泛处罚预备行为以及不限于此而连犯罪促进气氛创出都要阻止的情形。

自 20 世纪 80 年代末以来，随着步入风险社会所带来的科技远程风险和复杂体系分化，社会自律规制能力日益弱化，各种社会问题不断出现，刑法在这种态势下被用作消除社会风险与解决社会问题的手段。刑事立法将社会的制度运转和体系机能视为个人法益之前提，在个人法益的侵害及危险出现之前就设定对作为超个人法益的制度或机能的前阶段保护。哈塞默（Hassemer）教授认为，现代刑法提前保护而扩张负荷能力主要采用了两种工具。首先是普遍法益，现代刑法所专注的领域仅仅整体或间接地与个人相关联，所以法益保护在现代刑法中遂成为以制度保护为中心的普遍法益保护，立法者由此特别模糊且大范围地拟定国民健康保护、政府补助保护等整体法益。其次是抽象危险犯，由于抽象危险犯的犯罪形式放弃了损害的因果证明而仅考虑行为证明，作为法官判断基准的已不再是其行为的危险性，而是过去此行为入罪化时立法者的动机，所以刑法的适用负担被极大减轻。[①] 沃尔夫冈·瑙克（Wolfgang Naucke）教授认为，"刑法没有固定界限的扩大化，想要设定刑法反作用的社会诸利益指向不断创设刑法。核心刑法（Kernstrafrecht）特别扩大财产刑法、经济刑法、国家保护刑法、交通刑法、环境刑法"，在这里重要的是"可罚性的早期化现象"，也即"危险犯特别是抽象危险犯成为犯罪的典型"。[②]

泽尔曼（Seelmann）教授认为，"对于在刑法上提前防止风险的前阶段犯罪化来说，有两种重要的方法是承认更提前的法益以及构成涉及前阶段的犯罪类型"，"前者是指保护法益由指向生命权和财产权等个人权利，转向更有普遍性的能够作为个别性利益之前提的机能关联和体系关联"，"后

---

① WINFRIED HASSEMER. Kennzeichen und Krisen des modernen Strafrechts[J].Zeitschrift für Rechtspolitik(ZRP)，1992(10):380-381.(中译文可参见 Winfried Hassemer. 现代刑法的特征与危机 [J]. 陈俊伟，译 . 月旦法学杂志，2012(8):250-251.)

② WOLFGANG NAUCKE. Schwerpunktverlagerungen im Strafrecht [J]. Kritische Vierteljahresschrift für Gesetzgebung und Rechtswissenschaft (KritV)，1993(2):145; 金尚均 . 危険社会と刑法 : 現代社会における刑法の機能と限界成文堂 [M]. 東京 : 成文堂，2001:16.

者是指采取抽象危险犯或者适性犯等将可罚性提前到法益侵害前阶段的犯罪类型，通过把与行为结果无关的经验上具有危险的行为也作为刑罚对象，以此来缓和侵害结果和因果关系的要件""进而也可以把法益的普遍化和危险的抽象化这两种前阶段犯罪化方法相结合，例如根据《德国刑法典》第326条第1款第3项（译注：现为第4项），废弃物必须适合于污染水质、土壤或大气，在这种场合仅凭统计上对被前置法益的抽象危险就已足够，也即该前置法益仅在统计上与生命或健康等传统的最终法益相关联"。①

根据上述见解，可以将刑法保护前置化的后期见解概括为以下几点：第一，刑法保护前置化是国家为了应对社会风险而采取的扩展刑法负荷能力的犯罪化手段，其主要目的在于对"没有不安感的持续确定性"的追求。第二，刑法保护前置化的手段主要包括法益保护提前化和刑法处罚的前置化，前者是指采取将保护客体提前到作为个人法益前提之体系机能的普遍法益，后者是指采用将可罚性提前到法益侵害前阶段的抽象危险犯。第三，法益的普遍化和危险的抽象化既可能相互独立，也可能相互结合而形成普遍法益的抽象危险这一"两重的前置化"。

二、刑法保护前置化的概念阐释

（一）刑法保护前置化的定义

从形式上看，刑法保护前置化的早期见解"主要是以征表反国家意思的行为者意图作为判断标识，把具有所谓的目的犯构造的预备行为作为处罚对象"；刑法保护前置化的后期见解主要是"把行为者外部的态度作为规制对象，把其具有的将来危险性作为重点"②。从实质上看，刑法保护前置化的早期见解以传统犯罪为主要对象，把危险预防作为前置化的主要目的，主张刑法保护前置化是既存法益保护的向前推移，将可罚性时点由既遂结果

---

① KURT SEELMANN.Risikostrafrecht:Die "Risikogesellschaft" und ihre "symbolische Gesetzgebung" im Umwelt-und Betäubungsmittelstrafrecht [J].Kritische Vierteljahresschrift für Gesetzgebung und Rechtswissenschaft (KritV)，1992(4):453-454.

② 金尚均.危険社会と刑法：現代社会における刑法の機能と限界成文堂 [M].東京：成文堂,2001:18.

发生提前到实害或危险之结果尚未出现的预备阶段就予以处罚；刑法保护前置化的后期见解以新型犯罪为主要对象，把风险管理作为前置化的主要目的，主张刑法保护前置化是刑法应对风险的向外扩张，将保护范围提前到个人法益之前提的普遍法益、将保护程度提前到法益侵害前阶段的抽象危险。

前述见解分歧的主要原因实际在于彼此所反映的时代特征不同，正如金尚均教授所适切指出："作为风险控制一环的处罚阶段的前置化、早期化主要源自于对两种风险的讨论。其一是为了阻止贝克所说的那种将来大规模实害的结果发生，而着眼于社会上一定活动所孕育的实害发生之潜在力也即不可视的风险，来进行控制的法律规制被作为刑法课题议论。其二是因为受到社会的严罚化或重罚化志向和'体感治安恶化'等主张的强烈影响，把具有犯罪倾向或者可能诱发将来犯罪的行为看作风险，而事前禁止这些行为的倾向非常强烈。"① 换言之，早期见解把属于现在社会生活的犯罪被害可能性视为问题，后期见解把所预料之下世代或将来实害发生的可能性视为问题，两者各自属于应该被区别对待的不同领域。前者根据犯罪现象的恶化现状，在强烈关注犯罪抑止的基础上，对一般的中立行为在具有犯罪目的的场合予以处罚。而后者原本与自然犯罪距离遥远，反倒是为了保全将来的社会基础而犯罪化、刑罚化一定活动。因此，刑法保护的前置化，"应当把以风险社会为前提的处罚早期化（环境保护、克隆制作禁止）和不以风险社会为前提的处罚早期化（共谋罪法案、撬门工具持有罪等）进行区分"②，也即传统风险型的处罚早期化是指以通过统计概率把握计算可能之犯罪风险为对象的刑法前置，而风险社会型的处罚早期化是指以统计精算的风险控制难以应对之系统风险为对象的刑法前置。③

---

① 金尚均 . 処罰段階の早期化再考 [M]// 浅田和茂（ほか）編 . 人権の刑事法学：村井敏邦先生古稀記念論文集 . 東京：日本評論社，2011:54-55.

② 島田聡一郎 . リスク社会と刑法 [M]// 長谷部恭男編 . リスク学入門 3: 法律からみたリスク . 東京：岩波書店，2007:23.

③ 有关传统社会风险与风险社会风险的区别，参见杉本一敏 . リスク社会と過失結果犯 [J]. 刑事法ジャーナル，2012，33:9-13. 有关刑法风险与刑法危险（危险性）的区别，参见：甲斐克則 . 刑法におけるリスクと危険性の区別 [J]. 新潟大学法政理論，2013，45(4):86-104.

　　传统刑法以针对个人法益的侵害结果犯为中心，所以刑法保护的前置化意味着在"个人法益"和"侵害结果"这两个起点上的提前：一是由对个人法益本身的保护提前到对个人法益前提的保护，将法益保护的范围前置到作为个人法益前提的普遍法益上；二是由对法益侵害结果的保护提前到对法益侵害危险的保护，将法益保护的程度前置到不以侵害结果发生为必要的抽象危险犯或预备犯上。因此，前述刑法保护前置的两种见解大致上可以加以统合，也即刑法保护的前置化是指国家为了更周延地保护法益而导致的刑法处罚范围和刑法处罚程度的扩张，其可以包括法益保护的前置化和刑法处罚的前置化。前者是指将法益保护由生命、身体、自由、名誉、财产等个人法益的保障，提前到对人格发展之前提条件这一超个人法益的保障上。后者是指将刑法处罚由法益的侵害或危殆化阶段提前到法益的侵害危险性阶段，由注重结果不法的侵害犯转向更注重行为不法的抽象危险犯类型。

　　首先，保护法益的前置化表面上是刑法保护由个人法益扩张到普遍法益，但其实质理由是立法者为了实施风险管理而把风险拟制为危险这一法益侵害"危险"的质的变化，也即因为"对社会诸体系的不信感""经济体制的风险""生态风险"这种社会风险，而创出"对社会中诸体系的信赖""经济秩序""生态秩序"这种普遍或集合法益以早期化可罚性。例如，在德国刑法中虽然属于侵害犯的欺诈罪（第 263 条）与属于危险犯的补助金欺诈罪（第 264 条）具有同样的法定刑，但是后者既不以财产侵害发生也不以潜在的被害人错误为必要。为了相区隔说明这两种犯罪的不法评价，德国多数见解不是把补助金欺诈罪作为欺诈罪的前置化，而是通过创设"补助金制度的顺利运转"这一普遍法益与欺诈罪相区别。[①] 同样，在日本刑法中关于支付卡电磁记录的犯罪（《刑法典》第 163 条第 2 款），根据立法趣旨和学说不是定位为欺诈罪的"预备犯罪"，而是把"对支付体系的社会信赖"或者"支付决算体系的安全和顺利运用"作为保护法益。[②]

---

　　① 　CLAUS ROXIN.Strafrecht Allgemeiner—Teil Band I:Grundlagen.Der Aufbau der Verbrechenslehre [M].4 Auflage.München:C.H.Beck，2006:38.

　　② 　西田典之 . 刑法各論 [M].5 版 . 東京 : 弘文堂，2010:336.

其次，刑罚处罚的前置化表面上是由于立法者为了实施侵害的未然防止，而在法益侵害以前阶段就谋求有效的事前预防，但其实质理由是立法者为了实施风险预防而导致法益侵害之"危险"发生量的变化，也即为了事前控制或预防社会风险而把抽象危险犯作为一种有效率的风险控制手段，不论实际损害和具体危殆状态的有无，都以强制性手段来规制社会各成员的行动选择和决定。例如，《德国刑法典》第 316 条（醉酒驾驶）① 是为了预防未来危险发生以确保一定领域的"安全（Sicherheit）"而前置化可罚性。"道路交通的安全（Sicherheit des Straßenverkehr）"被认定为第 316 条的固有保护法益，醉酒驾驶汽车还没有引起事故而侵害他人或存在侵害的具体危险，仅仅醉酒状态的驾驶就已经能因道路交通上的抽象危险而给与刑罚。对这种具体危险之前阶段的危险给予刑事处罚与刑罚理论中的一般或特殊预防理论完全相称。②

（二）刑法保护前置化的基准

如果把前置化（Vorverlagerung）词汇语素拆解为"Vor"（向前）和"verlagerung"（移动），即可明白前置化包括两个方面的特性：首先，前置化是一个动态发生过程而非静态状况描述；其次，前置化必须以某种基准为原点在时间上向前移动。由此，"前置化"作为一个关系概念，在逻辑上必然以一个固定起点为开始。③ 刑法保护前置化将意味着以刑事可罚性的传统形式为出发点向前移动，由此传统刑法的状态描述将构成其出发点。

一方面，在传统刑法中大部分刑法文献从形式的犯罪概念出发，把犯罪行为评价为构成要件该当、违法和有责的行为，既遂、未遂以及单纯预备都依赖于构成要件表述，因此刑法保护的前置化首先被归属于一个在构成要

---

① 《德国刑法典》第 316 条酒醉驾驶（Trunkenheit im Verkehr）："由于饮用酒精饮料或服用其他麻醉品，在无法安全驾驶交通工具之情况下，驾驶交通工具（315 ~ 315d），而参与交通，若其行为未依第 315 条 a 或第 315 条 c 处罚者，处一年以下自由刑或罚金。"

② BERND HEINRICH. Die Grenzen des Strafrechts bei der Gefahrprävention[J].Zeitschrift für die gesamte Strafrechtswissenschaft (ZStW)，2009，121(1):124.

③ ALEJANDRO KISS. El delito de peligro abstracto[J].Buenos Aires:Ad-hoc，2011:42，转引自：王永茜 . 论现代刑法扩张的新手段——法益保护的提前化和刑事处罚的前置化 [J]. 法学杂志，2013(6):130.

件现实化之前被进行行为，刑法保护前置化的基础不是具体积极的规制扩大，而是位于规定背后的构成要件保护机能。另一方面，从实质的犯罪概念出发，犯罪行为被认为是侵犯法益的实质不法的行为，侵害犯、危险犯及举动犯都依据行为与法益关系的远近及程度来划分，因此刑法保护的前置化涉及对传统刑法放弃法益侵害和法益相关行为。[1] 由此可以推导出刑法保护前置化的基准点：

1. 法益侵害作为基准点。如果法益侵害被视为决定性的实质基准点，那么当刑事可罚性不以一个法益客体侵害为前提时就已经可以说是一个前置化。换言之，没有必要等待侵害的（可能）发生，不是每个构成要件要素的取消都必须导致在这里研究意义上的实质性前置化。[2] 对于前置化分析来说起决定性作用的是，是否欠缺的构成要件要素指向一个直接的法益关联性（Rechtsgutsbezug）。刑事可罚性的前置化由此在法益导向的解释上表明，不是在构成要件上再次发现侵害结果的相应要素，而是在一个虚拟时间轴上提早确立刑事可罚性，因为无须等待侵害结果发生仅仅行为就已经足够。

2. 实行行为作为基准点。前阶段或者前置化刑法的概念是恰当的仅仅当时间上变化了的出发点不仅涉及法益侵害而且也针对行为时。[3] 在时间上的提前处罚仅在当构成要件行为已经被包含进去，没有行为人或者第三者的进一步犯罪行为就不能导致一个法益损害的时候。由此，一方面立法者通过设立独立预备犯（Selbstständige Vorbereitungstatbestände）将相关犯罪之预备行为独立成罪，作为不依赖于后续实行行为的独立犯罪类型。另

---

① WOLFGANG BECK.Unrechtsbegründung und Vorfeldkriminalisierung :zum Problem der Unrechtsbegründung im Bereich vorverlegter Strafbarkeit, - erörtert unter besonderer Berücksichtigung der Deliktstatbestände des politischen Strafrechts[M].Berlin :Duncker & Humblot，1992:21ff.; GÜNTER JAKOBS. Kriminalisierung im Vorfeld einer Rechtsgutsverletzung[J].Zeitschrift für die gesamte Strafrechtswissenschaft (ZStW)，1985，97(4):751，752.

② ARNDT SINN/WALTER GROPP/FERENC NAGY(Hrsg.). Grenzen der Vorverlagerung in einem Tatstrafrecht: Eine rechtsvergleichende Analyse am Beispiel des deutschen und ungarischen Strafrechts[M]. Göttingen: Universitätsverlag Osnabrück，2011:13，14.

③ Vgl. ROLAND HEFENDEHL. Kollektive Rechtsgüter im Strafrecht[M]. Köln: C.Heymann，2002:36.

一方面立法者通过设立独立参与犯（verselbstständigte Teilnahmedelikte）把某种犯罪之参与行为升级为正犯，也由此通过放弃共犯从属性和软化不受处罚之帮助未遂，将刑事可罚性转移至法益毁损的前阶段。①

3. 法益本身作为基准点。如果可罚行为与传统上公认的（个人）法益的关系，由于远在前阶段的刑事可罚性前置化而变得太微弱，那么刑事立法者倾向于去遮掩这个而特别有创造力的涉及新法益。这种前移法益通常具有集体特性，例如根据主流意见，在作为法益得到普遍承认的资本市场保护或者信赖保护这方面，② 能够被看到一个独立但至少部分前置保护资本市场上（潜在的）参与人财产。这种前置化机制经常与危险犯的采用相联系。由此将遮掩与原有（核心）法益的微弱归属关联，并以这种方法为形式的构成要件实现的前置化建立根据。③

（三）刑法保护前置化的特征

1. 法益保护前置化的特征

"法益保护的前置化主要表现在刑事立法将特定风险领域的集体法益或超个人法益作为对个人法益保护的前阶，直接作为刑法的保护对象，体现的是法益概念的扩张"④。如果可罚行为与传统上公认的（个人）法益的关系，由于远在前阶段的刑事可罚性前置化而变得太微弱，那么刑事立法者倾向于去遮掩这个而特别有创造力的涉及新法益：立法者干脆创造新的一般法益（Allgemeinrechtsgüter），根据"精神化（Vergeistigung）"来把握传统法益前阶段的中心，由此可罚行为显露出更容易被认为是中性的，并仅仅导致

---

① Vgl. JULIA BRONS. Binnendissonanzen im AT:Die Vorfeld-und Beteiligungsstrafbarkeit nach dem StGBim Spannungsfeld zwischen europäischen Vorgaben und deutscher Strafrechtsdogmatik[M].Baden-Baden:Nomos，2013:436，519，569.

② Vgl. ROLAND HEFENDEHL. Kollektive Rechtsgüter im Strafrecht[M]. Köln: C.Heymann，2002:267ff.

③ CLAUS ROXIN. Strafrecht Allgemeiner—Teil Band I: Grundlagen. Der Aufbau der Verbrechenslehre[M]. 4 Auflage. München: C.H. Beck，2006:17，34; ROLAND HEFENDEHL. Zur Frage der Legitimitat europarechtlicher Straftatbestande[M]// Schünemann (Hrsg.)，Alternativentwurf europäische Strafverfolgung[C]. Köln:Carl Heymanns，2004:82，100.

④ 王永茜. 论现代刑法扩张的新手段——法益保护的提前化和刑事处罚的前置化 [J]. 法学杂志，2013(6):123.

一个后续行为（同一或其他人）的实际"损失"。[①] 这种前置化机制经常与危险犯的采用相联系，由此将遮掩与原有（核心）法益的微弱归属关联，并以这种方法为构成要件的前置化建立根据。[②]

首先，法益保护前置化的形式特征是法益概念的普遍化。由于社会构造复杂性的日益增强和社会关系可视性的显著低下，导致社会成员的精神负担和心理负荷不断提高，因此确保社会成员自我发展的预测可能并维持社会系统机能的正常运转成为重要的社会课题。法益保护前置化正是针对这种社会保护的需求，而将刑法保护的实体提前到"一般的安全感或信赖感"，也即法益保护的前置化实际上是把人们行为据以依赖的"事态发展的预测可能或社会系统的机能发挥以一般的信赖利益形式进行了法益化"[③]。这是因为，"在现代社会中担保诸种社会系统基本规范或规则被遵守的安全感或信赖感是极其重要的，其只要与包括个人精神上或心理上之内容在内的生活利益相关，便可以基本上允许刑事法上的干预。例如像处罚骚扰行为那样，保护没有侵害基本生活利益之危险这种个人的安全感或信赖感时，便能够将其理解为刑法典利益保护的扩张或前置化。"[④]

其次，法益保护前置化的实质特征是法益侵害质的提前。法益侵害质的提前意味着对个人法益的抽象危险（例如对个别财产的损害可能性）被前置为对普遍法益或超个人法益的"虚拟实害"（例如对付款体系的信赖侵害），进而针对该虚拟实害又再度创设出前置化的危险类型（双重虚拟的

---

① ULRICH SIEBER. Legitimation und Grenzen von Gefährdungsdelikten im Vorfeld von terroristischer Gewalt:Eine Analyse der Vorfeldtatbestände im Entwurf eines Gesetzes zur Verfolgung der Vorbereitung von schweren staatsgefährdenden Gewalttaten[J].Neue Zeitschrift für Strafrecht (NStZ)2009:353，357.

② CLAUS ROXIN. Strafrecht Allgemeiner—Teil Band I: Grundlagen. Der Aufbau der Verbrechenslehre[M]. 4 Auflage. München: C.H. Beck，2006:17, 34; ROLAND HEFENDEHL. Zur Frage der Legitimität europarechtlicher Straftatbestande[M]// Schünemann (Hrsg.)，Alternativentwurf europäische Strafverfolgung[C]. Köln: Carl Heymanns，2004:82，100.

③ 伊东研祐. 现代社会中危险犯的新类型 [M]. 郑军男，译 .// 何鹏，李洁，主编 . 危险犯与危险概念 [C]. 吉林: 吉林大学出版社，2006:190.

④ 伊东研祐. 现代社会中危险犯的新类型 [M]. 郑军男，译 .// 何鹏，李洁，主编 . 危险犯与危险概念 [C]. 吉林: 吉林大学出版社，2006:190.

危险）。① 例如日本刑法中"关于支付用磁卡的电磁记录的犯罪"（《日本刑法典》第 163 条之 2 以下），其保护法益不再是个别债权可否适切回收的问题，而是对"付款系统的社会信赖"或"运用支付卡片付款之体系安全性及顺畅性"之损害。以个人财产犯罪（如欺诈）角度观之属"预备阶段"的伪造支付用磁卡的行为即变为上述超个人法益的"基本侵害类型"，进而又可将制作伪卡所需之电磁记录不正取得行为规定为对"基本侵害类型"的实质预备犯，也即相对于财产犯罪可谓是"预备的预备的未遂"②。

2. 刑法处罚前置化的特征

首先，刑法处罚前置化的形式特征是犯罪构成要件的缩减。有学者认为"刑事处罚的前置化并不是减少了对于犯罪构成的刑事违法性的要求，而是减少了对于实行行为触动刑事处罚所需要满足的前提条件的要求，易言之，国家并不是等到犯罪构成中所有典型的违法要素都完全齐备了之后才能施加刑罚，只要实行行为已经征表出法益侵害的紧迫性以及严重性，而且可以确定实行行为与法益侵害之间的关联性，就可以对其进行处罚，这就是刑事处罚的前置化"③。此种见解显然忽略了构成要件具有的处罚界限和类型限定意义，暗含着通过实质解释扩大刑罚范围的可能性。事实上，提前满足刑事可罚性的条件（法益侵害提前到结果尚未发生），必须意味着行为人具有造成更严重的法益侵害或者带来更紧迫的法益侵害的危险。这种更严重的法益侵害或更紧迫的法益侵害必然导致立法者缩减构成要件以实行刑法介入的早期化。

其次，刑法处罚前置化的实质特征是法益侵害量的前倾。法益侵害量的前倾意味着立法者价值评价的前倾化而带来导致处罚时点的前移，即使在没有发生法益侵害或危险的预备阶段也承认具备可罚的刑事不法。例如我国刑法典原第 141 条规定行为人不仅要实施生产、销售假药的行为，而且

---

① 关于保护法益的抽象化和危险的抽象化这两重的抽象化，参见关哲夫. 现代社会中法益论的课题 [M]. // 王充，译. 赵秉志，主编. 刑法论丛，2007(2):348.

② 曾根威彦. カード犯罪に関する刑法の一部改正：理論上の問題点 [J]. 现代刑事法，2001，31: 63-64；高山佳奈子. 実体法の見地から [J]. 刑法雑誌，2003，43(1):22.

③ 王永茜. 论现代刑法扩张的新手段——法益保护的提前化和刑事处罚的前置化 [J]. 法学杂志，2013(6):127.

还要导致"足以严重危害人体健康"的具体危险才能成立犯罪。但由于现阶段制售假药"犯罪形势的严峻和民生保护的重视"[1]，立法者对生产、销售假药行为的价值判断必然发生变化，由此在《刑法修正案（八）》中删除了"足以严重危害人体健康"这一构成要件结果，只要实施生产、销售假药的行为就构成犯罪，这种可罚性的前置显然体现了立法者价值判断的变化。

第二节　刑法保护前置化的原因

卡尔·宾丁（Karl Binding）曾经以"刑法的片段性（fragnentarischer Charakter des Strafrechts）"[2]来说明刑法在社会控制体系中所担当的秩序维持任务份额，相比较于社会秩序或其他法规范的份额要少得多。这意味着刑法不是社会的全部秩序维持手段，反倒是在可罚性被限制承认的领域中特别担当法益保护任务。但是，今天刑事立法者逐渐忘却了这种刑法的根本性格，想要前阶段预防持续增加的新型犯罪（例如经济犯罪、环境犯罪、毒品犯罪、组织犯罪和恐怖犯罪）和新型巨大风险（例如基于核能的、化学的、生态的以及遗传工程技术的风险）而扩大刑法的适用领域。这种刑法保护前置化的根本原因可以从产生这种趋势的社会背景和刑法本身两个方面进行寻找。

一、刑法保护前置化的社会外因

（一）社会风险的大量增加

刑法保护前置化的原因首先是风险社会中新型大量风险的出现，也即法益概念普遍化和抽象危险犯多用化的背景，被认为是在因科学技术发达带来的文明发展过程中，不明确或者未知风险威胁人类的潜在可能性之显在化。1986 年贝克（Beck）出版了《风险社会：迈向一种新的现代性》

---

[1]　全国人大常委会法制工作委员会刑法室编 . 中华人民共和国刑法修正案（八）：条文说明、立法理由及相关规定 [M]. 北京：北京大学出版社，2011:77.

[2]　KARL BINDING. Lehrbuch des gemeinen deutschen Strafrechts: Besonderer Teil[M]. 2 Auflage. Leipzig :W. Engelmann，1902:20.

（*Risk Society: Towards A New Modernity*）的著作以来，风险社会的概念成为表现今天我们生活的后现代工业社会的流行语。后现代工业社会的科学技术以迄今为止人类历史上从未有过的程度而飞速发展，但是这种科学技术带来积极性影响的同时也产生出消极性影响，除了工业技术和交通运输领域所带来的事故型传统风险以外，还新出现了人为的核能、化学、生态以及遗传工程等新型大量风险。这种新型大量风险，就像克里斯托弗·劳（Christoph Lau）所主张的那样，虽然起因于个人或者机关决定的作为或者不作为，但是不再被自然发生所接纳，反倒以近乎不可抗力被表现。而且，新型大量风险通过一般的发生可能性、经济的利用价值以及相关费用被计入在内，但是在该风险的原因、种类和范围以及风险带来的被害比较不可能方面，有别于既存的风险。①这种后现代工业社会带来的巨大科学技术发展，伴随着大型的不明确的新型大量风险，这种风险具有威胁整个人类生存的极大破坏潜在力。

但是，贝克提示的风险社会和我国社会所处的风险社会在两个方面存在着差异：其一，贝克所说的风险社会的风险，是与作为西欧近代化过程核心要素的科学技术的发展和产业化相一致而形成的，作为不可避免结果物而只能被接受的宿命性风险；但是我国社会的风险是从因我们社会的迫切必要而选择的近代化战略的缺陷中派生出来的结果。也即我国社会的风险是指在通过我国社会选择的紧缩发展模式而实现高度经济增长的过程中，没有意图但是明显能看见的结果，是隐藏在巨大成就背后的阴暗副作用。这种社会风险既不是偶然的也不是偶发的，而是在我们由过去的以增长为中心的模式向可持续的亲环境的发展模式变化时有可能克服或者改善的风险，因此决不是宿命的风险。

其二，我国社会中不仅存在大规模药品与食品致人损害、大范围生态环境污染等后期产业社会的典型风险，而且也能看到产业社会或者转换期社会的风险（例如缺陷工程、交通事故、大型火灾、产业灾害等）以及传统社

---

① 劳（Lau）列举了这种新风险的具体事例如地面侵蚀、臭氧层破坏、山林枯死和空气污染等（CHRISTOPH LAU. Risikodiskurse: Gesellschaftliche Auseinandersetzungen um die Definition von Risiken[J]. Soziale Welt，1989，40: 418，423）.

会的风险（例如传染病、成人病、学校暴力、家庭暴力、性暴行、养老对策不完备等）相互交织的复杂缠绕作用，因而显现出风险的复合性、散在性、异质性。风险的"复杂性（complexity）"意味着因没有固定界限而相互缠绕的状态，呈现开放的多维度性。"散在性（diffusion）"意味着风险几乎不是例外的，而是浸透在社会的所有部分。"异质性（heterogeneity）"意味着风险生产的方式与其说根据历史的社会变动阶段被区别，不如说是同时共存的。这种社会风险的复合性、散在性、异质性与作为风险社会风险特征的模糊性、不确实性、流动性相吻合，因而在风险预防和安全确保带来相当的问题性。

（二）社会不安的广泛蔓延

在现代社会这一风险社会中，一方面，人们的"不安"和"对安全性的渴望"成比例高涨，这样的"不安"即使面对犯罪也同样如此；另一方面，伴随着福利国家观的衰退和新自由主义的抬头，风险管理应该由私人自己进行的想法日益变得强烈。在这种意义上，风险社会中产生了对"不安"的（全体的）处罚早期化。

虽然随科学技术发展而出现的新型大量风险这一客观侧面是刑法保护前置化的重要原因，但是由此而带来的社会成员的不安和恐惧感增加的主观侧面具有更深层的意义。[①] 从这种观点出发，我们可以把现在的后现代工业社会不是以风险社会而是以"不安全社会（Unsicherheitsgesellschaft）"或"恐惧社会（Angstgesellschaft）"进行定义。这是因为在现代社会中仍然存在着技术性或者非技术性新型大量风险，所以国民的不安感被定位为一种一般性感情。进而不存在能够决定善恶以及信赖价值的明确基准，或者相反具有过剩信息的社会复杂性成为招致疑虑、不确定性、恐惧性以及不安感的决定性原因。换言之，这种控制困难或者控制不能的风险，给市民带来的

---

① 德国社会学者 Franz-Xaver Kaufmann 就此指出："人类还没有像今天这样为这样的安全而谋求自己的生活，恐惧（Angst）和不安（Unsicherheit）作为过去 20 世纪的重要主题被对待，今天人类被置于虽然客观的安全增加但同时主观的不安感也增加的二律背反的状况。"参见参见：FRANZ-XAVER KAUFMANN. Normen und Institutionen als Mittel zur Bewältigung von Unsicherheit: die Sicht der Soziologie[M]// Franz Holzheu. Gesellschaft und Unsicherheit. Karlsruhe: VVW,1987: 37, 46..

不确定性、恐惧感以及不安感的严重性是以任何客观尺度都无法正确测定的。这种新大量风险的出现，成为因科学技术的发展而显著减少的自然风险（例如自然灾害或者传染病等疾病导致的损害）的抵偿。因此虽然在某个方面有所不同，但是整体来看一般市民所知觉的主观不安感明显凌驾于客观不安感之上。

因为必须对由犯罪发生而引起的一般市民的不安感和与此相伴的社会不稳定进行适当反应是刑法的任务，所以国家和刑事立法者无法回避在刑法侧面的安全保障要求。也即由于在不安全社会中对安全的社会要求持续增加，一般市民认为国家特别是刑法必须满足这种欲求。[①] 这时立法者将在刑法而非警察法中寻找这种不安感问题的解决对策，其结果是忽略了传统的自由主义法治国家刑法所追求的刑法的片段性，而要求扩大刑法保护直至能够除去因不安感而导致的恐惧感，实际上导致在环境、经济、政治腐败、毒品、性骚扰、卖淫、组织暴力和家庭暴力等领域中对新犯罪化的要求日益增大。

（三）社会统合的严重弱化

刑法保护前置化或早期化的第三个原因是社会统合能力的弱化。当今社会生活复杂多变，犯罪类型不断增加，但非正式的社会统制力却逐渐减弱，社会对刑法的依赖性越来越强。首先，个人主义、自由主义的思考和行为样态的浸透，导致异质价值观得到广泛允许，造成非正式的社会统制力减弱、行为的规制弛缓，其结局必然不可避免地产生通过刑罚的补充完善以维持社会秩序的倾向。以往较弱的"市民的安全或保护的要求"现在通过媒体更直接、强烈、及时地反映至立法机关，国家对市民的刑法保护成为一项公共服务内容。[②] 其次，凶恶犯罪、重大犯罪不断增加，国民感觉治安形势恶化，必然要求立法机关修改刑法，提高法定刑。此外，随着社会生活的复杂化、科学化、高度技术化，就个人而言，社会就像一个巨大的黑匣子，不可

---

① 有关通过刑法的安全保障的可能性和界限，参见김재윤.형법을 통한 안전보장의 가능 성과 한계에 관한 고찰 [J]. 비교형사법연구, 2004, 6(1):1-20.(金载润 . 通过刑法的安全保障的可能性和界限的考察 [J]. 韩国·比较刑事法研究, 2004, 6(1):1-20.)

② 井田良 . 刑事立法の活性化とそのゆくえ [J]. 法律時報, 2003, 75(2):4-5.

能进行主体性的控制。人们的生活主要依赖脆弱的技术手段。与此同时，个人行为所具有的潜在危险也迅速增大，人们不知瞬间会发生何种灾难。由此产生了刑法处罚的早期化、宽泛化，需要及时修改刑法增设新的犯罪类型。再次，当今社会存在许多基本价值观不同于一般市民的犯罪组织、邪教团体、政治集团，为了保护社会市民的生活利益，必须尽早对这些组织的活动进行刑事规制，对其存在及其活动进行犯罪化和重罚化。[①]

二、刑法保护前置化的刑法内因

（一）机能主义的刑法观

刑法保护前置化是机能主义刑法观的具体体现。机能主义刑法观是指从刑事政策的实效性出发，将刑法看作是解决社会问题的手段，为达成一定目的而机能性地使用刑法。[②] 机能主义的刑法观作为一种整体性的治理与规制策略，大致可以包括三个面向的内容：1. 积极介入的立法导向；2. 追求预防效果的立法导向；3. 注重灵活回应的立法导向。[③] 机能主义的刑法观使在刑法上从来主要作为刑罚理论被使用的"预防"概念，被替换为"消除社会风险的刑法手段"来使用，刑法承担起积极规制与管控风险的任务，在实际侵害结果出现即予以提前介入，并且通过"刑法机能化（Funktional-isierung des Strafrechts）"的"刑事司法的机能有用性（Funktionstüchtigkeit der Strafrechtspflege）"这一德国联邦宪法法院的判决[④] 而获得正当根据。虽然保障最小限度伦理的刑法在过去被看作刑事政策不能逾越的界限，但是今天在现代社会中摆脱自由主义的严格构造，而使刑法变化为对社会或者国家之巨大风险的控制手段，把刑法作为问题解决和风险支配的手段而

[①]　井田良.刑事立法の活性化とそのゆくえ [J].法律時報，2003，75(2):4-5.

[②]　金尚均.危険社会と刑法：現代社会における刑法の機能と限界成文堂 [M].東京：成文堂，2001:180.

[③]　劳东燕.风险社会与功能主义的刑法立法观 [J].法学评论,2017(6):22.

[④]　BVerfGE 33，367，383.= Nenu Juristische Wochenschrift (NJW) 1972，2214-2215.

使用。^①在该场合作为巨大风险控制手段的刑法，要求效率化的风险预防范式，通过这种预防范式试图使刑法定位为安全的形成与维持体系。因为这种尝试，不是把刑法作为刑事政策不可逾越的界限，而是转变为刑事政策的手段，这种变化导致刑法的机能化是必然的。^②

　　刑法的机能主义^③使应罚性的确定与施行浸透政治性利益^④，意味着想要追求通过刑法手段来维持法和秩序这一社会政治目的。通过刑法的机能化，与过去不同的刑法、刑罚目的以及刑法教义学，使刑法的机能化基准发生变化，因此"预防"和"结果考虑"被纳入刑法，追求政治目的的"刑法手段的有用性"成为刑法正当性基准的中心。^⑤这种基准的变化导致"刑法的脱形式化（Entformalisierung des Strafrechts）"成为刑法机能化的示例，也即今天风险刑法通过刑法归属原则的灵活化，把被法治国家刑法传统所设置的原则，看作妨碍政治性目的追求的障碍物，为了除去或者缩小这种障碍物，而在法律条款上大量使用暧昧概念和一般规定^⑥，或者运用不确定的犯罪

　　① MICHAEL BUNZEL. Die Potenz des verfassungsrechtlichen VerhaltnismaBigkeitsprinzips als Grenze des Rechtsgiiterschutzes in der Informationsgesellschaft[C] // Roland Hefendehl, Andrew von Hirsch, Wolfgang Wohlers (Hrsg.). Die Rechtsgutstheorie: Legitimationsbasis des Strafrechts oder dogmatisches Glasperlenspiel? Baden-Baden:Nomos，2003:96, 107; WOLFGANG WOHLERS. Deliktstypen des Präventionsstrafrechts—zur Dogmatik "moderner" Gefährdungsdelikte[M].Berlin:Duncker & Humblot，2000:36.

　　② WINFRIED HASSEMER.Grundlinien einer personalen Rechtsgutslehre[M]// Winfried Hassemer.Strafen im Rechtsstaat[C]. Baden-*Baden*: Nomos，2000:160; CORNELIUS PRITTWITZ. Strafrecht und Risiko[M]// Alfons Bora (Hrsg.)，Rechtliches Risikomanagement: Form，Funktion und Leistungsfähigkeit des Rechts in der Risikogesellschaft，Berlin:Duncker & Humblot，1999:193，199.

　　③ 有关刑法中机能主义（Funktionalismus）概念使用的复杂性，参见 KLAUS LÜDERSSEN. Das Strafrecht zwischen Funktionalismus und „alteuropäischem" Prinzipiendenken[J]. Zeitschrift für die gesamte Strafrechtswissenschaft (ZStW)，1995，107(4):877-897.

　　④ WINFRIED HASSEMER.Grundlinien einer personalen Rechtsgutslehre[M]// Winfried Hassemer. Strafen im Rechtsstaat[C]. Baden-*Baden*: Nomos，2000:160.

　　⑤ WINFRIED HASSEMER/ULFRID NEUMANN. Vorbemerkungen zu § 1.Rn.342.[M]// Urs Kindhäuser,Ulfrid Neumann,Hans-Ullrich Paeffgen(Hrsg.).Nomos Kommentar zum Strafgesetzbuch (NK):Band 1.5 Auflage.Baden-Baden: Nomos ,2017: 185.

　　⑥ WINFRIED HASSEMER/ULFRID NEUMANN. Vorbemerkungen zu §1.Rn.353.[M]// Urs Kindhäuser, Ulfrid Neumann,Hans-Ullrich Paeffgen(Hrsg.). Nomos Kommentar zum Strafgesetzbuch (NK):Band 1.5 Auflage. Baden-Baden: Nomos, 2017:188.

化与非犯罪化的基准[①]，而使刑法介入因表面上的必要性、合目的性而被正当化，自然会把刑法作为政治性问题的解决手段来使用。[②] 由此导致人们把刑法的机能有用性以"有效打击犯罪的必要性（Notwendigkeit einer wirksamen Verbrechensbekämpfung）"或者"严重犯罪事件解决的必要性（Notwendigkeit der Aufklärung schwerer Straftaten）"进行定义，而认为刑法介入时点的前置化和干预密度的早期化会取得有助于解决特定外部问题的机能。[③]

（二）积极一般预防的刑罚观

刑法保护前置化是积极的一般预防刑罚观的具体反应。今天与未来的巨大危险这一广泛威胁感相关联，人们普遍具有在有组织犯罪、环境污染犯罪、毒品犯罪等领域通过刑法威嚇来应对的愿望，刑法从对具体法侵害的抑压手段，而变化为对问题状况的提前预防。[④] 这是因为，如果从对政治面对和问题状况的操纵和对某种危险状况的广泛预防这一观点来看，指向过去犯罪行为的法治国家的自由主义刑法难以适切应对新状况。反而令人惊讶的是，由于必须适时且有效阻止暧昧威胁的紧急必要，预防性范式成为刑法的基础，[⑤] 因此在今天的刑法上预防成为决定刑法目的的基准，其结果是刑法

---

① WINFRIED HASSEMER/ULFRID NEUMANN. Vorbemerkungen zu §1.Rn.354.[M]// Urs Kindhäuser,Ulfrid Neumann,Hans-Ullrich Paeffgen(Hrsg.).Nomos Kommentar zum Strafgesetzbuch (NK):Band 1.5 Auflage.Baden-*Baden*: Nomos, 2017:188.

② WINFRIED HASSEMER/ULFRID NEUMANN. Vorbemerkungen zu §1.Rn.347. [M]// Urs Kindhäuser, Ulfrid Neumann, Hans-Ullrich Paeffgen (Hrsg.).Nomos Kommentar zum Strafgesetzbuch (NK):Band 1.5 Auflage.Baden-*Baden*: Nomos ,2017:186.

③ MICHAEL BUNZEL. Die Potenz des verfassungsrechtlichen VerhaltnismaBigkeitsprinzips als Grenze des Rechtsgiiterschutzes in der Informationsgesellschaft[M] // Roland Hefendehl，Andrew von Hirsch，Wolfgang Wohlers (Hrsg.). Die Rechtsgutstheorie: Legitimationsbasis des Strafrechts oder dogmatisches Glasperlenspiel?[C]. Baden-Baden，2003:96，106-107.

④ WINFRIED HASSEMER. Produktverantwortung im modernen Strafrecht[M].2 Auflage. Heidelberg:C.F.Müller，1996:8.

⑤ WINFRIED HASSEMER.Kennzeichen und Krisen des modernen Strafrechts[J].Zeitschrift für Rechtspolitik(ZRP)，1992(10):378，381 .(中译文可参见 Winfried Hassemer. 现代刑法的特征与危机 [J]. 陈俊伟，译 . 月旦法学杂志，2012(8):250，252.) 埃里克·希尔根多夫（Eric Hilgendorf）甚至认为，民主法治国家的政治意思决定权人是议会，因此使用作为贯彻政治目的之手段的刑法是正当的。（Vgl. ERIC HILGENDORF. Strafrechtliche Produzentenhaftung in der Risikogesellschaft [M].Berlin:Duncker & Humblot，1993:45-46）

可以说是以基于积极的一般预防而想要除去巨大风险为目的的预防刑法。①

消极的一般预防意味着对一般人的威慑或者至少对潜在犯罪人的威慑，与之相反积极的一般预防意味着对法秩序维持和贯彻力的一般国民之信赖的保存与强化。②虽然这两个侧面都最终以社会教育的效果作为目标，但是由于消极的一般预防与自由的限制相关，积极的一般预防与自由的容许相关，因此两个侧面具有两立的可能性。也即通过禁止某种行为强化一般人的法意识，与通过预想刑罚带来思考上的威慑效果，可以说处于结合关系。换言之，一般预防的积极侧面在于，通过以刑罚表明的社会伦理的反价值判断，确认强化一般国民自身对法的忠实心情，营造使自我实现成为可能的信赖基础。③积极的一般预防理论与个别事例的处罚无关，其原则上无法通过预防被正当化，仅仅通过现行刑法的回顾适用或者过去式志向才能被正当化。积极的一般预防是与一般性刑法规范相关联的议论，④因此刑罚——不是把为了避免被课赋害恶的威嚇——而是把基于自我意志的规范遵守之理由，作为积极的一般预防理论的基本出发点。这种规范意识的塑造使得刑法脱离以因果侵害为特征、以单纯外部行为为途径的思维，而转向以风险防范为特征、以内面意志形塑为途径的范式，而该范式的转型在刑法

① WINFRIED HASSEMER. Kennzeichen und Krisen des modernen Strafrechts[J].Zeitschrift für Rechtspolitik(ZRP)，1992(10):378，379 .(中译文可参见 Winfried Hassemer. 现代刑法的特征与危机 [J]. 陈俊伟，译 . 月旦法学杂志，2012(8):250，251.) CORNELIUS PRITTWITZ. Strafrecht und Risiko:Untersuchungen zur Krise von Strafrecht und Kriminalpolitik in der Risikogesellschaft [M].Frankfurt am Main:Vittorio Klostermann，1993:369-370.

② MICHAEL BAURMANN.Vorüberlegung zu einer empirischen Theorie der positiven Generalprävention[M]// Bernd Schünemann，Andreas von Hirsch，Nils Jareborg (Hrsg.).Positive Generalprävention: Kritische Analysen im deutsch-englischen Dialog, Uppsala Symposium 1996[C]. Heidelberg: C.F. Müller，1998:1.

③ ANDREW ASHWORTH. Was ist positive Generalprävention? Eine kurze Antwort[M]// Bernd Schünemann，Andreas von Hirsch，Nils Jareborg (Hrsg.). Positive Generalprävention: Kritische Analysen im deutsch-englischen Dialog, Uppsala Symposium 1996[C]. Heidelberg: C.F.Müller，1998:65-72.

④ LOTHAR KUHLEN. Anmerkungen zur positiven Generalprävention [M]// Bernd Schünemann，Andreas von Hirsch，Nils Jareborg (Hrsg.). Positive Generalprävention: Kritische Analysen im deutsch-englischen Dialog, Uppsala Symposium 1996[C]. Heidelberg: C.F. Müller，1998:59.

规范上的具体体现就是刑法保护的前置化。

（三）结果导向的刑事政策观

刑法保护前置化是结果导向的刑事政策观的具体要求。对刑事立法者而言，"在人的行为中何种类型在刑法上是重要的，也即面临对犯罪如何选择"的问题，为了解决该问题，仅在立法者考虑结果的场合，立法者把经验知识视为必要。[①] 例如，作为刑法的可罚行为判断基准的"社会有害性（soziale Schödlichkeit）"，并非使刑法应答所有对人类利益的侵害，而仅仅意味着把具有社会有害特性之行为的侵害作为刑法可罚行为被规定。据此，在刑法理论和实务上使用的"社会有害性"的概念依赖于社会学，显示出提示超越刑法的社会体系的必要性和利益的概念。而且由于在社会有害行为的可罚性确定与作为其结果的刑罚课赋确定上意味着必须投入经验知识，所以对此具有决定权限的立法者以经验知识为必要是当然的结果。[②]

今天刑法形成有用的结果而回避不利的结果，因而在判断刑法决定的正当性时，可以说刑法被转换为结果指向的刑法。[③] 如果以此为基准来判断，现代的刑法显然具有结果指向性，因此现代意义的风险刑法应被称为结果指向的刑法。[④] 如果刑法应是结果指向的行动，那么所有的知识，特别是经验知识，因刑事司法而变得重要的，对犯罪的知识或者经验知识，把立法、判例、行刑的结果实际上被知道或者至少其结果必须被评价这一事情作

①　WINFRIED HASSEMER. Einführung in die Grundlagen des Strafrechts [M]. 2 Auflage. München: C.H. Beck，1990:23; WOLFGANG WOHLERS. Deliktstypen des Präventionsstrafrechts—zur Dogmatik "moderner" Gefährdungsdelikte[M]. Berlin: Duncker & Humblot，2000:242.

②　WINFRIED HASSEMER.Einführung in die Grundlagen des Strafrechts [M].2 Auflage. München:C.H.Beck，1990:25.

③　WINFRIED HASSEMER/ULFRID NEUMANN. Vorbemerkungen zu §1.Rn.30f.[M]//Urs Kindhäuser,Ulfrid Neumann, Hans-Ullrich Paeffgen (Hrsg.). Nomos Kommentar zum Strafgesetzbuch (NK): Band 1.5 Auflage. Baden-Baden: Nomos, 2017:116.

④　WINFRIED HASSEMER/ULFRID NEUMANN. Vorbemerkungen zu §1.Rn.32.[M]//Urs Kindhäuser, Ulfrid Neumann, Hans-Ullrich Paeffgen (Hrsg.). Nomos Kommentar zum Strafgesetzbuch (NK): Band 1.5 Auflage. Baden-Baden: Nomos ,2017:117.

为前提，在刑法的结果指向性上具有重要作用。① 在刑法体系的结果指向性上赋予刑事立法者、刑事法官、行刑负责人的课题，不是追诉犯罪不法而使行为人赎罪或者抵偿，而是意味着必须追求至少改善犯罪人而总体上防止犯罪的目的。② 因此，结果指向的刑法，为了使理论和实务一致，意味着理论上反映实际结果，或者通过实际结果修正理论的准备。而且作为结果指向刑法的风险刑法，不是通过刑法的规范实现体系，而是把以行为的社会操纵体系之转化为目的的刑法，作为国民教育的手段而投入刑法。③ 在这种意义上的结果指向的刑法，其投入本身是适切或者正当都不是考虑对象，刑法不是以上述最后手段，而是以最高手段或者最善手段被投入的。④

第三节　刑法保护前置化的表现

现代社会中刑法保护的前置化包括法益保护的前置化和刑法处罚的前置化。前者针对特定领域中公共危险的质方面变化，后者针对传统规制模式无法应对之新的量方面变化。⑤ 由于前置化的原因和根据不同，因此法益保护的前置化方式和刑法处罚的前置化方式也存在差异。

---

①　WINFRIED HASSEMER/ULFRID NEUMANN. Vorbemerkungen zu §1.Rn.32.[M]//Urs Kindhäuser, Ulfrid Neumann, Hans-Ullrich Paeffgen (Hrsg.). Nomos Kommentar zum Strafgesetzbuch (NK):Band 1.5 Auflage. Baden-Baden: Nomos ,2017:117.

②　WINFRIED HASSEMER. Einführung in die Grundlagen des Strafrechts [M].2 Auflage. München:C.H.Beck，1990:22.

③　WINFRIED HASSEMER. Einführung in die Grundlagen des Strafrechts [M].2 Auflage. München:C.H.Beck，1990:25; WINFRIED HASSEMER. Kennzeichen und Krisen des modernen Strafrechts[J].Zeitschrift für Rechtspolitik(ZRP)，1992(10):378，380 .(中译文可参见 Winfried Hassemer. 现代刑法的特征与危机 [J]. 陈俊伟，译 . 月旦法学杂志，2012(8):250，251.)

④　WINFRIED HASSEMER. Kennzeichen und Krisen des modernen Strafrechts[J]. Zeitschrift für Rechtspolitik(ZRP)，1992(10):378，380 .(中译文可参见 Winfried Hassemer. 现代刑法的特征与危机 [J]. 陈俊伟，译 . 月旦法学杂志，2012(8):250，251.) ERIC HILGENDORF. Strafrechtliche Produzentenhaftung in der Risikogesellschaft [M].Berlin:Duncker & Humblot，1993:47-48.

⑤　星周一郎 . 公共危険犯の現代的意義 [J]. 刑法雑誌，2009，48(2):195-196.

一、法益保护前置化的表现

（一）法益保护前置化的方式

法益保护前置化是将刑法保护的范围由个人法益提前到超个人法益或普遍法益，因此传统以个人法益保护为中心的立法模式已经无法适应这种保护前置化的要求，这是因为普遍法益相较于个人法益难以测定其法益侵害或危险。法益保护前置化应当采取何种前置化方法才能与其保护客体相适应，在理论上存在不同的见解。

1. 德国学者的见解

德国学者黑芬德尔（Hefendehl）教授认为既然在普遍法益上存在各种类型，那么在各种类型上就应以具有多样正当化条件的多样犯罪类型为必要。迄今为止通常在普遍法益的领域中仅以指出抽象危险犯的犯罪形式而告终，这意味着没有把形形色色存在的法益构造纳入考虑。因此，黑芬德尔教授认为宪法上被视为正当的犯罪构成要件，不能仅仅从特定法益构造或者特定犯罪类型被理解，反倒是应该作为各种各样法益和各种各样犯罪类型的复合体被理解。^① 也即主张应当根据普遍法益的不同论理适用不同类型，在信赖法益的场合应当采取蓄积犯，弥补行为和法益之间现实侵害的因果性欠缺，以实现所谓的"实质的等价性"；^② 在国家机能法益的场合应当采取侵害犯，被非常缓和的法益关联性通过被保护的国家机能法益在宪法上被承认、与法益的关联必须以特别形式客观显示出来这两个要件加以补充；在表象法益的场合应当采取举动犯（Verhaltensdelikte），作为现行法上的

---

① ROLAND HEFENDEHL. Das Rechtsgut als materialer Angelpunkt einer Strafnorm[M] // Roland Hefendehl，Andrew von Hirsch，Wolfgang Wohlers (Hrsg.).Die Rechtsgutstheorie:Legitimationsbasis des Strafrechts oder dogmatisches Glasperlenspiel?[C]. Baden-Baden，2003:130-132; 佐々木康貴.紹介ローランド・ヘッフェンデール「刑罰規範の実質的な主要点としての法益」[J]. 朝日大学大学院法学研究論集，2005，5:92-93.

② ROLAND HEFENDEHL. Kollektive Rechtsgüter im Strafrecht[M].Köln:C.Heymann，2002:182; ROLAND HEFENDEHL. Die Materialisierung von Rechtsgut und Deliktsstruktur[J]. Goltdammer's Archiv für Strafrecht (GA) 2002:27. 黑芬德尔教授进而认为，在保护国家机能的犯罪构成要件的场合，由于该攻击通常因不可能累积的意图而发生，所以不能适用累积思想。

"纯粹例外"，仅在与社会现存的平均信念反映相关联的场合才能被正当化。[①]

迪米特里斯（Anastasopoulou）博士则主张区分真正集合法益和表象集合法益而采取不同前置化方式，对于真正集合法益，侵害犯、具体危险犯、抽象危险犯这三种传统犯罪的类型仍然是妥当的。所谓抽象危险犯，是指通过处罚对保护法益蕴含一定危险的行为样态而保护法益的犯罪类型。抽象危险犯的问题，不仅在于应推进保护早期化到何处为止，而且也与典型危险行为在具体事案上完全没有发生危险之场合的可罚性基础相关。对于表象集合法益，由于该法益的"侵害"和"具体危险"概念是不明确的，何种状态符合该概念要求实际上几乎不可能判定。以处罚阶段前置化为前提的抽象危险犯的论理构造，不能再承担对这种暧昧集合法益的保护。因此，与其说滥用抽象危险犯这一范畴，毋宁说通过采用累积犯的论理，构筑与表象集合法益保护相适应之处罚根据的方法更适切。[②]

2. 我国学者的见解

我国学者王永茜博士认为，由于普遍法益是对个人法益的提前化保护，因此立法者需要采用刑事处罚前置化的构造，在行为对法益造成侵害之前就提前满足刑事可罚性的要求。虽然在理论上立法者可以采取实质预备犯、累积犯和抽象危险犯等犯罪类型，但是在实际中要注意刑事处罚过分前置化的做法往往不具有处罚上的正当性。首先，由于刑事立法上难以确立出预备阶段的处罚时点和预备行为的类型特征，所以不仅无法确立统一的预备行为认定标准，而且比抽象危险犯更容易导致对刑法的过分扩张，因此预备犯并非保护普遍法益"理想"的犯罪类型。其次，累积犯的概念从成立上看更加着眼于刑法对于未来犯罪的预防，从性质上看是连抽象危险的程度都达不到的危险类型，所以累积犯的概念违反个人责任原则。如果将累积犯的概念扩大适用，将会彻底颠覆现代刑法的犯罪构成体系。再次，鉴于预备犯和累积犯在犯罪构成上都具有难以解决的问题，抽象危险犯就成了

---

① ROLAND HEFENDEHL. Kollektive Rechtsgüter im Strafrecht[M].Köln: C.Heymann，2002:52-54; ROLAND HEFENDEHL. Die Materialisierung von Rechtsgut und Deliktsstruktur[J]. Goltdammer's Archiv für Strafrecht (GA) 2002:22-24.

② IOANNA ANASTASOPOULOU. Deliktstypen zum Schutz kollektiver Rechtsgüter[M]. München: Verlag C.H.Beck，2005:135-136，309-311.

立法者首选的普遍法益的保护方式。抽象危险犯并不是立法者创设出来的全新的保护方式，而只是在现代社会各国刑法运用抽象危险犯来保护普遍法益的情形更加多见，抽象危险犯在控制社会风险方面的作用更加明显，抽象危险犯与普遍法益的手段、目的关系更加明确而已。①

3. 本书见解

普遍法益的性质决定了其一旦被侵害，后果就会特别严重，而且一般不具有可恢复性，因此，实害犯和具体危险犯这一古典犯罪构造通常都不是保护普遍法益的适当方式，为了有效保护普遍法益，立法者往往规定抽象危险犯等刑事处罚前置化的犯罪类型。在这里立法者具有优先决定的权利，前述黑芬德尔教授的见解具有合理性。但是，由于普遍法益和攻击行为之间的因果损害关联是不明确的，法益保护的前置化很容易过分扩大刑法的处罚范围，所以在设立普遍法益的保护类型时需要加以特别的考虑。

首先，侵害犯不适合作为普遍法益的保护类型。有别于在各种情况下都是实体存在的古典个人法益，普遍法益大多只涉及"规范性构想"，在其创立以前并不具有能实际奠定基础的存在物。②个人法益例如财产损失能够以实际状态变化表现出来，并通过比较前后影响情形而被可描述和可归责，而一个具体可见的和可确定的普遍法益侵害则大多是不可能的。③沃勒斯（Wohlers）准确的描述了这种情形："超个人法益的损害通常不能被固定在一个有形攻击对象的损害上，而仅仅体现在从一开始就很难理解的问题特定之结构化社会子系统的解体上"④。因此，传统个人意味的法益保

---

① 王永茜. 论集体法益的刑法保护 [J]. 环球法律评论，2013(4):76-77.

② ROLAND HEFENDEHL. Kollektive Rechtsgüter im Strafrecht[M].Köln:C.Heymann，2002:61; WOLFGANG WOHLERS. Deliktstypen des Präventionsstrafrechts—zur Dogmatik "moderner" Gefährdungsdelikte[M].Berlin:Duncker & Humblot，2000:224.

③ KNUT AMELUNG. Der Bcgriff des Rechtsguts in der Lehre vom strafrechtlichen Rechtsgtiterschutz[M] // Roland Hefendehl，Andrew von Hirsch，Wolfgang Wohlers (Hrsg.). Die Rechtsgutstheorie: Legitimationsbasis des Strafrechts oder dogmatisches Glasperlenspiel?. Baden-Baden: Nomos，2003:168; ROLAND HEFENDEHL. Kollektive Rechtsgüter im Strafrecht[M]. Köln:C.Heymann, 2002:174.

④ WOLFGANG WOHLERS. Deliktstypen des Präventionsstrafrechts—zur Dogmatik "moderner" Gefährdungsdelikte[M].Berlin:Duncker & Humblot，2000:224.

护适合于侵害犯，而现代普遍意义的法益保护不适合于侵害犯。如果把保护普遍法益的刑罚规范设计为侵害犯，那么它们在逻辑上将受限于，实际上会导致基本社会制度的破坏，并因此造成几乎无法想象的"大规模违反（Megaverstößen）"的那些情况。①

其次，具体危险犯作为普遍法益的保护也很难认为是有效的。具体危险犯虽然带有危险犯的形态，但在侵害对象上以对实在客体的攻击结果出现为前提这一点上，与侵害犯没有大的差异。罗克辛（Roxin）和许乃曼（Schünemann）为此解释说，所谓具体危险只不过是尽管是使行为客体之结果发生充分的行为，但还是因为偶然（Zufall）而使结果不发生的状况。②因此，侵害犯和具体危险犯仅仅在实际结果发生之有无上存在差异，在以认知可能的客体为侵害对象这一点上是同一的。不能认为具体危险犯在普遍法益的保护上相比结果犯是更适合的犯罪类型，一个如此危及制度的行为之追诉借助于具体危险犯将被拒绝。因为"对具体危险犯来说，通过构成要件来保护法益以一个实际危险的出现为前提"③，而"由于已经描述的使普遍法益变成有形实体的困难，通常却缺少手段能够自然科学的查明一个具体危险的发生"④。

再次，抽象危险犯作为普遍法益保护类型存在局限性。虽然抽象危险犯相比较于结果犯和具体危险犯更缓和成立要件而为立法者所偏爱，但很难认为抽象危险犯是从一开始就以普遍法益保护为中心的犯罪类型。一方面，无论是具体危险犯还是抽象危险犯，在想要保护的对象物或者法益上都没有根本的差异，罗克辛（Roxin）认为具体危险犯和抽象危险犯仅仅在

---

① Vgl. ROLAND HEFENDEHL. Zur Vorverlagerung des Rechtsgutsschutzes am Beispiel der Geldfälschungstatbestände[J].Juristische Rundschau (JR) 1996:353-354.

② CLAUS ROXIN. Strafrecht Allgemeiner—Teil Band I: Grundlagen.Der Aufbau der Verbrechenslehre [M]. 4 Auflage.München:C.H.Beck，2006:337f.; BERND SCHÜNEMANN. Moderne Tendenzen in der Dogmatik der Fahrlässigkeits-und Gefährdungsdelikte[J]. Juristische Arbeitsblätter (JA), 1975:796.

③ CLAUS ROXIN.Strafrecht Allgemeiner—Teil Band I:Grundlagen.Der Aufbau der Verbrechenslehre [M]. 4 Auflage.München: C.H. Beck, 2006:423ff.

④ WOLFGANG WOHLERS. Deliktstypen des Präventionsstrafrechts—zur Dogmatik "moderner" Gefährdungsdelikte[M]. Berlin: Duncker & Humblot，2000:285.

对行为客体之威胁的强度上存在差异，^①克拉默（Cramer）也根据对法益的攻击强度而顺次区分为结果犯—具体危险犯—抽象危险犯，^②由此抽象危险犯与具体危险犯的区别仅仅在于危险程度的缓和。另一方面，由于在普遍法益领域很难判断何种行为对法益具有侵害结果或者侵害危险，因此在该领域的侵害和危险、既遂和未遂、具体或者抽象危险的区分不具有任何意义。^③"个别行为由于不能直接影响其领域的普遍法益全体，所以无法说明危险存在或者不存在"^④，与普遍法益相关联犯罪上的危险，只不过仅仅是"能够给予法益否定影响的行为"^⑤。正是基于以上理由，相当部分学者主张把侵害犯、具体危险犯或抽象危险犯的犯罪类型限定于个人法益保护，而想要导入适合普遍法益保护的新犯罪类型。^⑥

最后，累积犯作为普遍法益保护类型具有可能性。与普遍法益相关联的多数犯罪中，明显存在单独行为不能惹起侵害和危险，但通过多数参加者累积和反复的行为才能带来刑法意义之结果的类型。在这里以具体的行为对象物和对其的危险存在为前提的抽象危险犯是难以发挥作用的，而着眼于累积危险之总体归责的累积构成要件能够在更大角度上提示对普遍法益的保护。累积构成要件的构想始于鲁斯（Loos）1974 年以赠收贿罪和

---

① CLAUS ROXIN.Strafrecht Allgemeiner—Teil Band I:Grundlagen.Der Aufbau der Verbrechenslehre [M].4 Auflage.München:C.H.Beck，2006:337f.

② PETER CRAMER. Der Vollrauschtatbestand als abstraktes Gefährdungsdelikt[M]. Tübingen: Mohr Siebeck，1962:71.

③ ROLAND HEFENDEHL. Kollektive Rechtsgüter im Strafrecht[M].Köln:C.Heymann，2002:156.

④ KLAUS TIEDEMANN. Der Entwurf eines Ersten Gesetzes zur Bekämpfung der Wirtschaftskriminalität[J].Zeitschrift für die gesamte Strafrechtswissenschaft (ZStW)，1975，87(2):274.

⑤ EVA GRAUL. Abstrakte Gefährdungsdelikte und Präsumtionen im Strafrecht[M]. Berlin:Duncker & Humblot，1991:58.

⑥ ROLAND HEFENDEHL. Das Rechtsgut als materialer Angelpunkt einer Strafnorm[M] // Roland Hefendehl，Andrew von Hirsch，Wolfgang Wohlers (Hrsg.). Die Rechtsgutstheorie: Legitimationsbasis des Strafrechts oder dogmatisches Glasperlenspiel?[C]. Baden-Baden: Nomos, 2003:129; WOLFGANG WOHLERS. Deliktstypen des Präventionsstrafrechts—zur Dogmatik "moderner" Gefährdungsdelikte[M]. Berlin: Duncker & Humblot, 2000:309.

环境犯罪为例对抽象危险犯类型的说明。[①] 库伦（Kuhlen）后来于 1993 年主张抽象危险犯上独立累积构成要件的存在，他以德国刑法第 324 条（水质污染）为例分析了水污染行为和法益侵害之间的总体关联。[②] 黑芬德尔（Hefendehl）进而在普遍法益概念上提出这种累积性思考，普遍法益被定义为以各色参加者和多数行为为前提的"利益网络（Netwerkgüter）"，而单独行为能够给予影响的法益已经不是普遍法益。[③] 许内曼（Schünemann）最近也承认累积构成要件的存在，他认为在观念的价值状态的普遍法益上，侵害和（具体—抽象）危险的区分是无意义的。在这种法益上，由于对立刻或者事后之侵害的因果确认本身不可能，侵害仅仅具有象征性程度的意义。[④] 虽然累积犯受到了众多理论家的追捧，但是由于其不仅难以设定明确界限而且存在违反责任主义的嫌疑，把其定义为与既存危险犯相分离的新犯罪类型还存在很多问题，因此想要接受把抽象危险犯变为累积犯形态的主张可以说还为时尚早。

（二）法益保护前置化的范围

为了因应具备社会危险性的行为及社会安全透过刑法保障的需求，风险管理的理念越来越强势地支配着现代刑事政策的走向，法益保护的前置化也逐渐成为各国刑事立法的普遍趋势。但是法益保护的前置化并不具备自我论证的正当性，过度滥用就会存在可能沦为纯粹政策性控制工具的危险，所以有必要将法益保护的前置化限定在以下领域。

---

① FRITZ LOOS. Zum Rechtsgut des Bestechungsdelikte[M]// Günther Stratenwerth，Armin Kaufmann，Gerd Geilen(Hrsg.)，Festschrift für Hans Welzel zum 70.Geburtstag. Berlin:Walter de Gruyter，1974:891.

② LOTHAR KUHLEN. Umweltstrafrecht—auf der Suche nach einer neuen Dogmatik[J]. Zeitschrift für die gesamte Strafrechtswissenschaft (ZStW)，1993，105(4):712.

③ ROLAND HEFENDEHL. Kollektive Rechtsgüter im Strafrecht[M].Köln:C.Heymann，2002:26f，151f.

④ BERND SCHÜNEMANN. Vom Unterschichts-zum Oberschichtsstrafrecht. Ein Paradigmawechsel im moralischen Anspruch? [M]// Hans-Heiner Kühne，Koichi Miyazawa. Alte Strafrechtsstrukturen und neue gesellschaftliche Herausforderungen in Japan und Deutschland. Berlin: Duncker & Humblot，2000:25.

1. 现代科学技术领域

由于在核能技术、信息技术以及生物技术领域，其技术的开发和运用往往与潜在的、不可逆转的巨大风险相关联，因此世界各国纷纷将技术风险的控制与管理设定为普遍法益而予以前置保护。例如生物工程技术在初期以使粮食产量增大的技术为开始，但是在现在发展为药品开发、治疗、不孕问题解决、生命延长的医疗技术，会直接或者间接地对于人类基因的维持和人类健康的状况产生作用，由此可能导致因基因操作失败引发生态危机，或者因治疗剂开发而产生耐药性病毒或者尚未被报告新种病毒传播等等问题。再如信息技术的发展和超高速通信网的普及，使计算机系统和信息通信网被定位为生活样式类型发生根本变化的现代生活的重要基底。但是由于超高速通信网的普及而使互联网利用率持续增加的同时，电脑空间的犯罪也急剧增加。不仅利用匿名性、时空超越性、被害广泛性的犯罪特点日益突出，滥用电脑空间匿名性而对特定人的名誉毁损频繁发生，而且以国家或者全世界为对象的电脑恐怖、黑客、病毒传播等犯罪开始产生，由此带来网络搅乱、重要信息的损失等财产被害，甚至引发医疗事故、武器和机械的误起动等人身损害。

2. 行政从属规制领域

随着现代社会的发展，部分原先属于行政法或者附属刑法规制的行为，被刑法扩张吸收进来规定为犯罪，刑法通过对这类行为规定更加严厉的处罚，以实现对这类行为所侵犯的法益的提前保护。例如日本把防止日常社会生活的相关风险作为目的，通过早期化处罚阶段而解决涂鸦、静坐示威、家庭垃圾随意丢弃、路上的吸烟、违法停车等日常社会生活中的诸问题。从来以刑罚规制的行为都是具有重大社会侵害性的行为，但是由于受到"刑罚民粹主义"的影响，日本近来对仅仅只是惹起他人不快的"社会厌烦行为或反社会举动"等社会偏差行为以刑罚应对的倾向非常显著。再如我国《刑法》第338条规定的污染环境罪，原刑法规定只有造成重大环境污染事故，致使公私财产遭受重大损失或者人员伤亡的严重后果才构成犯罪。但《刑法修正案（八）》修改为只要实施了违反国家规定，排放、倾倒或者处置有放射性的废物、含传染病病原体的废物、有毒物质或者其他有害物质行为，严重污染环境的，就可以构成犯罪，这表明立法者已经肯定了独立的环境法益。[①]

3.犯罪情势恶化领域

全球化与国际化趋势使某些犯罪严重化而需要强化规制力度。一方面，由于恐怖主义犯罪、有组织犯罪和毒品犯罪等领域都出现了全球化、跨国性的趋势，各国开始将参加、组织、领导这类组织的行为予以犯罪化以实现了对普遍法益的保护。另一方面，由于市场经济犯罪、公共安全犯罪、公共健康犯罪对国民的影响日益深刻，现代刑法逐渐地在特定的风险领域，把社会组织或者单位的功能正常运转或者公民对于秩序或者体系的信赖作为刑法上的法益加以保护。例如在古典刑法领域，违规参与交通活动的行为人，除非已经造成被害人的现实损害，才会构成过失犯，这是一种以个人生命法益与实害犯为导向的刑事制裁机制。然而，当工业技术逐渐发展后，交通往来的顺畅与安全在工业社会中扮演的角色日益吃重，汽车等动力交通工具的速度日益增加，若不能有效管控使用动力交通工具，势必影响其他交通参与者的法益，为了有效确保参与者在交通活动中的安全，立法者在刑法典中增订危险驾驶罪（我国《刑法典》第133条之一、《德国刑法典》第316

---

① 《刑法修正案（八）》的立法理由认为，"按照原刑法388条是重大环境污染事故罪，只有造成重大环境污染事故，致使公私财产遭受重大损失或者人身伤亡的严重后果实际发生才构成犯罪。但是在司法实践中，一般只有发生了突发的重大环境污染事故，才追究刑事责任。对于不是突发的环境污染事故，而是长期累积形成的污染损害，即使给人的生命健康、财产安全造成了重大损失也很难被追究刑事责任。这主要有两方面的原因：一是我国目前在重大环境污染事故的认定标准和损失鉴定机制等方面还不够完善，难以准确评估重大污染事故的损失。二是难以确定污染行为特别是那种由于长期违法排污积累而形成的污染与损害结果之间的因果关系。其中有一些是污染企业数十家，难以确认责任主体。上述原因，在很大程度上影响了对环境污染犯罪行为的定罪量刑。针对上述司法实践中存在的问题，为保障人民群众的生命健康安全，严惩严重污染环境的行为，维护经济的可持续发展，刑法修正案（八）第46条对重大环境污染事故罪的犯罪构成作了修改，降低了犯罪构成的门槛，将原来规定的'造成重大环境污染事故，致使公私财产遭受重大损失或者人身伤亡的严重后果'修改为'严重污染环境'，从而将虽未造成重大环境污染事故，但长期违反国家规定，超标准排放、倾倒、处置有害物质，严重污染环境的行为规定为犯罪"。参见：全国人大常委会法制工作委员会刑法室编.中华人民共和国刑法修正案（八）：条文说明、立法理由及相关规定[M].北京：北京大学出版社，2011:179.

条不能安全驾驶罪、我国台湾地区"刑法典"第 185 条之三），行为人不必真正危及任何具体被害人，只要在道路上驾驶追逐竞驶情节恶劣或者在道路上醉酒驾驶机动车的行为就构成犯罪。

二、刑法处罚前置化的表现

（一）刑法处罚前置化的方式

随着风险社会之出现，刑法要处理的不只是对法益的实际侵害，还包括诸多对法益构成威胁的周边或外围行为。也即刑法把正犯行为以外的预备阶段的行为、共犯阶段的行为以及行为阶段的行为视为法律所不容许之风险的来源，基于风险控制而采取单独正犯化的立法技术，在行为尚未造成法益侵害或危险的前阶段就予以处罚。①

1. 预备阶段的前置

预备阶段的前置是指行为具有引发后续关联犯罪的高度盖然性，以至于在距离实害发生较远的预备阶段就存在提前予以遮断的必要。例如我国《刑法修正案（五）》第 1 条规定的窃取、收买或者非法提供信用卡信息罪，实际上是因为对信用卡信息资料的不法行为在经验上具有引发信用卡诈骗罪的高度可能，所以才将信用卡诈骗罪的预备阶段行为前置为独立的实行行为。② 相反如果窃取、收买或者非法提供他人信用卡信息资料，不足以伪造可进行交易的信用卡，或者不足以使他人以信用卡持卡人名义进行交易的则不构成犯罪。③

2. 共犯阶段的前置

共犯阶段的前置是指行为具有对严重犯罪的重要促成作用，以至于在尚未引起该罪之法益侵害的共犯阶段就存在独立处罚的必要。例如我国《刑法修正案（三）》第 4 条规定的资助恐怖活动罪，实际上是因为资助恐怖

---

① 参见王立志．风险社会中刑法范式之转换——以隐私权刑法保护切入 [J]．政法论坛，2010(3):92.

② 卢勤忠．信用卡信息安全的刑法保护——以窃取、收买、非法提供信用卡信息罪为例的分析 [J]．中州学刊，2013(3):55.

③ 参见 2010 年最高人民检察院、公安部《关于公共机关管辖的刑事案件立案追诉标准的规定（二）》第 31 条。

活动行为在经验上能够促成或助长恐怖活动犯罪的实施，所以才将恐怖活动犯罪的共犯行为前置为独立的正犯行为，也即"共犯正犯化的立法模式，是国际社会企图前置可罚时点，加大法益保护力度，有效防卫社会的立法趋势的具体表现"。① 再如有学者主张"直接将食品安全领域中危害严重的高风险帮助行为入罪，通过共犯行为的正犯化方式，将其设定为独立的新罪，使帮助行为摆脱对于被帮助者所实施犯罪的依附作用，是刑事立法应对食品领域共同犯罪现实挑战的最佳回应方式"②。

3. 行为阶段的前置

行为阶段的前置是指行为具有侵害发生的重大性，以至于在尚未发生法益侵害结果的行为实行阶段就存在前置处罚的必要。例如贩卖行为只是将毒品带进消费者可得支配的范围内，基本上并未直接侵害到不特定多数人的身体健康，更未实际侵害购买者的身体健康法益。这是因为购买者除了购买之外，还必须实际将毒品服用之后其健康才会真正受损。因此，将毒品贩卖行为进行处罚，实际上是在购买者健康损害尚未实际发生之前就提前介入。"这样的处罚规定预设了一种想法，就是只要贩卖毒品给他人，不管他人施用或不施用，只要取得毒品，就有损及购买者身体健康的可能性。也即立法者将处罚的起点向前推移到购买者贩卖毒品之际，并认为在贩卖毒品阶段就已经具有对购买者身体、健康损害之危险。"③

（二）刑法处罚前置化的类型

1. 实质预备犯

所谓实质的预备犯是指形式上虽然是分则构成要件上的独立罪名，但是实质上却是其他行为之预备行为的犯罪类型。④ 由于只在法益遭受侵害时才发动刑法来制裁无法满足法益保护的需求，所以立法者将刑事处罚时点提前到比未遂更早的尚未着手实施犯罪的预备行为阶段，也即在行为人

---

① 陈毅坚."共犯正犯化"立法模式正当性评析 [J]. 中山大学法律评论，2010(2):2.

② 姜敏. 法益保护前置：刑法对食品安全保护的路径选择——以帮助行为正犯化为研究视角 [J]. 北京师范法学学报 (社会科学版)，2013(5):89.

③ 王皇玺. 刑罚与社会规训 [M]. 台北：台湾元照出版公司，2009:183.

④ 梁根林. 预备犯普遍处罚原则的困境与突围——《刑法》第 22 条的解读与重构 [J]. 中国法学，2011(2):165.

远未开始实施犯罪行为的计划阶段就承认其可罚性。有学者认为，预备犯是沿着犯罪行为实施的"时点"往前推置，而抽象危险犯是围绕着对法益侵害的样态往外"扩张"，因此刑事立法无法确立统一的预备行为的认定标准，相比较于抽象危险犯更容易导致对刑法的过分扩张，所以实质预备犯并非刑事立法实行刑事处罚前置化的理想犯罪类型。[①]但是，由于预备犯在观念刑法和欠缺归责上的质疑可以通过"行为人外在的征表行为与其主观计划相结合"以及"在一定范围内对故意和风险的特殊要求"而获得弥补[②]，所以实质预备犯处罚的正当性基础在于对典型危险行为的处罚，因此其能够作为抽象危险犯来予以把握。

2. 间接危险犯

所谓间接危险犯是指虽然每个行为本身比较轻微或者不具有有害性，但是如果该行为多次实施或频繁实施，那么最终具有惹起社会上不可忽视之有害结果的可能性的行为。[③]间接危险犯在行为时对法益的影响是间接的，所谓间接性意味着行为本身不惹起客观危险，但是该行为在社会中频繁化就有可能侵害社会利益，从而也许在将来会侵害社会利益。[④]间接危险犯的概念来源于累积犯的概念。最早使用累积犯概念的 Kuhlen 围绕《德国刑法典》第 324 条水域污染罪的罪质，讨论了不能说对河流水质带来直接恶劣影响程度的厨房污水被排入被德国莱茵河时是否应被处罚这一事例。[⑤]他认为，由于环境问题等重大社会问题的存在，如果不禁止该当行为那么类似行为就有可能被大量实施（累积），如果这些行为被大量实施就能引起重大结果的场合，对该当行为给予处罚具有必要性。其后，在德国的学说中，

①　王永茜. 论现代刑法扩张的新手段——法益保护的提前化和刑事处罚的前置化 [J]. 法学杂志, 2013(6):127.

②　乌尔里希·齐白 (Ulrich Sieber). 全球风险社会与信息社会中的刑法：二十一世纪刑法模式的转换 [M]. 周遵友, 江溯, 等, 译. 北京：中国法制出版社, 2012:214-215.

③　金尚均. 社会的迷惑行为と刑法の机能 [C]// 金尚均, Henning RosenauB 编著. 刑罚论と刑罚正义：日本——ドイツ刑事法に関する对话. 东京：成文堂, 2012:258-259.

④　金尚均. 社会的迷惑行为と刑法の机能 [C]// 金尚均, Henning RosenauB 编著. 刑罚论と刑罚正义：日本——ドイツ刑事法に関する对话. 东京：成文堂, 2012:258-259.

⑤　LOTHAR KUHLEN. Der Handlungserfolg der strafbaren Gewässerunreinigung (§324 StGB)[J]. Goltdammer's Archiv für Strafrecht (GA), 1986:399.

统合这种观点来说明赠贿罪和伪造货币罪等被认为保护对社会制度之"信赖"之犯罪的见解正在变得有力。①

3. 抽象危险犯

脱胎于警察犯、单纯不服从犯的抽象危险犯，虽然通过 19 世纪以降的放火罪讨论而得以发展，但是由于实质根据与内在界限过于暧昧，与古典刑法结果主义的刑法传统不相协调，因此抽象危险犯向来被视为刑法学的弃儿，蜷缩于刑法典公共危险犯章的角落。不过进入 20 世纪后半叶，随着社会现状和国家职能的变化，通过刑法设定事前规则的风险管理倾向逐渐增强，相应的作为危险和风险控制手段的抽象危险犯的范围也逐渐扩张。"今天不以危险证明为必要的抽象危险犯的立法形式，作为想要预先防止能够带来法益侵害风险之行为的立法宠儿，被视为后现代社会刑法规制的典型特征。"②"抽象危险犯之所以被作为就事前控制或预防来说最方便的立法手段来对待，是因为为了使风险管理顺利的运转，不论实际损害和具体危殆状态的有无，而把所有社会成员作为对象，以强制性手段规制各成员的行动选择或决定是最有效率的缘故。③

---

① ROLAND HEFENDEHL. Kollektive Rechtsgüter im Strafrecht[M]. Köln: C.Heymann, 2002:194.

② 김성돈 . 형법총론 [M]. 제 2 판 . 서울 : 성균관대학교 출판부, 2009:113.（金成敦 . 刑法总论 [M]. 首尔：成均馆大学出版部，2009:113.）

③ 谢煜伟 . 抽象的危険犯論の新展開 [M]. 東京 : 弘文堂，2012:21.

第四章 刑法保护前置化的存在问题

为了预防危险以确保安全,刑法保护的前置化一方面通过将法益保护的对象提前到作为个人法益保护之前阶段的制度保护、体系保护等普遍抽象法益保护领域,另一方面通过将刑事可罚性的界限提前到法益侵害或危险尚未发生的行为预备或行为倾向阶段,力图在危害发生的前阶段就提前予以遮断。但这种刑法保护前置化的方式同时隐藏着过度干涉公民自由,而使刑法蜕变成预防风险的警察法或者安全法的危险。以下本章从法益论、罪责论以及预防论出发分别对刑法保护的前置化加以考察。

第一节 法益论对刑法前置化的批判

一、法益论对刑法处罚前置化的批判

刑法保护的前置化由于在保护范围和处罚条件这两个方向上扩张刑法的适用范围,因此很可能存在与作为犯罪化实质根据和刑罚化正当理由的法益保护原则相冲突的危险。

(一)法益侵害关联性的质疑

关于刑法界限的讨论一般与法益论相关联,也即刑法把法益保护作为其课题,采取不具有"法益侵害或者危殆化这一法益关联性(Rechtsgutsbezug）的刑罚规定不存在"①的"法益保护原则"。从法益侵害关联性角度来看，刑法处罚的前置化存在以下问题点。

第一，抽象危险犯使犯罪行为和法益侵害之间的结合解体。② 由于抽象危险犯不以构成要件结果的发生为必要，导致与具体行为结果没有关系而仅仅具有一定风险创设可能性的行为也成为刑罚的对象，从而缓和了行为和侵害结果之间的因果关系要件。③ 例如环境刑法中把未取得行政机关许可而向大气河流排放有害物质的行为、毒品刑法中形成特定交易结构的行为或寻找卖家的行为等依照日常生活经验而仅仅具有危险或然性与可能性的行为也构成要件化为刑罚对象。④ 由于抽象危险犯的不法不是损害预见可能的惹起，而是立法者犯罪化动机的实证行动，所以在犯罪化的行为选择和概念技术上，法益侵害的抽象危险不是在构成要件层次上被讨论，而仅仅作为立法判断的评价要素。⑤ 由此导致抽象危险犯通过切断犯罪化行为与法益侵害之间的关联，而完全排斥了传统的结果犯模式。⑥

① THEODOR LENCKNER.Vor §§13 Rn.9[M]// Adolf Schönke，Horst Schröder，Theodor Lenckner，et al.Schönke/schröder StGB-Kommentar. 28. Auflage.München: C.H.Beck, 2010:132-136.

② 朴剛旴 . 危險社會와 刑法의 變化 [J]. 형사정책연구 .1997,8(4):282.（林刚旴 . 风险社会和刑法的变化 [J]. 韩国·刑事政策研究，1997,8(4): 282.）；이용식 . 위험사회에서의 법익보호와 적극적 일반예방 [J]. 형사정책 ,2001,13(1): 44.(李用植 . 风险社会的法益保护和积极的一般预防 [J]. 韩国·刑事政策,2001,13(1):44.); 김재윤 . 위험사회에 있어 형법의 팽창현상에 대한 비판적 고찰 [J]. 비교형사법연구 ,2005,7(1):38-39.（金载润 . 对风险社会刑法膨胀现象的批判性考察 [J]. 韩国·比较刑事法研究，2005,7(1):38-39.）

③ 김재윤 . 위험사회에 있어 형법의 팽창현상에 대한 비판적 고찰 [J]. 비교형사법연구，2005, 7(1):38-39.(金载润 . 对风险社会刑法膨胀现象的批判性考察 [J]. 韩国·比较刑事法研究，2005, 7(1):38-39.)

④ 김재윤 . 위험사회에 있어 형법의 팽창현상에 대한 비판적 고찰 [J]. 비교형사법연구，2005, 7(1):38-39.(金载润 . 对风险社会刑法膨胀现象的批判性考察 [J]. 韩国·比较刑事法研究，2005, 7(1):38-39.)

⑤ WINFRIED HASSEMER. Symbolisches Strafrecht und Rechtsgüterschutz[J]. Neue Zeitschrift für Strafrecht (NStZ),1989(12): 558; 朴剛旴 . 危險社會와 刑法의 變化 [J]. 형사정책연구 . 1997,8(4): 282.(林刚旴 . 风险社会和刑法的变化 [J]. 韩国·刑事政策研究，1997,8(4): 282.)

⑥ 김재윤 . 위험사회에 있어 형법의 팽창현상에 대한 비판적 고찰 [J]. 비교형사법연구 ,2005,7(1):38-39.(金载润 . 对风险社会刑法膨胀现象的批判性考察 [J]. 韩国·比较刑事法研究 , 2005,7(1):38-39.)

第二，可罚性在基本犯罪的计划阶段被前阶段化的预备罪的场合，法益的危殆化更少的把基础置于被行为人在外部世界创出的客观危险上，反倒通过行为人的主观意图、计划或者其他想法被支配。但是，在这种主观的意图、计划上寻找法益危殆化的根据，恐怕会由于在包含行为人的良心形成自由和良心决定自由的"内心自由（forum internum）"上的"单纯性恶念（bloß böser Gedanken）"而具有可罚性，并沦落为"心情刑法（Gesinnungsstrafrecht）"。因此，为了排除这种忧虑，预备行为必须通过不是单纯犯行计划、内心准备行为、犯罪意志表示的外部准备行为来客观表明。① 不过，尽管具有这种要求，但是被批判为不仅在很多场合下明确区别单纯的犯行计划和外部的准备行为非常困难，而且由于预备行为的手段方法没有限制，其非定形性、无限制性恐怕会侵害刑法的"保障机能"。

（二）刑法最后手段性的质疑

抽象危险犯违反了"作为宪法上比例原则之变种"② 的最后手段原则（ultima ration）。当人们谈论危险犯、危险时就已经偏离了这个原则，危险犯的立法扩大了国家刑罚权的范围，造成"刑法的肥大化"（Inflationierung des Strafrechts）。③ 如果刑法通过处罚规范的不服从行为本身而作为风险预防的工具发挥机能的话，就会因刑法的肥大化而招致过剩规制的问题。这是因为，威胁社会下部体系机能的风险性，在当今社会体现于整个人类生活领域中。而且，对特定事案的刑法应对偏好仅仅追求临时性方便解决而轻视结构性问题解决，最终无法为国民设定方向而丧失规范信赖。如果把刑法看作维持社会所有秩序的手段而仅在刑法上寻找对新风险之不安感的解决对策的话，这就脱离了刑法的片段性性格（fragmentarischer Charakter des

---

① ULRICH SIEBER. Legitimation und Grenzen von Gefährdungsdelikten im Vorfeld von terroristischer Gewalt:Eine Analyse der Vorfeldtatbestände im Entwurf eines Gesetzes zur Verfolgung der Vorbereitung von schweren staatsgefährdenden Gewalttaten[J].Neue Zeitschrift für Strafrecht (NStZ), 2009:353，359.

② GÜNTHER JAKOBS. Strafrecht Allgemeiner Teil[M].2.Auflage.Berlin/New York:Walter de Gruyter，1993:48.

③ HERIBERT OSTENDORF. Grundzüge des konkreten Gefährdungsdeliktes[J].Juristische Schulung (Jus)，1982(6):426.

Strafrechts）。①

第一，违反了疑问时先肯定市民的自由的原则。哈纳克教授（Hanack）认为，正如法官在没有他或她有罪的证据时不能给任何人定罪，立法者在没有犯罪化是必要的根据时也不能将一个特定种类的行为规定为犯罪。②如果法官必须服从"于疑问时有利于被告的原则（in dubio pro reo）"，那么相对应的对立法者也能提出"疑问时先肯定市民的自由（in dubio pro libertate）"的要求。③当所有支持和反对的理由已经被考虑而仍不能充分确定时，合理的弃权选择似乎是最好的选择，因为一个判断错误将会造成严重的后果。法案之所以被提议仅仅意味着更多的人会确信，犯罪化的理由显然重于非犯罪化的理由。因此，立法者对法益保护的适合性和必要性应当负有积极的证明责任，如果对问题解决的效果预测发生怀疑，就必须服从"疑问时先肯定市民的自由"的要求，而把存在争论的刑法法益保护看作不符合最后手段原则的。

第二，导致刑法超出其规制能力的三重悖论。刑法把触角伸入自身不具有调控能力的领域，不仅会导致刑法社会调整在犯罪预防立场上的无效率，而且必然会对从来在体系内适用的法制度给予影响。④Teubner 教授把法仅用规制手段来消除现代社会危险时所附随出现的否定性效果命名

---

① 백상진 . 위험형법의 전개에 대한 비판과 바람직한 형법적 대응방안 [J]. 비교형사법연구 , 2011,13(1): 14. (SANG JIN BAEG. 对风险刑法展开的批判和所期望的刑法应对方案 [J]. 韩国•比较刑事法研究 ,2011,13(1):14)

② ERNST-WALTER HANACK. Zur Revision des Sexualstrafrechts in der Bundesrepublik[M].Hamburg:Rowohlt，1969:37.

③ WINFRIED HASSEMER.Theorie und Soziologie des Verbrechens:Ansätze zu einer praxisorientierten Rechtsgutslehre[M].Frankfurt a. M: Athenäum，1973:194-196; THOMAS VORMBAUM. "Politisches" Strafrecht[J].Zeitschrift für die gesamte Strafrechtswissenschaft (ZStW)，1995，107(4):734-758.

④ Vgl. FELIX HERZOG. Grenzen der strafrechtlichen Kontrolle gesellschaftlicher Risiken: Eine kritische Perspektive auf das Gefährdungsstrafrecht[M]// R. Lahti，K. Nuotio (Hrsg.). Strafrechtstheorie im Umbruch.Finnische und vergleichende Perspektiven[C]. Helsinki:Finnish Lawyer's Publishing Company，1992:368.

为"规制的三重悖论（regulatorisches Trilemma）"①，强调必须警惕由于刑法扩张所引起的法作用的变化：一是法与社会的相互冷淡（wechselseitiger Indifferenz von Recht und Gesellschaft），是指为了应对新生社会现象而把不具有法的重要基准和形式结构的政治方案变成法的规范会导致法的适用无法达成。"现代社会中出现的所谓风险刑法，是社会政治的规制性决定转换为危险规定的结果，主要在对新型社会现象构造问题作出政治性决定的过程中出现。所以由于具有这种政治立场，刑法上重要要素的考量几乎无法达成。"② 二是法所导致的社会统合解体（gesellschaftliche Desintegration durch Recht），是指社会变化的政治方法通过规制性法使生活领域殖民化，破坏社会自律性调节规范和进程。③ 而破坏社会的自律调节机能的危险，会要求与之成比例的更多的规制性政治方案，并由此再次要求被强化的法的规制，也即通过前阶段犯罪化（Vorfeldkriminalisierung），要求犯罪评价基准的缓和和国家统治的强化（可罚性的扩大）的连锁消极效果。三是虚构社会期待的法的解体（Desintegration des Rechts durch überzogene Erwartungen der Gesellschaft），是指社会统合的解体会导致更多且更强的规制性规范被导入，最终会由于脱离法本质基准而仅仅考虑效果志向而必然走向法的解体。④

---

①　GUNTHER TEUBNER. Verrechtlichung—Begriffe，Merkmale，Grenzen，Auswege[M] // Friedrich Kübler (Hrsg.).Verrechtlichung von Wirtschaft:Arbeit und sozialer Solidarität[C]. Frankfurt a.M: Suhrkamp，1985:317-319.

②　Vgl. FELIX HERZOG. Grenzen der strafrechtlichen Kontrolle gesellschaftlicher Risiken:Eine kritische Perspektive auf das Gefährdungsstrafrecht[M]// R. Lahti，K.Nuotio (Hrsg.). Strafrechtstheorie im Umbruch. Finnische und vergleichende Perspektiven. Helsinki: Finnish Lawyer's Publishing Company，1992:368.

③　GUNTHER TEUBNER. Verrechtlichung—Begriffe，Merkmale，Grenzen，Auswege[M] // Friedrich Kübler (Hrsg.). Verrechtlichung von Wirtschaft:Arbeit und sozialer Solidarität. Frankfurt a. M: Suhrkamp，1985:321.

④　GUNTHER TEUBNER. Verrechtlichung—Begriffe，Merkmale，Grenzen，Auswege[M] //Friedrich Kübler (Hrsg.).Verrechtlichung von Wirtschaft: Arbeit und sozialer Solidarität. Frankfurt a.M: Suhrkamp，1985:327 .

（三）刑法义务规范性的质疑

由于抽象危险犯在犯罪结构上仅仅将一定行为样态作为构成要件，抽象危险犯极易成为立法者或执政者用以巩固特定利益，宣扬特定意识形态，或是形塑规范接受者特定价值观与感受的工具。也即，"立法者将从经验法则中累积而成的关于行为危险性的判断规则化，通过抽象危险犯的形式加以明确规范可以彰显示范作用，对于某些极其危险行为可以经由刑事立法设定抽象危险犯的方式，用以警示并进而引导或者塑成公众在风险社会中的行为模式"①。例如在环境刑法中抽象危险犯被认为是在多元分裂的价值观状况下设定社会伦理标识、代表社会教育任务以及证明内政能力的重要工具，因此即使是轻微的环境破坏行为，但如果考量累积效应也可能以所谓的累积犯予以规制。但是，这种刑法前置的工具主义性质存在以下疑问：

第一，通过前置化立法而形成或创设规范意识，"不仅对想要通过刑罚威嚇来改善事态的经验预防计划，无法进行内在的正当性经验证明"②，而且即使证明成功但从人性尊严来看，国家是否具有作为理性行动而以刑法调教市民的权限，在法和自由的关系上也存在疑问。在刑法对现代性中心的社会问题越发产生压制性、支配性反应的场合，会进一步暴露政治文化和信赖性的无能。③ 也即"在这种环境刑法中，把本身被认为完全无害而仅因其蓄积而蒙受环境负担的行为样态犯罪化，是作为国民教育之刑法的薄弱工具化"④。

---

① 谢杰，王延祥. 抽象危险犯的反思性审视与优化展望——基于风险社会的刑法保护 [J]. 政治与法律，2011(2):76.

② FELIX HERZOG. Gesellschaftliche Unsicherheit und strafrechtliche Daseinsvorsorge:-Studien zur Vorverlegung des Strafrechtsschutzes in den Gefährdungsbereich[M].Heidelberg:R. v.Decker，1991:145；金尚均. 危険社会と刑法：現代社会における刑法の機能と限界成文堂 [M]. 東京：成文堂，2001:171.

③ FELIX HERZOG. Gesellschaftliche Unsicherheit und strafrechtliche Daseinsvorsorge:-Studien zur Vorverlegung des Strafrechtsschutzes in den Gefährdungsbereich[M].Heidelberg:R. v.Decker，1991:145-146；金尚均. 危険社会と刑法：現代社会における刑法の機能と限界成文堂 [M]. 東京：成文堂，2001:171.

④ FELIX HERZOG. Gesellschaftliche Unsicherheit und strafrechtliche Daseinsvorsorge:-Studien zur Vorverlegung des Strafrechtsschutzes in den Gefährdungsbereich[M].Heidelberg:R. v.Decker，1991:146；金尚均. 危険社会と刑法：現代社会における刑法の機能と限界成文堂 [M]. 東京：成文堂，2001:171.

第二，刑罚不是以正当的刑事制裁手段对已然不法的责任抵偿，而是把对未来不法和社会体系的障碍行为的预防作为目的。也即把重点移向为保障未来安全的手段上。刑法任务也由镇压性统制变化为预防性调节。结果的未来指向的刑罚效果会全面登场，容易使得刑法轻易地成为国家动辄基于维护社会安全感与确定感的目的性考虑而滥用的纯粹政策性的行为控制工具。①

二、法益论对保护法益前置化的批判

今天在法益范式发生变化的风险社会中，国家刑罚权的角色开始聚焦在危险源的除去和风险预防上。刑事立法者为了摆脱风险社会中预防的压力，提前保护法益而量产具有普遍法益的犯罪构成要件。② 正如哈塞默（Hassemer）所恰当指出："法益概念在今天变成了披着羊皮的狼，法益的刑法限制机能反倒是变化为使刑法介入正当化的论证工具。"③

（一）法益概念的抽象化

在风险社会中普遍法益概念缺乏必要的意义限定，而导致普遍法益实体内容的模糊化与单薄化。与人的生命、身体、财产等个人法益概念相比，由于普遍法益一方面不是具体的具有确定可能的利益而只不过是不确定的空壳，另一方面普遍法益概念由于其保护利益的抽象性而使社会性实体从法益中脱落，所以不仅存在其构成和定义完全被立法者自身意志所左右的

---

① 류전철. 위험원의 제거와 형법의 과제 [J]. 아주법학, 2010, 4(2):19-23.(柳全哲. 危险源的除去和刑法的课题 [J]. 韩国·亚洲法学, 2010, 4(2):19-23.); 柳仁模. 危険社会と刑法 [J]. 箭野章五郎, Lee Jin Ye, 訳. 日本中央大学日本比較法研究所：比較法雑誌, 2011, 44(4), 1-18.

② 在这种意义上 Peter-Alexis Albrecht 教授于 1988 年在德国召开的第 12 次刑事辩护人大会的基调讲演中提出"自由主义法治国家向社会干预国家转轨过程中的刑法展开样相"这一问题。也即，由于 19 世纪的自由主义国家思想向 20 世纪社会国家和福利国家变迁，刑法的基本出发点也从抑压控制的思想向预防形成的调整模式变化。详细分析参见：PETER-ALEXIS ALBRECHT. Das Strafrecht auf den Weg vom liberalen Rechtsstaat zum sozialen Interventionsstaat, Kritische Vierteljahresschrift für Gesetzgebung und Rechtswissenschaft (KritV), 1988(3):182-209; WINFRIED HASSEMER. Symbolisches Strafrecht und Rechtsgüterschutz[J].Neue Zeitschrift für Strafrecht (NStZ), 1989(12):557.

③ WINFRIED HASSEMER. Kennzeichen und Krisen des modernen Strafrechts[J]. Zeitschrift für Rechtspolitik(ZRP), 1992(10):380.（中译文可参见 Winfried Hassemer. 现代刑法的特征与危机 [J]. 陈俊伟, 译. 月旦法学杂志, 2012(8):251.）

危险，而且具有以混杂道德和伦理等观念上的非刑法要素而错误满足的危险，从而会招致无视具体详细的规则化作业而把个人利益保护这一刑法传统任务置于背后的批判。①

由于立法者在现代刑法上记述刑罚构成要件时，不仅通过尽可能地抽象规定保护法益而概括性地把握行为，而且通过把复数法益作为保护对象能够选择性地把握法益侵害行为，从而使刑法能够全部掌握可能侵害法益的所有行为，能够补充可罚性的缺损。但是企图通过刑罚构成要件来解决所有问题是不可能的，广泛的刑法介入不仅有可能使个人的行为自由缩小，而且欠缺法益概念的明确性是明显的。②对法益概念本身是否原本是刑法能够信赖程度的明确事物，而且法益概念今后也能否继续维持其机能的有用性而提出了疑问。③例如，在围绕环境犯罪法益的论争中，法益概念因抽象性的程度而具有广泛的疑问，应当保护的究竟是已经被认识的环境自身还是存在于环境背后的人类？法益的主体是现世代的人类还是后世代的子孙？

马迪亚斯·克鲁格（Matthias Krüger）教授在其博士论文《法益概念的去实质化趋势》中把这种现象命名为"法益概念的去实质化倾向（Entmaterialisierungstendenz beim Rechtsgutsbegriff）"，用以指代在现代社会中出现的"取代财产、生命、身体以及健康这样的古典法益而保护宽泛（grossflächig）、模糊（wolkig）、轻飘（luftig）之法益的倾向"④。法益概念的去实质化倾向，严重威胁作为古典刑法核心的法益保护原则和明确性原则以及比例性原则这三个原则，也即为了以规范内容来把握多样危险要素，即使在没有推测危

---

① 이용식 . 위험사회에서의 법익보호와 적극적 일반예방 [J], 형사정책, 2001，13(1):43.（李用植.风险社会的法益保护和积极的一般预防 [J]. 韩国·刑事政策，2001，13(1):43.）

② 金裕根.危険社会における客観的帰属上の問題点 [J].関西大学法学研究所：ノモス，2012，30:47-52.

③ 围绕法益概念的争论可参见两本重要论文集：ROLAND HEFENDEHL，ANDREW VON HIRSCH, WOLFGANG WOHLERS (Hrsg.). Die Rechtsgutstheorie:Legitimati-onsbasis des Strafrechts oder dogmatisches Glasperlenspiel?[C]. Baden-Baden: Nomos 2003; ANDREAS VON HIRSCH, KURT SEELMANN, WOLFGANG WOHLERS (Hrsg.). Mediating Principles Strafbegrenzungskriterien bei der Strafbegründung[C]. Baden-Baden: Nomos，2006.

④ 马迪亚斯·克鲁格（Matthias Krüger）教授 1999 年以《法益概念的去实质化趋势》（Halle-Wittenberg, 1999）获得博士学位，2009 年晋升慕尼黑大学刑法学教授。MATTHIAS KRÜGER. Die Entmaterialisierungstendenz beim Rechtsgutsbegriff[M]. Berlin: Duncker & Humblot，2000:15.

险的地方也肯定刑法保护，导致刑法的明确性原则被牺牲了；为了应对市民社会提出的强力安全要求，即使是没有必要的过剩处罚也投入刑法，导致刑法的比例性原则被放弃了；为了获得社会意思的统合，即使对没有法益侵害的伦理违反也提供刑法的保护，导致刑法的法益保护原则被拆毁了。

（二）法益内容的空洞化

刑法普遍法益的前置化倾向使法益概念无法充实具体内容，不仅不能就这种普遍法益是否具有刑法上保护价值的利益提供明确的答案，反而还带有导致道德和伦理等非刑法要素评价被满足的危险。[①] 换言之，作为新范畴的普遍法益"把所谓的'制度保护'和'对制度的信赖保护'作为基调，与社会全体秩序的保护、个人的财产侵害相比反倒是搅乱资本市场的保护，与个人身体的侵害相比反倒是国民健康的危殆化保护"作为其特征。由于体系批判的法益概念具有在第一次的法益适格性判断和第二次的法益侵害度判断上都必须依赖于外部基准这一内在界限，所以会陷入暧昧性和筛选性的困境。具体而言：

首先，刑法对距离实际法益侵害相当遥远的行为的处罚，导致法益关联性要求的弱化甚至丧失。在当代刑法中，未完成模式的犯罪（包括实质的预备犯与未遂犯）正日益成为常态性的犯罪类型。这显然与预防主义的倾向有关，危险控制与及早干预的压力，驱使犯罪成立的临界点从实害提前至危险出现的阶段。[②] 但是，从侵害原理（或者行为原理）来看，刑罚规定必须等到"对法益的侵害或者危殆化"发生。"法在对法益的'侵害或者危险'发生之后才能干涉，并且为了不发生这样的侵害而干涉"[③]。因此，刑事立法不仅要保护适格的法益，而且要求"对法益的侵害或者危殆化"也即法益关联性（Rechtsgutsbezug），"没有法益关联性就没有犯罪"。[④]

其次，法益的外延日益扩张，导致法益的概念难以提供具体的可把握的外

---

①　WINFRIED HASSEMER/ULFRID NEUMANN. Vorbemerkungen zu § 1. Rn.161-168. [M]// Urs Kindhäuser, Ulfrid Neumann, Hans-Ullrich Paeffgen(Hrsg.). Nomos Kommentar zum Strafgesetzbuch (NK): Band 1.5 Auflage. Baden-Baden: Nomos, 2017:149-150.

②　劳东燕. 危害性原则的当代命运 [J]. 中外法学，2008(3):408.

③　嘉門優. 法益論の現代的意義 [J]. 刑法雑誌，2007，47(1):38.

④　THEODOR LENCKNER. Vor §§13-21[M]//Adolf Schönke, Horst Schröder, Albin Eser, et al. Strafgesetzbuch: Kommentar(Schönke/Schröder: StGB). 28 Auflage. München: C.H. Beck, 2010: 132-133; 嘉門優. 法益論の現代的意義 [J]. 刑法雑誌，2007，47(1):38.

在限制。法益外延的扩张，不仅表现为对法益的物质化限制的突破，使得许多的精神化、抽象化的利益也归入其中；还进一步表现为承认超个人结构的法益类型的存在，使得新创设的（前置的）法益与核心法益之间的关联性过度稀释，一方面将引起保护利益之范围认定漫无边际的问题，另一方面刑罚行为之构成要件描述亦将随之恣意抽象。国家发动刑罚权的界限因而将趋于模糊。换句话说，特别是当构成要件所描述的行为态样对于刑法所承认的"核心法益"并未表现出任何典型的侵害危险，反而刑罚的（假象的）正当性基础只是纯粹地建立在构成要件行为之于新创设的法益的关系时，例如经济秩序、公共秩序、公平竞争、公共秩序、善良风俗、社会安宁、身心健康，以及环境等（假象的）法益，该犯罪之构成要件的设定也就不具备实质的正当性基础。①

（三）法益批判机能消失

法益保护原则向来被认为对刑罚的使用能产生批判的机能。例如Roxin 教授指出，根据从基本内容被导出的法益概念，能够产生以下四种具体效果②：第一是"从犯罪中排除仅仅道德违反的行为"的效果，第二是"以

---

① GUNNAR DUTTGE. Vorbereitung eines Computerbetruges:auf dem Weg zu einem "grenzenlosen" Strafrecht[M] // Bernd Heinrich, Eric Hilgendorf, u.a.(Hrsg.). Festschrift fuer Ulrich Weber zum 70. Geburtstag[C]. Bielefeld: Gieseking, 2004:294; FRANK NEUBACHER. An den Grenzen des Strafrechts:Stalking, Graffiti, Weisungsverstöße[J]. Zeitschrift für die gesamte Strafrechtswissenschaft (ZStW), 2007, 118(4):855-876.

② 罗克辛教授在其第 3 版刑法总论教科书中采此见解，但是在其第 4 版刑法总论教科书中增补为 9 种效果：（1）纯粹在意识形态上所启动的或者违反基本权利和人权的刑法规范是不允许的（Willkürliche, rein ideologisch motivierte oder gegen Grundrechte verstoßende Strafgesetze schützen keine Rechtsgüter）；（2）单纯的法律目的的限定不能作为任何法益的根据（Die Umschreibung gesetzlicher Zielvorstellungen begründet noch kein tatbestandslegitimierendes Rechtsgut）；（3）单纯的违反道德不能满足刑法规定的合法化（Unmoral, Unsittlichkeit oder sonstige Verwerflichkeit eines Verhaltens begründen als solche noch keine Rechtsgutsverletzung）；（4）违反人类自身的尊严同样不是法益损害（Der Verstoßgegen die eigene Menschenwürde oder die "Würde der Menschheit" ist noch kein hinreichender Grund für eine Bestrafung）；（5）感情的保护只是在感情受到威胁的情况下才能看作是法益保护（Der Schutz von Gefühlen kann nur bei Bedrohungsgefühlen als Rechtsgut anerkannt werden）；（6）有意的自我损害及这种损害的促成和支持不能使刑罚威胁合法化（Die bewusste Selbstschädigung, deren Ermöglichung und Unterstützung legitimiert keine Strafdrohung）；（7）象征性刑法规定不是服务于法益保护（überwiegend symbolische Strafrechtsnormen sind abzulehnen）；（8）禁忌不是法益（Tabus sind keine Rechtsgüter）；（9）不可把握的抽象保护客体不是法益（Schutzobjekte von ungreifbarer Abstraktheit sind keine Rechtsgüter）。参见：CLAUS ROXIN. Strafrecht Allgemeiner—Teil Band I: Grundlagen. Der Aufbau der Verbrechenslehre [M]. 4 Auflage. München: C.H. Beck，2006:16-28.

刑罚恣意威吓的排除",第三是"排除纯粹以意思形态为内容的目的设定",第四是"不平等对待个人之规定的排除"。但是,由于社会不安的高涨和对刑罚使用的过剩期待,法益保护原则由"无法益侵害就无犯罪"转变为"有法益侵害就有犯罪",传统法益所追求的制约刑事立法的批判机能就消失了。①

　　法益论的发展由此陷入两难的困境之中:一方面,如果坚持严格的、实体的法益概念,发挥法益概念的体系批判机能的同时发挥其体系内在的机能,就无法在法益的框架内来把握,而必须准备更大的框架(例如,加之以规范妥当性、行为伦理等),并且承认在犯罪的认定上是以规范违反原理为基础,允许法益关联性的丧失;另一方面,如果彻底放弃严格的、实体的法益概念,则法益的内容就会非常的一般化、抽象化,并且对犯罪的认定而言,虽然维持了以法益保护思想为基础的法益侵害原理,但是也必须承认法益关联性的极为稀薄化。②

　　普遍法益的抽象化与暧昧化,在提升概念涵摄力的同时,也使得法益批判机能趋于崩坍。"现代刑法赋予了法益越来越宽泛的内容,法益不断的膨胀,使它限制刑罚发动的功能日渐萎缩,并逐渐成为刑事政策的工具。"③ 实体法益的消失,使得法益概念本身难以为刑法提供清晰而稳定的可罚性界限。此外,以刑事政策的考量取代刑法体系自身的判断基准,也难以划定一个合理而明确的刑法干预界限。④最终,人们不得不降低对法益概念的功能期待,认为法益理论虽非无用,但也不能高估其功能。⑤

---

①　生田勝義.行為原理と刑事違法論[M].東京:信山社,2002:80-82;嘉門優.法益論の現代的意義(1):環境刑法を題材にして[J].大阪市立大學法學雜誌,2004,50(4):936.

②　关哲夫.现代社会中法益论的课题[J].王充,译.刑法论丛,北京:法律出版社,2007(2):358-359.

③　舒洪水,张晶.法益在现代刑法中的困境与发展——以德、日刑法的立法动态为视角[J].政治与法律,2009(7):103-109.

④　陈晓明.风险社会之刑法应对[J].法学研究,2009(6):52-63.

⑤　劳东燕.风险社会与变动中的刑法理论[J].中外法学,2014(1):86.

第二节　罪责论对刑法前置化的批判

罪责原则（Schuldprinzip）作为刑法干涉国民自由的容许限度，不仅意味着"无责任则无刑罚"而且意味着"刑罚不得超于罪责尺度"，前者要求唯有在行为人能够意识与遵守规范命令时才能认为其有罪责，后者要求国家就不能基于治疗或安全之需要而制定或科处超出罪责尺度之刑罚。① 从罪责原则的要求来看，刑法保护的前置化将刑法保护的时点提前到法益侵害以前的阶段，行为的不法构造（die Struktur des Unrechts）日渐微弱，传统刑法以单一正犯为中心、以因果关联为基础的归责模式逐渐遭遇困难。②

一、罪责论对保护法益前置化的批判

一般认为，一个被认定需要负责任的人，必须符合三个条件：第一，

---

① CLAUS ROXIN. Strafrecht Allgemeiner—Teil Band I:Grundlagen.Der Aufbau der Verbrechenslehre [M].4 Auflage.München:C.H.Beck，2006:(§3 Rn.51)91，(§5 Rn.24)148.

② 德国学者约翰内斯·韦塞尔斯指出：对于归责（Zurechnung）问题的处理，在犯罪构造系统上要经过三个评判层面上的评判过程：对故意和过失的行为，有将人之举止归责为行为（Handlung）的区别，有将举止之结果归责为是构成要件意义上的不法（Unrecht）的区别，还有将构成要件性——违法性的事件发生归责为责任（Schuld）的区别。在这个三个评判层面中，归责性所依据的标准各有变化，有一个逐层细腻的专门化过程：（一）在行为的范围内，要问的是人与其他的生灵相比，人有哪些作为能力。归责的标准在这里是"为人所可能的"。（二）在客观方面的不法要件范围内，要（缩小提问范围）问的是某人在作为行为人的社会角色中（jemand in der sozialen Rolle des Täters）（比如是医生、汽车司机）具有哪些作为能力，法律允许针对于此提出哪些要求。归责的标准在这里是"为某人所可能的"。（三）在责任的范围内，归责性是根据每个行为人（einzelner Täters）以他的个人方面情况和能力而言的具体一个人之能够（konkret-individuelles Können）而定。在这里要提出的是"为行为人之个人可能"这个问题，也就是说只是还围绕着该行为人所能够作为的和对法益侵害所能够避免的这个问题。（参见 [德] 约翰内斯·韦塞尔斯著 . 德国刑法总论 [M]. 李昌珂，译 . 北京：法律出版社，2008:105~106.）因此，归责是一个多维的概念，其可以在三个方面加以运用。也即：（1）行为归责是指为人所可能的（抽象人评价）；（2）不法归责是指为某人所可能的（社会人评价）；（3）责任归责是指为个人所可能的（具体人评价）。参见 [德] 约翰内斯·韦塞尔斯 . 德国刑法总论 [M]. 李昌珂，译 . 法律出版社，2008:105~106.

他必须在身体运动的物理能力上，被确定是某个后果的肇因者（kausaler Verursacher）；第二，他必须在行为决定的心理能力上，被确定是自由意志的行使者；第三，他的行动必须在规范的解释上，被主张是对某一种价值的损害。① 因此刑事归责可以具体表达为：由谁因何种基准对什么负有责任，也即归责概念具有：（1）责任主体（对谁进行归责）；（2）归责对象（对什么进行归责）；（3）归属基准（依据什么进行归责）三种参数。② 法益保护的前置化由于把刑法保护的范围由个人法益前置到超个人法益，解体了近代刑法以个人责任为基础、以单一正犯为中心的刑法归责构造，而在刑法归属构造上呈现出责任主体、归责对象与归责基准的缺陷。

（一）责任主体不明

从风险预防的逻辑来看，责任主体是指对于风险的实害化负有责任和义务的个人或团体。保护法益的前置化通过将个人法益前移至超个人法益，不仅"犯罪行为"难以被可视化，而且其"行为主体（das kriminelle Subjekt）"也不明确。在个人法益背后通常能够确定诱发不法的行为人或者集团，但是在普遍法益背后，与其说是个别的行为者，不如说是招致这种现象的制度机制（Mechanismen）本身。在这种巨大的制度性、系统性保护中，以个人法益为前提的作为"中心形象（Zentralgestalt）"的行为者难以找到踪迹，充其量只是被无数众多下位体系的共同作业所分解的行为者。③ 一方面，在作为现代社会代价的环境犯罪、经济犯罪、组织犯罪等超个人法益犯罪类型中，由于这些犯罪类型的不明确行为主体、不确定行为时点和不特定行为结果，因此难以确定风险关联人的责任有无及其程度，基于个人责任与自由意志的传统责任理论可能会导致失败。另一方面，现代产业化社会

---

① KURT BAYERTZ. Eine Kurze Geschichte der Herkunft der Verantwortung[M]// Kurt Bayertz (Hrsg.). Verantwortung:Prinzip oder Problem?[C]. Darmstadt:Wissenschaftliche Buchgesellschaft, 1995:13-15.

② 李晓龙. 刑事归责的概念与构造 [J]. 江汉论坛 .2014(4):63.

③ Vgl. KURT SEELMANN. Risikostrafrecht:Die "Risikogesellschaft" und ihre "symbolische Gesetzgebung" im Umwelt-und Betäubungsmittelstrafrecht [J]:Kritische Vierteljahresschrift für Gesetzgebung und Rechtswissenschaft (KritV), 1992(4):456-457.Seelmann 把这种现象概念化为"法的归属的分散化（Zurechnungsverstreuung）"。

的法益侵害行为，与其说由个人不如说由法人或单位等组织体发挥中心作用（角色），组织体作为与组织体成员之单纯综合相区别的超人格体存在，能够像自然人那样成为刑法上的犯罪主体，由此导致基于自由意志的个人责任频临崩溃。组织体的犯罪主体化带来了复杂的权力管辖支配和人际关联网络，由此更进一步验证了德国学者贝克所指出的作为风险社会弊害的"有组织地不负责任"①现象。

（二）归责对象不明

在属于传统犯罪类型的侵害犯的场合，只有经过犯行的计划、预备阶段的实行着手以及到法益侵害的结果发生时才能够干预犯罪人。而在以风险防控为目的的刑法前置化的场合，作为刑法干预对象的不是侵害个人法益的有责行为，而是以制度信赖与体制功能为内容的普遍法益之侵害行为。这种普遍法益的提前保护带来了以法益的前阶段保护或外围保护为特色的所谓的早期化或前阶段构成要件（Vorfeldtatbestand），该早期化要件往往表现为在实害的未然阶段就予以介入的预备犯、抽象危险犯、累积犯等前置化犯罪结构。无论是前置化的普遍法益还是前置化的犯罪结构，都位于实害远未发生的行为早期阶段，对其处罚都很难以一个客观可测量的损害结果为根据，因此法益保护的前置化不得不遭遇归责对象不明的困境。这种困境根植于现代刑法的预防逻辑，因为预防意味着危害的防范，而危害的防范又意味着危险的防控，因此基于风险预测和风险评估的风险责任②自然也就

---

① 在贝克的风险社会理论中，有一个概念特别值得重视，即"有组织地不负责任"（organised irresponsibility）。贝克在《风险社会》一书发表两年之后又发表了《解毒剂》（Gegengifte）一书，副标题是"有组织地不负责任"。在该书中，他指出，公司、政策制定者和专家结成的联盟制造了当代社会中的危险，然后又建立一套话语来推卸责任。这样一来，它们把自己制造的危险转化为某种"风险"。贝克用"有组织地不负责任"这个词来揭示"现代社会的制度为什么和如何必须承认潜在的实际灾难，但同时否认它们的存在，掩盖其产生的原因，取消补偿或控制。"（参见 [德] 乌尔里希·贝克 . 风险社会 [M]. 何博闻，译 . 南京：译林出版社，2004；ULRICH BECK. Gegengifte:Die organisierte Unverantwortlichkeit[M].Frankfurt am Main: Suhrkamp, 1988.）"有组织地不负责任"可以用来指代刑法归责在风险社会中面临的困境。（参见劳东燕 . 风险社会中的刑法：社会转型与刑法理论的变迁 [M]. 北京：北京大学出版社，2015.）

② 风险责任是指每一个行为主体都应该为其决策和行为所可能产生的危及人类生存的风险后果和附带后果负责任并承担相应后果。现代风险责任关注的不仅仅只是当下的行为结果，而更多的是将目光投射到未来的社会、未来的人类身上。

获得进入现代刑法的缝隙，传统刑法的危害责任原则也因此遭受侵蚀。

（三）归责基准不明

在风险社会中，由于现代技术发展导致了新历史情境，人类行为模式也发生了新变化，从近距离行为模式转向远距离行为模式。在传统社会中的人类行为模式是近距离行为模式，行为者所关心的善和恶被放置在离行为很近的地方。而在风险社会中科学技术取消了行为的空间距离，人们的行为实践与行为认知分处距离遥远的时空。这种时间脉络的难点直接导致风险社会中犯罪行为的"不法构造（die Struktur des Unrechts）"从根本上不同于既存刑法的传统理解，个人法益能够知觉性直接确认对他人的法益侵害，而普遍法益例如环境污染、基因操作等则不能知觉性直接感知其侵害类型。换言之，传统犯罪类型的不法是与日常生活模式相区别的脱逸行为，而前置处罚类型如污水排放、黑客工具提供的不法，已经作为日常中性行为而完全不存在"脱逸性"。法益保护的前置化由此就造成了合法行为和非法行为之间的差异日益稀薄的刑法液化倾向（Verflüssigungstendenz）[①]。例如在环境犯罪中犯罪行为的刑法意义不是通过日常生活的知觉，反而是综合考虑生态学的关联性之后才能推论出来。这是因为在排放、废弃有害物质污染大气、水质、土壤并对人类的生命身体带来危险的场合，作为环境犯罪特性的有害物质作用之间接性与缓慢性，以及由此带来的污染原因的不明确性，导致因果关系的证明非常困难。[②]

---

① MAKOTO IDA. Vorverlagerung der Strafbarkeit am Beispiel der Verfolgung von Cybercrime in Japan[M] // Arndt Sinn (Hrsg.). Cybercrime im Rechtsvergleich: Beiträge zumdeutsch-japanisch-koreanischen Strafrechtssymposium 2013[C]. Gättingen:V&Runipress GmbH，2015:196-197.

② YOUNG-WHAN KIM. Zur Veränderung der Verantwortungsstrukturen in der modernen Risikogesellschaft[M]. Risiko und Prognose:Rechtliche Instrumente zur Regelung von Gefährdungen in Korea，Japan und Deutschland aus zivil-，öffentlich- und strafrechtlicher Sicht; Vorträge des 2.trilateralen—deutsch-japanisch-koreanischen—Seminars，20.-22.Juni 2006 in Konstanz[C]. Wolfgang:Heinz，2008:25-37; 김영환. Über die Veratwortungsstruktur inder Risikogesellschaft[J]. 법철학연구, 2011，14(3):175-204. 김영환. 위험사회에서의 형법의 귀속원리 [J]. 법철학연구, 2000，3(1):151-164.〔金永焕. 风险社会的刑法归属原理 [J]. 韩国：法哲学研究，2000，3(1):151-164.〕

二、罪责论对刑法处罚前置化的批判

由于以抽象危险犯为标识的刑法处罚前置化不以具有社会损害性的结果之出现为必要，而是从行为无价值的观点出发，将某种行为方式评价为对法益具有典型的危险性存在，因此抽象危险犯并不以法益受到侵害或具体危险为必要，行为的危险性是立法者假设与拟制出来的。因此在具体案例中，即使行为人可以自证行为完全不具有危险性也仍然要被处罚，所以常常被批评为"嫌疑入罪"而违反罪责原则。[①]

（一）一般危险推定的问题

今天的刑事立法者被要求，通过刑事的强制手段，对威胁人类安全保障的社会发展过程，而行使有效的影响力。与此相关联，现代刑法不仅被赋予应当达成危害抑制的传统法益保护任务，而且被赋予应当事前遮断损害进程以回避危险的预防任务。例如为了解决环境犯罪、经济犯罪、毒品犯罪、组织犯罪和恐怖犯罪等新型犯罪，防遏作为"风险刑法（Risikostrafrecht）"的主要对象被对待的新型大量风险（例如基于核能的、化学的、生态的以及遗传工程的技术的风险），刑法操纵力的增长与刑法前置化的尝试被相互连结。刑事立法者和实务界，想要以从证明责任的缓和到举证责任的转换等多种方法来解决这种证明困难的问题。例如在经济犯罪中通过广泛导入抽象危险犯，实质上使举证责任转换给被告人。

但是，证明责任缓和或者举证责任转换这种倾向，由于在刑事诉讼法上被评价为法治国家原则的废弃而唤起很多的拒斥感。也即举证责任转换被理解为，因为违反职权主义或者无罪推定原则而原则上无法被刑事诉讼所接受。虽然有学者想要以比例性原则来解决这种问题，也即举证责任转换仅仅限于不承认该场合就会招致"社会难以容忍的重大结果"时才是被容

---

① ARTHUR KAUFMANN. Unrecht und Schuld beim Delikt der Volltrunkenheit[J]. Juristische Zeitung (JZ), 1963:432; EVA GRAUL. Abstrakte Gefährdungsdelikte und Präsumtionen im Strafrecht [M]. Duncker & Humblot，Berlin:1991:231.

许的,[①] 但仍然存在着如何认识社会难以容忍的重大结果的问题。[②]

(二)辩护实体条件的降低

伴随着风险社会的出现,人们在生活中遭遇的犯罪危险性日渐增加。特别是因经济犯罪而发生的被害事件,不仅具有不亚于与财产损失一样的物质(有形)毁损,而且经济体系机能的丧失和对经济体系机能效率性的一般人信赖减损等"无形被害"更加严重。由此,现代刑法想要通过前阶段犯罪化,来有效应对使经济体系的机能效率性处于危险的脱逸行为。但是,有效应对经济犯罪最大问题在于对经济犯罪成立要件的证明相当困难。这是因为,在经济领域发生的脱逸行为,不是该行为独自侵害或者威胁个人法益,而是通过"带有抽象危险性"的脱逸行为之大量与反复发生使经济体系的机能完全丧失。而带有这种抽象危险性的行为,通过古典的传统刑法理论,使责任归属于行为者几乎是不可能的,这是因为证明脱逸行为和由其发生的一定法益侵害或者法益威胁(例如因证券犯罪的"市场操纵"而导致的一般投资者的财产损失)非常困难。[③]

因此,把刑事责任归属于在经济犯罪领域实施带有抽象危险性行为的个人常常内含不确定性,为了克服这种不确定性,刑事立法者广泛导入了抽象危险犯。也即在侵害犯和结果犯的可罚性要求上,具体的结果和被告人使该结果惹起这一事实的证明是必要的,但是抽象危险犯通过由刑事立法者犯罪化被认为使经济体系的机能处于危险的行为本身,则没有必要证明结果发生和因果关系,反而以能够解决刑事诉讼实务上证明困难的有效手段来发挥机能。例如想要以刑法来规制使证券体系的机能效率性降低并由此使一般投资者的信赖动摇的市场操纵行为时,以刑事诉讼程序来证明该行为导致证券体系机能和一般人信赖丧失几乎是不可能的。因此不是设立侵害犯和具体危险犯,而是规定"一般被认为具有损伤经济机能信赖之危

---

① 金載潤.现代刑法에 있어 舉證責任轉換의 許容限界에 對한 考察[J].저스티스,2005,86:132.

② 实际上这种矛盾的解决方法,与"怀疑时有利于被告人(in dubio pro reo)"原则的效力和适用范围的问题具有重要关联。

③ 金載潤.现代刑法에 있어 舉證責任轉換의 許容限界에 對한 考察[J].저스티스,2005,86:142.

险的行为"，只有通常能把刑事责任归属于该行为者的抽象危险犯形式的刑法规范，才能有效保护经济体系的机能和一般人的信赖。

但是，以抽象危险犯为根据的责任归属意味着，诸如环境刑法上的因果关系推定和经济刑法上的不法收益推定等要件的证明责任仍然由检察官负担，而非作为"证明责任缓和"把刑事诉讼程序的举证责任完全从检察官替换给被告人。这种情况与"怀疑时有利于被告人利益"这一宪法所保障原则和无罪推定原则相违背自不言待，而且抽象危险犯形态无视个别事情而仅仅考虑一般化倾向的特质还能够引起违反责任原则的怀疑，长期来看能够提起使可罚性和不法的体感力减少这一批判。①

第三节　预防论对刑法前置化的批判

一、刑法前置的实效性问题

在今天这种风险社会的典型矛盾领域中，刑法尝试前阶段犯罪化会招致相当泛滥的执行赤字。除了侦查困难以外，归属困难（Zurechnungsschwierigkeiten）和反生产性（Kontraproduktivität）问题也成为这种现象的原因。②

（一）归属困难问题

由于刑法保护的前置化是指国家为了更周延地保护法益，而把刑法的处罚范围由个人法益保障提前到超个人法益的保障，把刑法的处罚方式由法益的侵害或危殆化阶段提前到法益的侵害危险性阶段，因此，"虽然看起来刑法保护的前置化可以让归属变得更容易，但由于使刑法中非常重要的行为人和行为结果的直观关联相分离，所以在法适用上反而有意回避了个

---

① 有关该批判的详细论述可参见：WINFRIED HASSEMER. Kennzeichen und Krisen des modernen Strafrechts[J]. Zeitschrift für Rechtspolitik(ZRP)，1992(10):378, 381; WINFRIED HASSEMER. Produktverantwortung im modernen Strafrecht[M].2 Auflage, Heidelberg: C.F. Müller, 1996:10-11.

② KURT SEELMANN.Risikostrafrecht:Die "Risikogesellschaft" und ihre "symbolische Gesetzgebung" im Umwelt- und Betäubungsmittelstrafrecht [J]:Kritische Vierteljahresschrift für Gesetzgebung und Rechtswissenschaft (KritV)，1992(4):456-458.

别性归属"①。

首先，由于分工这种倾向不仅意味着与执行缺乏相关联的观点，也即在个别场合因为证明的困难性，企业或下级文化组织中很难确定应负责任人的事实，而且在有责性的法伦理评价侧面，广泛的分工责任分散成为问题，很多人对同一案件承担责任时，个别责任的固有比重会降低。最终归属的困难而形成了犯罪化过程的高度甄别，什么样的人作为实际的犯罪人被理解几乎被托付给偶然。②

其次，环境刑法对行政行为的从属性特点导致刑法归属出现困难。例如废水的流入是否具有可罚性取决于随时可能变更的行政决定的复杂网络。毒品物质的交易是否具有可罚性取决于作为处罚对象的成瘾物质目录，而这样的目录随时可能变更。在古典犯罪领域，我们可以清楚地体验犯罪人是恶人的事实，但在环境刑法和毒品刑法当中欠缺对这种恶人的确实体验。③

（二）反生产性问题

刑法的前置化会使刑法陷入与其自身领域的固有目的设定相矛盾的危险，也即反生产性（Kontraproduktivität）危险之中。④ 例如在环境刑法中，由于企业分工使得责任主体的确定相当困难。即使暂且不论法伦理的归属问题，也无法解决程序法的法政策结果负担。如果想避免证明的困难，刑事追诉机关必须对企业等封闭性组织体具有特别知识。而为了得到特别知

① KURT SEELMANN.Risikostrafrecht:Die "Risikogesellschaft" und ihre "symbolische Gesetzgebung" im Umwelt-und Betäubungsmittelstrafrecht [J]:Kritische Vierteljahresschrift für Gesetzgebung und Rechtswissenschaft (KritV)，1992(4):456.

② KURT SEELMANN.Risikostrafrecht:Die "Risikogesellschaft" und ihre "symbolische Gesetzgebung" im Umwelt-und Betäubungsmittelstrafrecht [J]:Kritische Vierteljahresschrift für Gesetzgebung und Rechtswissenschaft (KritV)，1992(4):457.

③ KURT SEELMANN.Risikostrafrecht:Die "Risikogesellschaft" und ihre "symbolische Gesetzgebung" im Umwelt-und Betäubungsmittelstrafrecht [J]:Kritische Vierteljahresschrift für Gesetzgebung und Rechtswissenschaft (KritV)，1992(4):458.

③ KURT SEELMANN.Risikostrafrecht:Die "Risikogesellschaft" und ihre "symbolische Gesetzgebung" im Umwelt-und Betäubungsmittelstrafrecht [J]:Kritische Vierteljahresschrift für Gesetzgebung und Rechtswissenschaft (KritV)，1992(4):458-459.

识，就必须具有随时出入企业的特别权限。但是谁都不想给予检警这种特别权限。这种特别权限的缺乏，只能通过与刑事追诉机关具有业务关联的行政公务员的报告义务而被补充。但是行政公务员却根据其他原则来处理问题。也即行政公务员仅仅关注于未来以风险防止为目的的磋商和协定，反而会回避这种信息提供义务，而在存在这种义务的地方无视该义务。刑法对于有关经济机能关联的问题，根据个人责任构建的解释模式很难发挥作用，经济的机能关联有着完全不同的纠纷解决机制。^①行政法例如环境行政法相比较于环境刑法要更靠近磋商交涉和长期规划形态，因此在环境刑法要求自我实现的场合，就会对"环境保护"这一明示目的产生反机能性作用，更准确地说，在人们要实际执行环境刑法且能够执行的场合将起到反机能的作用。反生产性问题在毒品刑法的前置化中能够得到更明显的体现。对毒品犯罪的前阶段犯罪化会助长共谋的毒品交易行为，会造成全世界的不法毒品交易蔓延而价格上涨，会妨碍成瘾的消费者要求公共补助，会加剧与外部相隔离的下位文化，进而诱发侵入盗窃、抢劫和强制等二次犯罪。^②

二、刑法前置的象征性问题

刑法保护前置化透过超个人法益的创设与抽象危险犯之运用，发挥其象征性中介之功能，从而带有浓厚的象征性刑法色彩。象征性刑法正是借由超个人法益与抽象危险犯之立法，而逐渐成为基于国家政策而进行侧面掩护的工具。哈塞默（Hassemer）认为，伴随着幻象欺诈功能的象征性刑法，耽误了法治国刑事政策的任务，并且葬送了人民对于刑法的信赖。

（一）象征性刑法的含义

虽然象征性刑事立法具体意味着什么这一问题尚未完全明确，但是一般来说在否定性意味或者批判性意味上被理解。象征性刑法一般意味着规

---

① KURT SEELMANN.Risikostrafrecht:Die "Risikogesellschaft" und ihre "symbolische Gesetzgebung" im Umwelt-und Betäubungsmittelstrafrecht [J]:Kritische Vierteljahresschrift für Gesetzgebung und Rechtswissenschaft (KritV), 1992(4):459.

② KURT SEELMANN.Risikostrafrecht:Die "Risikogesellschaft" und ihre "symbolische Gesetzgebung" im Umwelt-und Betäubungsmittelstrafrecht [J]:Kritische Vierteljahresschrift für Gesetzgebung und Rechtswissenschaft (KritV), 1992(4):459-460.

范的潜在机能相比显在机能占据压倒性优位的刑法，①其主要具有非效率性（立法者因为法制定本身具有意义所以不考虑该法律的效率性）、短期效果性（立法者以手段的工具效果来欺瞒规范的本质意义）、一般市民的不安感解消性（立法者仅仅以制定法律这一事实唤起国民对法秩序的信赖）、政治的妥协性（立法者不谋求有效率的执行手段而仅仅制定为各方所接收的法律）四个特征。②

在德国刑法学上被讨论的象征性刑法大致可以表现为四种形式③：（1）包含立法者价值信奉（Wertbekenntnisse）的刑事立法。例如一方面具有像堕胎立法那样尊重产妇的意志决定权而赞成堕胎的立法，另一方面也能够找到基于道德层面的生命侵害禁止而反对堕胎的立法。这里容许堕胎立法和禁止堕胎立法的制定与该当法律效果均没有关系而纯粹是出于价值观的表达。（2）意图道德呼吁的刑事立法。例如立法者为了使人们受到环境和生态敏感性的教育，而把环境侵害行为以刑法的犯罪行为而立法化，但是对于环境刑法实效性的悲观已经被人们所充分了解。④（3）用以平息舆论与安抚国民的刑事立法。例如立法者面对恐怖事件等特定问题状况，单纯以平息社会舆论与回应国民期待为目的制定立法。⑤（4）妥协性的刑事立法。例如由于利益群体相互对立而难以调和的状况，立法者使用一般

---

① 确认何种刑罚法规属于"象征的刑法"相当困难，这是因为难以确定"象征的"这一标识。哈塞默教授认为"象征的"认定只是比较的概念，不是二者择一的选择问题，而是或多或少（Mehr oder Weniger）的程度问题。WINFRIED HASSEMER. Symbolisches Strafrecht und Rechtsgüterschutz[J].Neue Zeitschrift für Strafrecht (NStZ)，1989(12):555.

② Lee Won Yoo. 国会刑事立法的问题点和改善对策研究 [D]: [博士]. 韩国汉阳：汉阳大学, 2012:171-174.

③ 最早讨论象征性刑法的四种表现形式的学者是 Voß 教授，参见: MONIKA VOß. Symbolische Gesetzgebung:Fragen zur Rationalität von Strafgesetzgebungsakten[M], Ebelsbach:Gremer，1989:25-34.

④ 例如 Herzog 教授指出在德国环境刑法中面临起诉犹豫的频度和其他犯罪相比居于压倒性的高，实际被处罚的犯罪人也非常少这一现实。参见: FELIX HERZOG. Gesellschaftliche Unsicherheit und strafrechtliche Daseinsvorsorge:Studien zur Vorverlegung des Strafrechtsschutzes in den Gefährdungsbereich[M].Heidelberg:R.v.Decker，1991:142-145.

⑤ MONIKA VOß. Symbolische Gesetzgebung: Fragen zur Rationalität von Strafgesetzgebungsakten[M]. Ebelsbach: Gremer，1989:32.

条款和不特定概念，制定能够包摄各方要求但无执行效果的妥协性立法（Kompromissgesetz）。①

在现今的刑法条文中，或多或少具有象征性刑法之色彩，其主要功能有二：一为显在性功能（法益保护功能），二为潜在性功能（象征性中介作用）。前者系指基于刑法规范的措辞及其适用，进而保护各该条文所欲保护之法益；后者则有所不同，其不仅种类繁多，而且相互交错，从满足人民平静生活的情感需求到展现国家之强大，不一而足，至于其法规的实际适用状态，则无关紧要。学者甚且认为，象征性刑法所适用的对象往往不是真正应该绳之以法者，显在性功能与潜在性功能二者功能的消长决定系争刑事法律的象征性含量。②

（二）保护提前的象征性

法益理论的目的在于检验系争刑事规定的正当性，并且适当地限缩刑法适用的范围③，但是当法益概念不当地膨胀时，其原本所具有的限缩刑法适用之功能也将日益萎缩。哈塞默（Hassemer）教授认为，超个人法益(Universalrechtsgüter)（包括保护国家机密、法律维系、证明文书的流通等等整体利益）之发展，构成了当前刑事政策的中心思想；其发展威胁着法益概念并改变了以特定方式作为预防取向的刑法，模糊的超个人法益被大量运用在诸如经济、环境、征税、自动化数据处理、恐怖主义、毒品犯罪等刑分条文与各该专业领域之中。④而如此的法益设定方式，意味着在法益侵害的前部阶段，就将系争行为予以入罪化，⑤法益的范围越广阔，越能够在不法行为侵害法益的核心前，动用国家刑罚权予以介入。超个人法益的膨胀已经

---

① MONIKA VOß. Symbolische Gesetzgebung: Fragen zur Rationalität von Strafgesetzgebungsakten[M]. Ebelsbach:Gremer，1989:14.

② 有关详尽分析可参见：古承宗.风险社会与现代刑法的象征性 [J].科技法学评论，2013, 10(1):117-166.

③ Vgl. DIMITRIS ZIOUVAS. Das neue Kapitalmarktstrafrecht :Europäisierung und Legitimation[M].Köln [u.a.] :Heymanns，2005:109.

④ WINFRIED HASSEMER. Symbolisches Strafrecht und Rechtsgüterschutz[J]. Neue Zeitschrift für Strafrecht (NStZ)，1989(12):553，557.

⑤ Vgl. DIMITRIS ZIOUVAS. Das neue Kapitalmarktstrafrecht Europäisierung und Legitimation[M]. Köln:Carl Heymanns，2005:106.

失去过往法益理论限制刑法适用之功能，反而使得象征性刑法的触角延伸至所有领域之中，立法者不但系以超越单纯肉体意义的人类幸福，来取代对于人类生命或健康之具体保护，更将刑事规制延伸至人民的卫生问题、资本市场的功能效率，甚至及于经济或行政的数据处理上。① 故而有学者指出，刑法的过度使用将侵蚀刑法的道德威信，违反这些刑事规定的行为人，不再系为社会所抛弃者，而仅仅像个欠税的赖账者。②

（三）处罚前置的象征性

抽象危险犯的立法模式，对于象征性刑法的发展有推波助澜的效果。抽象危险犯的立法，免去了损害与因果关系的证明，使得行为人的地位相对弱化，有助于大规模的入罪化（虽然实际上的定罪率高低是另外一回事），并减少刑事规制之成本。③抽象危险犯常与严峻的刑罚效果共存，有学者认为，重刑化将带来所谓的"顺从成本"，这样的非经济性成本，不但挤压排挤了有利于社会之行为，从而构成机会成本外，更包括了不确定性与恐惧性之成本，进一步使人民陷于刑法的泥沼与纠缠。④

抽象危险犯的立法模式亦表明，对于法益的威胁危害并非着眼于个人的危险，而系将可能带来巨大骚乱之行为予以典型化⑤，换言之，法律设想某种特定之行为模式对于保护客体具有"典型危险性（typische Gefährlichkeit）"⑥

---

① 　WINFRIED HASSEMER. Symbolisches Strafrecht und Rechtsgüterschutz[J]. Neue Zeitschrift für Strafrecht (NStZ)，1989(12):553，557.

② 　See KADISH. Some Observations on the Use of Criminal Sanctions in Enforcing Economic Regulations[J].University of Chicago Law Review 30 (1963):423.

③ 　Vgl. WINFRIED HASSEMER.Symbolisches Strafrecht und Rechtsgüterschutz[J].Neue Zeitschrift für Strafrecht (NStZ), 1989(12):553，557.

④ 　See JOHN C.COFFEE JR.HUSH!:The Criminal Status of Confidential Information After McNally and Carpenter and the Enduring Problem of Overcriminalization[J]. American Criminal Law Review 26 (1988):121-151.

⑤ 　CLAUS ROXIN.Strafrecht Allgemeiner—Teil Band I:Grundlagen.Der Aufbau der Verbrechenslehre [M].4 Auflage.München:C.H.Beck，2006:(§11 Rn.153-162) 426-431.

⑥ 　CLAUS ROXIN.Strafrecht Allgemeiner—Teil Band I:Grundlagen.Der Aufbau der Verbrechenslehre [M]. 4 Auflage.München:C.H.Beck，2006:(§10 Rn.124.)337.

或称"一般的危险性（nerell Gefährlichkeit）"[1]，从而此等抽象危险犯之立法，其目的即在于透过建立全体的秩序，进而达到对个人的控制。[2]

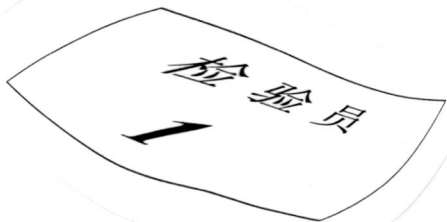

---

[1]　JOHANNES WESSELS，Werner Beulke.Strafrecht Allgemeiner Teil [M].42 Auflage. Heidelberg:C.F.Müller，2012:8(Rn.29); 该教科书第 27 版中译参见：约翰内斯·韦赛尔斯. 德国刑法总论 [M]. 李昌珂，译. 北京：法律出版社，2008:14(Rn.29).

[2]　WINFRIED HASSEMER.Symbolisches Strafrecht und Rechtsgüterschutz[J].Neue Zeitschrift für Strafrecht (NStZ)，1989(12):553，557-559.

第五章　刑法保护前置化的必要界限

从立法看，由于刑事立法事实上属于立法者的裁量领域，因此刑法保护的前置化往往通过代议制民主形式被立法机关赋予民主合法性，立法者对何种行为于何种阶段予以处罚具有形成自由。但是，由于刑罚法规中规定内容和调整手段的特殊性，刑法保护的提前介入显然会产生对规范适用者（潜在犯罪者）过度限制其宪法基本权利的可能，因此为了使立法者的立法形成自由不至于沦为无界限，有必要从立法正当性的角度对其实施一定限制。从司法看，在舆情政治和政策导向的时代，刑法保护的前置化会越来越多地渗透到刑事司法领域中，但"刑法学的回应不应是企图从刑法中排除这些规定，而应是发展出前置化刑罚规定的规范性限制，这不是纯粹的刑事内在（strafrechtsimmanent）的实现，而毋宁需要与基本权利教义学的返接（Rückbindung）"①。因此，即使在司法领域中，刑法保护前置化的问题也应当在传统刑法理论的框架中，通过法治国刑法的理论储备来加以消解。

第一节　前置化正当边界的理论探索

刑法保护的前置化能够以何种根据进行正当化或者以何种理由被加以限制，不仅涉及刑法在面对现代社会各种风险威胁时的立场选择这一刑事

---

① BEATRICE BRUNHÖBER. Von der Unrechtsahndung zur Risikosteuerung durch Strafrecht und ihre Schranken [M] // Roland Hefendehl, Tatjana HÖrnle, Luís Greco (Hrsg.).Streitbare Strafrechtswissenschaft: Festschrift für BERND SCHÜNEMANN zum 70.Geburtstag.Berlin/Boston: Walter de Gruyter, 2015: 16.

政策问题，而且涉及刑法自身的机能发挥和调整手段的包容限度这一刑法教义问题。刑法理论上就此发展出各种方案试图弥合或者严格界分两者之间的距离，由此刑法保护前置化的界限也呈现出不同的理论面向。

一、偏向风险刑法的前置化界限

（一）作为面向未来保障的前置化

瑞士刑法学家冈特·施特拉滕韦特（Günter Stratenwerth）于 1993 年在巴塞尔召开的刑法学家大会上，发表了"以刑法手段保障未来（Zukunftssicherung mit den Mitteln des strafrechts?）"这一近似于对未来刑法发展前景之规划的基调演讲。这篇论文作为风险刑法的最有代表性的论文而广为人知，它超越了在当时还只是被个别研究的风险刑法的学术性讨论，规划了虽不具体的作为总体未来法形象的风险刑法。这篇论文叙述了刑法为了应对新出现的犯罪现象，特别是 Ulrich Beck 所说的现代社会风险，而在未来面貌上的刑法教义学的总体变化。

施特拉滕韦特认为传统刑法存在以下三种难点而不适于处理新型犯罪类型，特别是与"未来保障（Zukunftssicherung）"相关联的犯罪类型（代表性例子是环境犯罪）：第一，现代社会的问题不仅与保护现时活着的人类利益相关联，而且是在现在和未来世代间订立正义的问题，但是传统刑法仅仅与社会成员之间的现时社会矛盾相关联，并没有提出对未来世代的任何考虑。[1] 第二，必须在刑法上把握的这种未来关联犯罪的不法构造，与传统刑法的既存犯罪构造具有根本性的不同。由环境污染、核能污染以及基因操作等惹起的新领域的问题，与传统刑法中的一般犯罪相区别而超越了人类的感觉认知，而且与这种侵害相连结行为的日常性和复杂性显示出与过去不同的样相。[2] 第三，在与未来相关联之犯罪的场合，不仅是犯罪行为而且连犯罪主体也会变得不明确，而在这一点上能看到传统刑法把犯罪人置于

---

①　GÜNTER STRATENWERTH. Zukunftssicherung mit den Mitteln des Strafrechts?[J]. Zeitschrift für die gesamte Strafrechtswissenschaft (ZStW)，1993，105(4):680.

②　GÜNTER STRATENWERTH. Zukunftssicherung mit den Mitteln des Strafrechts?[J]. Zeitschrift für die gesamte Strafrechtswissenschaft (ZStW)，1993，105(4):681.

犯罪事件的中心依然如故。①

　　施特拉滕韦特批判了"迈向机能主义刑法"和"回归传统核心刑法"这两种方案，认为机能主义刑法观为提高刑法应对新危险领域的效率性而断然放弃既存理论存在过度单纯化的问题，因为仅仅指向效率性刑法决不能达成自身的目的，事实上不具有个人非难可能性意味上的责任刑罚是无法存在的。②而主张把风险社会的问题都归属于干涉法（Interventionsrecht），刑法应撤退至"核心范围"仅针对个人利益作保护的见解，无法因应面向未来作防卫的实际需求，因此面临对环境犯罪或基因科技等无法发挥刑法预防功能的问题。退一步言即使承认这些危险行为可受干预法或其他法规范调整，也存在难以回答为什么在个人伤害上投入刑法的同时却对与人类生存相关的人类胚胎侵害却必须放弃刑法的投入。③

　　基于对"迈向机能主义刑法"和"回归传统核心刑法"两种解决方案的批判，施特拉滕韦特提出了作为刑法未来面貌的第三条道路。④首先，施特拉滕韦特主张，由于在与保护法益相关联的未来保障之领域中欠缺轮廓被充分描绘的保护法益，所以在未来保障的领域中应当放弃法益概念，代之以全面的"行为无价值"之指向。⑤例如"文化上形成的禁忌"和"特定的基本行为规范"即使不是法益损害也应当保护。⑥"不是侵害特定的法益，

---

①　GÜNTER STRATENWERTH. Zukunftssicherung mit den Mitteln des Strafrechts?[J]. Zeitschrift für die gesamte Strafrechtswissenschaft (ZStW)，1993，105(4):681.

②　GÜNTER STRATENWERTH. Zukunftssicherung mit den Mitteln des Strafrechts?[J]. Zeitschrift für die gesamte Strafrechtswissenschaft (ZStW)，1993，105(4):685.

③　GÜNTER STRATENWERTH. Zukunftssicherung mit den Mitteln des Strafrechts?[J]. Zeitschrift für die gesamte Strafrechtswissenschaft (ZStW)，1993，105(4):688.

④　GÜNTER STRATENWERTH. Zukunftssicherung mit den Mitteln des Strafrechts?[J]. Zeitschrift für die gesamte Strafrechtswissenschaft (ZStW)，1993，105(4):688.

⑤　GÜNTER STRATENWERTH. Zukunftssicherung mit den Mitteln des Strafrechts?[J]. Zeitschrift für die gesamte Strafrechtswissenschaft (ZStW)，1993，105(4):693.

⑥　GÜNTER STRATENWERTH. Zum Begriff des „Rechtsgutes" [M]// Albin Eser，Ulrike Schnittenhelm，Heribert Schumann(Hrsg.).Festschrift für Theodor Lenckner zum 70.Geburtstag，München:C.H.Beck，1998:377.

而是将不尊重社会中基础行为规范的共识，得以作为刑罚化的理由"①。其次，施特拉滕韦特教授主张，刑法为了适合于未来保障任务，应当超越抽象危险性的界限，具有连一般的行为规范的单纯违反行为也予以处罚的可能性。②也即"并没有行为犯以外的犯罪"，这取决于"行为规范作为国家据以成立的规范性基本共识的一部分"。③就可罚性而言，是由"社会及立法承认的基本态度去决定，想要维持特定的规范或者另一方面单纯地不要某个行为"。④

对施特拉滕韦特提出的解决方案，能够提起以下批评。第一，他主张法益概念在与新型大量风险相关联的未来保障领域中无用的根据极其微弱。反而由于在未来保障领域的宽泛性和不明确性以及"感情化（Emotionalisierung）"和"政治化（Politisierung）"，而必须在这类领域中特别要求法益概念。也即不仅是法治国家的根据而且连行为不法内容的评价也必须适切考虑法益侵害的远近，所以法益概念的合理化机能与界限机能即使在未来保障领域也是必要的。⑤第二，该方案主张刑罚不是以正当刑事制裁手段对已经实施之不法的责任抵偿，而是以对未来不法和社会体系之障害行为的预防为目的，这不仅不能解决前述因刑法保护提前和处罚范围扩张所导致的

---

① GÜNTER STRATENWERTH. Kriminalisierung bei Delikten gegen Kollektivrechtsgüter[M]// Roland Hefendehl，Andrew von Hirsch，Wolfgang Wohlers (Hrsg.).Die Rechtsgutstheorie:Legitimationsbasis des Strafrechts oder dogmatisches Glasperlenspiel?.Baden-Baden:Nomos，2003:255，299.

② GÜNTER STRATENWERTH. Zukunftssicherung mit den Mitteln des Strafrechts?[J]. Zeitschrift für die gesamte Strafrechtswissenschaft (ZStW)，1993，105(4):688.

③ GÜNTER STRATENWERTH. Kriminalisierung bei Delikten gegen Kollektivrechtsgüter[M]// Roland Hefendehl，Andrew von Hirsch，Wolfgang Wohlers (Hrsg.).Die Rechtsgutstheorie:Legitimationsbasis des Strafrechts oder dogmatisches Glasperlenspiel?.Baden-Baden:Nomos，2003:256，257.

④ GÜNTER STRATENWERTH. Kriminalisierung bei Delikten gegen Kollektivrechtsgüter[M]// Roland Hefendehl，Andrew von Hirsch，Wolfgang Wohlers (Hrsg.).Die Rechtsgutstheorie:Legitimationsbasis des Strafrechts oder dogmatisches Glasperlenspiel?. Baden-Baden:Nomos，2003:300.

⑤ HANS JOACHIM HIRSCH. Strafrecht als Mittel zur Bekämpfung neuer Kriminalitätsformen?[M]// Hans-Heiner Kühne，Koichi Miyazawa(Hrsg.).Neue Strafrechtsentwicklungen im deutsch-japanischen Vergleich. Köln:Carl Heymanns，1995:17.

处罚正当化问题，反而会由于行为规范论在法益侵害关联性上的省略而加重刑法的膨胀化趋势。正如罗克辛教授所适切指出，"在一个多元文化和自由的社会中，关于行为方式方面的应刑罚性是存在争议性而没有共识的，即只有很多无法有具体结论的各种不同意见"①。

（二）作为侧防规范保护的前置化

为了克服刑法前置化所带来的现代刑法危机，德国刑法学家京特·雅各布斯（Günther Jakobs）提出了"纯粹机能性刑法"（ein rein funktionalistisches Strafrecht），主张从规范保护出发提前预防威胁未来的新型大量风险源。雅各布斯在 1985 年的论文《法益侵犯前阶段的犯罪化》（Kriminalisierung im Vorfeld einer Rechtsgutsverletzung）中以刑法原则上不介入市民生活的私人领域为基础，批判了当时德国刑事立法在法益保护早期化中的意思刑法倾向，认为《德国刑法典》第 129 条和 129 a 条把行为计划这一主观要素作为危险判断的主要基准很容易导向嫌疑刑法。②雅各布斯指出，对一定法益的侵害预备行为仅以态度不能被合法犯罪化，还必须追问是否因为侵害部分不法（Partialunrecht）与侧防规范（flankierende Normen）③而被犯罪化。④也即，通过创造出部分不法和侧防规范的概念来论证前置法益（vorgezogene Rechtsgut）的可罚性，认为侵害阶段的不法能够分解为各种部分不法，几个甚至是一个不法碎片得到实现即可以成立刑事可罚性，而不必等到所有的不法内容都得到实现（即具体的实害行为发生）时才动用刑

---

① CLAUS ROXIN.Zur neueren Entwicklung der Rechtsgutsdebatte[M] // Ulfrid Neumann, Felix Herzog (Hrsg.).Festschrift für Winfried Hassemer.Heidelberg:C.F.Müller, 2010:594; 中译文可参见 Roxin. 法益讨论的新发展 [J]. 许丝捷，译 . 月旦法学杂志, 2012(12):278.

② GÜNTER JAKOBS. Kriminalisierung im Vorfeld einer Rechtsgutsverletzung[J].Zeitschrift für die gesamte Strafrechtswissenschaft (ZStW), 1985, 97(4):780; 新谷幸一 . 法益保护的早期化倾向——雅各布斯的学说 [J]. 修道法学, 1989, 11(1):73-74.

③ "flankierende Normen" 一词也有学者译为外围规范（参见王莹 . 法治国的洁癖 [J]. 中外法学 .2011(1).)，但从雅各布斯的 "flankierende Normen" 理论与前述施罗德（Schröder）的侧防措施（Flankierende Maßnahmen）理论的渊源关系来看，本书暂且译为侧防规范。

④ GÜNTER JAKOBS. Kriminalisierung im Vorfeld einer Rechtsgutsverletzung[J]. Zeitschrift für die gesamte Strafrechtswissenschaft (ZStW), 1985，97(4):773-774.

法。^①"仅具有部分不法的犯罪并未违反主要规范（Hauptnormen）也即侵害犯的规范，而是违反了以保障主要规范妥当条件为任务的侧防规范。"^②

雅各布斯认为系统的日益复杂化使得人们对于他者反应的预期以及再预期变得不可能，为求系统的正常运作以预防其崩溃，必须透过规范强制将人们多样的反应可能性予以单纯化，以缩减系统复杂性而增加预期可能性，也即透过刑罚的赋科构筑起"规范妥当的确证"、"强化社会一般人的规范意识或令人们有规范意识的觉醒"，以及"规范信赖的训练"的规范论世界。由此，雅各布斯把处罚阶段早期化的刑罚规定，看作是使规范妥当认知侧面毁损的原因，作为对主要规范的侧防规范的形式而表现。^③

继而雅各布斯教授认为刑法应该以抽象危险犯的方式强力介入以下三种领域，藉此规制人们活动的不可预测性：其一是因领域的复杂性，使得在该领域中活动的人们甚至于无法预期自己是否得操控本身的行为，并使自己的行为不会惹起损害的情形（例如：复杂的审判中证人无法确实判断自己本身陈述的关联性，或放火者无法判断其放火行为的始末）；其二是社会系统的某领域复杂到必须预设一个统筹的同一行动判准的情形（例如：交通或食品管制）；最后则是因为行为的反复或该行为所惹起祸害的累积，导致社会生活上危险增高的情形。雅各布斯认为在这些领域中，行为人的行为都会引起抽象危险（社会秩序的动荡），而规制的方法有二：其一仅凭具有适格性的行为的发生即可认定违法的方式；其二则是除了适格的行为外，另需有其他外部搅乱社会秩序的要素存在始可认定犯罪的方式。^④

对于雅各布斯的早期化理论能够进行以下批判：第一，从解释论来看，雅各布斯只不过是通过采用"具有在潜在被害者方的规范妥当性侵害，也即使规范信赖发生动摇之威胁性的行为这一要件"进行构成要件的限定解

---

①　GÜNTER JAKOBS. Kriminalisierung im Vorfeld einer Rechtsgutsverletzung[J]. Zeitschrift für die gesamte Strafrechtswissenschaft (ZStW), 1985, 97(4):775.

②　GÜNTER JAKOBS. Kriminalisierung im Vorfeld einer Rechtsgutsverletzung[J]. Zeitschrift für die gesamte Strafrechtswissenschaft (ZStW), 1985, 97(4):775.

③　GÜNTER JAKOBS. Kriminalisierung im Vorfeld einer Rechtsgutsverletzung[J]. Zeitschrift für die gesamte Strafrechtswissenschaft (ZStW), 1985, 97(4):775.

④　金尚均. 危険社会と刑法：現代社会における刑法の機能と限界成文堂 [M]. 東京：成文堂, 2001:110-112.

释，但是通过"行为的威胁性"是否真能进行限定解释存在疑问。① 第二，通过刑罚对共同体成员的法信赖予以回复和对法承认予以训练的机能来论证刑罚的积极利用，具有轻视刑法最后手段性的缺陷，所以在不仅因主要规范的妥当而且因侧防规范的侵害，发生对规范妥当性的侵害时，就会遭致国家干涉领域不断扩大的倾向。② 第三，只要该侧防规范本身的保护不合乎社会一般观念和市民大众的要求，就不能认为仅因处罚这种规范违反而现实发挥规范安定化效果。也即"在把国家有效性的界限作为问题的场合，刑法有效性作为事实规范性的确立，不是国家定立（staatliche Setzung）这一权威，而是必须证明该活动在规范意义上是合法的（Rechtlichkeit）"③。

（三）作为危险来源消除的前置化

敌人刑法（Feindstrafrecht）是德国刑法学家京特·雅各布斯（Günther Jakobs）于上世纪 80 年代首倡并于本世纪初逐渐完善的概念，用以与正常和平社会下适用的市民刑法相区别。敌人刑法的基本理念是，针对那些所谓具有持久社会危险性的行为人扩张构成要件，将刑事可罚性前置，同时限制其程序权利，对其大量适用保安处分手段，以控制这些"危险源"，达到保护社会的目的。④ 因此，此说主张"敌人刑法是法益保护的最适化（Optimierung des Rechtsgüterschtzes），市民刑法是自由领域的最适化"⑤，"如果市民刑法是刑法最后手段的手段，那么敌人刑法是刑法最后手段的最后手段（die ultima ratio der ultima ratio des Strafrechts），敌人刑法在法治国家保障意义上是法治国家更好安定化的排放阀"⑥。

---

① 新谷幸一. 法益保护的早期化倾向——雅各布斯的学说 [J]. 修道法学，1989，11(1):92.

② 新谷幸一. 法益保护的早期化倾向——雅各布斯的学说 [J]. 修道法学，1989，11(1):95.

③ FELIX HERZOG. Über die Grenzen der Wirksamkeit des Strafrechts，Kritische Vierteljahresschrift für Gesetzgebung und Rechtswissenschaft (KritV)，1993(2):252.

④ 王莹. 法治国的洁癖——对话 Jakobs "敌人刑法" 理论 [J]. 中外法学，2011(1):126.

⑤ GÜNTER JAKOBS. Kriminalisierung im Vorfeld einer Rechtsgutsverletzung[J]. Zeitschrift für die gesamte Strafrechtswissenschaft (ZStW)，1985，97(4):756.

⑥ MIGUEL POLAINO-ORTS. Grenzen vorverlagerter Strafbarkeit:Feindstrafrecht[M] // Manfred Heinrich，Christian Jäger，Bernd Schünemann，et al. (Ed.). Strafrecht als Scientia Universalis: Festschrift für CLAUS ROXIN zum 80.Geburtstag am 15.Mai 2011. Berlin/New York:Walter de Gruyter，2011:91ff.

雅各布斯认为当今实体法和程序法都反映出敌人刑法的发展趋势：（1）因可罚性的广泛前置化，使可罚性的时点不是在已经发生的犯罪行为，而是被迁移到能够在未来发生的犯罪上；（2）刑法不是作为犯罪行为的应对策略，而是作为消除犯罪行为战争法被立法化；（3）对前置的处罚欠缺减刑的设计，普通刑法中如果可罚性被前置化，那么与此成比例而使刑罚也相应减少，但在敌人刑法中不是这种刑罚的减少，而是体现出刑罚的强化；（4）因为这种敌人刑法的效率性，作为法治国家立足点的程序保障被解体。①

雅各布斯教授认为，通过由社会契约论者和卡尔·施密特（Carl Schmidt）所倡议的"市民和敌人的区别"，传统的法治国家刑法仅仅被适用于做好遵守法秩序准备的"市民"，而恐怖分子等犯罪者由于否定法秩序的正当性并想要破坏这种秩序，所以原则上被看作社会的"敌人"，对那样的人，不是传统法治国家刑法，而是作为能有效消除风险的特殊刑法的"敌人刑法"是必要的。② 如果按照这种观点，市民刑法和敌人刑法各自追求不同的目的，两者能够并行不悖。也即市民刑法对属于社会共同体成员的市民，贡献于明确刻印规范的妥当性，通过刑罚预告进行规范遵守的动机设定，相反，敌人刑法为了市民的安全确保而面对必须防卫的危险行为人。因此可以说，敌人刑法最终必须与"和恐怖的战争"或者"和犯罪的战争"那样维度的风险作斗争，而市民刑法贡献于规范妥当性的维持。③

既然所面对的是敌人而非一般市民，那么市民刑法所建构的刑法体系理论就没有当然适用的必要，而且为了对付敌人，所采取的手段便要更加强

---

① ARNDT SINN. Moderne Verbrechensverfolgung – auf dem Weg zu einem Feindstrafrecht?，Zeitschrift für Internationale Strafrechtsdogmatik (ZIS)，2006:107，108；FRANK SALIGER. Feindstrafrecht:Kritisches oder totalitäres Strafrechtskonzept?[J]. Juristen Zeitung (JZ):2006，15/16:756，758；이재일. 범죄인의 Magna Charta 로서의 형법이념의 포기：（반시민적）적형법 [J]. 韓獨法學 ,2012,17:174.(李在日 . 作为犯罪人大宪章刑法理念的放弃：（反市民的）敌人刑法 [J]. 韩德法学，2002，17:174.)

② GÜNTHER JAKOBS.Bürgerstrafrecht und Feindstrafrecht[J].Höchstrichterliche Rechtsprechung zum Strafrecht (HRRS)，2004(3):88，95.

③ GÜNTHER JAKOBS.Bürgerstrafrecht und Feindstrafrecht [J].Höchstrichterliche Rechtsprechung zum Strafrecht (HRRS)，2004(3):90.

烈，一般刑法的规定便显不足："在面对存亡之际，市民刑法这样的本质并不会被想要救亡图存的人所接纳采用，那么，对于恐怖分子所必要采取的措施，就应当称之为敌人刑法，一场合法有节制的战争。"也因此刑法这个时候的主要功用，不再是弥补规范效力的破损、维持规范的继续有效，而在于对敌人这样的危险源的危险预防；不是对过去已经发生的行为的制裁，而是预防将来可能发生的犯罪行为，表现在实体法上的做法就是可罚性提前扩张到预备阶段，在程序法上便是令状要求和辩护权等正当法律程序保障的剥夺。①

雅各布斯教授认为，在实体法上敌人刑法的适用领域中，包含连私人领域也能介入的犯罪化法益侵害前阶段的规范全体，也即涉及到以性暴力犯罪那样的与品行相伴的犯罪领域，恐怖主义和有组织犯罪那样的组织性犯罪领域，毒品犯罪和组织化营业性犯罪领域等为代表的敌人刑法之适用领域。②在这种敌人刑法的领域中，该风险即使在法益侵害的前阶段也必须进行防御，而在市民刑法中则必须等到行为作为外部进行过程发挥障害作用时才可进行防御。③

刑法学界对这种敌人刑法，因为其伤害了人性尊严、责任原则、法治国家理念等宪法价值和原则，使犯罪人沦落为社会防卫的手段而增大不当滥用的可能性这一点，而给与"灾难的征兆"、"纳粹亡灵的复活"、"刑法理论的丑闻"、"妖魔化特定犯罪或者犯罪集团的行为人刑法"的批判。④具体而言可以把对敌人刑法批判归纳为四点：（1）敌人刑法导致社会共同体成员对该共同性内所发生犯罪必须共同分担的共同责任丧失，而仅仅向作为憎恶对象的敌人全面转嫁责任，仅仅把这种危险敌人的打倒作为最好的

---

① GÜNTHER JAKOBS. 市民刑法与敌人刑法 [J]. 徐育安，译 .// 许玉秀，主编 . 刑事法之基础与界限 . 台北：学林文化事业有限公司，2003:36.

② GÜNTHER JAKOBS. Bürgerstrafrecht und Feindstrafrecht[J]. Höchstrichterliche Rechtsprechung zum Strafrecht (HRRS)，2004(3):92.

③ GÜNTHER JAKOBS. Staatliche Strafe:Bedeutung und Zweck[M]. Paderborn/München/Wien/Zürich: Ferdinand Schöningh，2004:46.

④ 对此详细分析可参见김일수 . 위험형법·적대형법과 사랑의 형법 [J]. 고려법학 ,2012,65: 10.(金日秀 . 风险刑法、敌人刑法和爱的刑法 [J]. 韩国高丽大学·高丽法学 ,2012,65:10.)

对策。（2）敌人刑法的敌人概念因过度暧昧，导致把谁看作敌人的基准不明确，而往往根据特定权力者的喜好把他人轻易变质为敌人，在除去或者消灭这些人上有可能会被滥用。（3）把恐怖分子、性暴力犯罪人看作敌人，对其给与宪法上市民自由权的剥夺，与对宪法上基本权的侵害，特别是对人性尊严的明白违反没有不同。这是因为，宪法上的人性尊严要求，把在市民和敌人上没有区别的"所有的"人作为自律的伦理的存在，而以"同样"的人性作为前提。①（4）这种基于敌人刑法理论的可罚性前阶段化和以重刑主义为手段的风险操纵，可能会使罪刑法定主义、责任原则、比例原则、无罪推定原则等法治国家刑法的种种原则慢慢崩坏，而使对犯罪人也有作为人的尊严和价值的不信任滋长。

二、立足传统刑法的前置化界限

（一）回归核心刑法的法益保护

针对德国肇始于上世纪七十、八十年代的立法前置化浪潮，以温弗里德·哈塞默（Winfried Hassemer）教授为首的法兰克福学派将这种立法趋势命名为"现代刑法（modernes Strafrecht）"并对此展开强烈的批判。哈塞默教授在 1989 年发表的《人格法益论概要》和《象征刑法与法益保护》的论文中首先表达了对刑法在现代社会中的变化以及对传统刑法教义理论的忧虑，认为风险刑法的无差别扩张对实际问题的解决无法提供帮助，而仅仅具有使不安市民安定的象征性意义，反倒会导致刑法规范力的弱化。接下来在 1992 年发表的《现代刑法的特征和危机》以及 1994 年《现代刑法的产品责任》等论著中又进一步批判现代刑法而主张向核心刑法的回归。

哈塞默教授指出刑事立法的前置化倾向和机能主义（Funktionalismus）趋势会威胁法治国家刑法的定型化框架，会导致法益保护"从强调刑法批

---

① 이재일. 범죄인의 Magna Charta 로서의 형법이념의 포기：(반시민적) 적형법 [J]. 韓獨法學, 2012, 17: 183-185.(李在日. 作为犯罪人大宪章刑法理念的放弃：(反市民的) 敌人刑法 [J]. 韩德法学, 2002, 17: 183-185.); 최성진. 현대사회에 있어서 형법의 이원화 경향：Jakobs 의 적대형법 구상을 예로 하여 형사정책연구. 형사정책연구, 2010, 21(3): 301-302.（崔成真. 现代社会中刑法的二元化倾向：以雅各布斯的敌人刑法构想为例 [J]. 刑事政策研究, 2010, 21(3): 301-302.）

判侧面的非犯罪化脉络到设定刑法正当性的犯罪化脉络"的转变。① 为了复原从来法益论具有的体系批判机能，Hassemer 提出"人格法益论"② 构想，将法益理解为需要刑法保护的人类利益，③ 想要透过与个人的连结赋予法益批判性能力，以此来解决普遍法益问题。④Hassemer 认为，即使在风险社会中刑法仍然以个人法益保护为原则，对于普遍法益保护只有在例外的与个人法益保护直接联系时才会被承认。亦即社会法益和国家法益只有可以从个人法益的角度推导出来且其目的在于服务个人的时候，其刑法上的保护才具有正当性。因此，如果过度认定普遍法益，就可能使从作为犯罪形态基本模式的侵害犯类型前移到危险犯类型特别是抽象危险犯类型，会带来缓和犯罪评价之限制条件的机能变化。刑法就可能不是法益保护的"最后手段"，而是法益保护的"最初手段"甚至是"唯一手段"。⑤ 也即普遍法益的登场和抽象危险犯的犯罪评价，最终使不法评价的可视且明确的基准暧昧化，而有可能带来恣意判断的危险性。

哈塞默教授主张，刑法应当由"现代刑法"而再度回归到传统的"核心刑法（Kernstrafrecht）"，将有关风险社会诸多问题的应对策略定位于基本上不是刑法，而是居于刑法和秩序违反法之间、民法和公法之间的一种特别

---

① WINFRIED HASSEMER. Grundlinien einer personalen Rechtsgutslehre[M] // Andrew von Hirsch (Hrsg.). Strafen im Rechtsstaat. Baden-Baden: Nomos，2000:162.

② 虽然人格法益论在 M.Marx 于 1972 年公开出版的博士学位论文《"法益"概念的定义》（Zur Definition des Begriffs "Rechtsgut"）一文中已经能够找到其轮廓。但是，把人格法益论以独立法益理论定位的仍然应当归功于前法兰克福刑法学教授、前德国联邦宪法法院副院长的 W.Hassemer 教授。Hassemer 教授在 1973 年出版的教授资格论文《犯罪理论和社会学》（Theorie und Soziologie des Verbrechens）中接受了 Marx 的构想，其后在 1989 年发表的论文"人格法益论概要"（Grundlinien einer personalen Rechtsgutslehre）中进一步发展了该构想，从而正式确立了人格法益论。

③ WINFRIED HASSEMER/ULFRID NEUMANN. Vor§1 Rn.144.[M]]// Urs Kindhäuser，Ulfrid Neumann，Hans-Ullrich Paeffgen (Hrsg.). Nomos-Kommentar zum Strafgesetzbuch.Band 1.3 Auflage.Baden-*Baden*: Nomos，2010:108.

④ 有关普遍法益或集合法益的分析探讨可参见：Roland Hefendehl.Kollektive Rechtsgüter im Strafrecht[M].Köln:C.Heymann，2002.

⑤ WINFRIED HASSEMER. Grundlinien einer personalen Rechtsgutslehre[M] // Andrew von Hirsch (Hrsg.). Strafen im Rechtsstaat. Baden-Baden:Nomos，2000:168-169.

"干涉法（Interventionsrecht）"。① 由于干涉法使用比刑法要求水准低的保障和程序限制，相应所使用的个人制裁手段也并非那么苛酷，所以这种干涉法不仅在规范性上会很少疑问，而且在实务中能够成为解决现代社会特别问题的更适合手段。② 由此刑法仍然能够维护定向于个人法益的近代刑法的纯粹性，③ 刑法归属原理的根干依然是传统的结果犯，抽象危险犯等前置化类型被从刑法中移除。④ 这样如果作为风险社会预防策略的前置化构成要件，从一开始就不存在于刑法之中，那么理论上的刑法问题就能被比较简单的解决。⑤

哈塞默教授的弟子霍曼（O.Hohmann）博士在 1991 年出版的博士学位论文《环境犯罪的保护法益：刑事环境保护的界限》（Das Rechtsgut der Umweltdelikte: Grenzen des strafrechtlichen Umweltschutzes）中将哈塞默教授的见解具体适用于环境刑法而进行了研究。⑥ 霍曼指出人格法益论的批判能力在于：第一，通过人格法益概念，能够剥夺"表面"法益具有的法益

---

① WINFRIED HASSEMER.Kennzeichen und Krisen des modernen Strafrechts[J].Zeitschrift für Rechtspolitik(ZRP)，1992(10):378, 383.(中译文可参见 Winfried Hassemer. 现代刑法的特征与危机 [J]. 陈俊伟，译 . 月旦法学杂志，2012(8):243, 256.)

② 김학태 . 현대위험사회에서의 형법상 귀속구조 [J]. 비교형사법연구，2001, 3(1):28.(金学泰 . 现代风险社会里刑法归属构造的变化 [J]. 韩国·比较刑事法研究，2001, 3(1):28.)

③ 김재윤 . 위험사회에 있어 형법의 팽창현상에 대한 비판적 고찰 [J]. 비교형사법연구，2005, 7(1):42.(金载润 . 对风险社会刑法膨胀现象的批判性考察 [J]. 韩国 : 比较刑事法研究，2005, 7(1):42.)

④ 김재윤 . 위험사회에 있어 형법의 팽창현상에 대한 비판적 고찰 [J]. 비교형사법연구，2005, 7(1):42.(金载润 . 对风险社会刑法膨胀现象的批判性考察 [J]. 韩国 : 比较刑事法研究，2005, 7(1):42.)

⑤ 韩国刑法学者中金学泰（김학태）教授赞成通过由 Hassemer 所主张的干涉法方案来解决的立场，金学泰教授主张 "对现代风险社会中出现的新型风险现象，不是以刑法而是以其他法（干涉法），尝试根据自律的调节可能性而非法的规制的问题解决" 这一立场。参见김학태 . 현대위험사회에서의 형법상 귀속구조 [J]. 비교형사법연구，2001, 3(1):1-28.(金学泰 . 现代风险社会里刑法归属构造的变化 [J]. 韩国 : 比较刑事法研究，2001, 3(1): 1-28.)

⑥ 霍曼的博士论文参见 : O.HOHMANN. Das Rechtsgut der Umweltdelikte:Grenzen des strafrechtlichen Umweltschutzes[M].Frankfurt am Main:P.Lang, 1991; 作为博士论文的概要论文参见 : O. HOHMANN. Von den Konsequenzen einer personalen Rechtsgutsbestimmung im Umweltstrafrecht[J]. Goltdammer's Archiv für Strafrecht (GA)，1992:76-87.

资格；第二，人格法益概念要求"实在的侵害因果性（reale Verletzungskausalität）"；第三，人格法益概念有助于以批判性见解理解普遍法益。① 进而霍曼具体批判了想要扩张环境刑法的态度，认为必须在人类的"生命"、"健康"、"身体完整性"这样的基础上理解环境刑法的法益，其理由是：其一，环境刑法所说的环境概念已经与人类具有相互关联性；其二，由于环境概念本身不明确的状况，以法益把握环境本身并不妥当。② 霍曼认为像这样理解环境刑法时，在法教义学层面具有以下实际讨论实益：一是在解释《德国刑法典》第 324 条规定的构成要件时会更加严格，二是把这种环境犯罪不是以危险犯而是作为侵害犯理解有利于限制抽象危险犯的扩张。③

对于哈塞默教授及其法兰克福学派有关刑法保护前置化的见解能够提起两点评价：首先，此说以人格法益概念来遂行体系批判的作用，能够把普遍法益尽可能限制在人格的自我发现，有利于防止广泛承认普遍法益而过分扩张刑罚权的倾向。其次，作为核心刑法的回归和刑法的替代手段的干涉法是否能起到限制效果是存在疑问的。因为主张更小适用限制的干涉法不仅在程序上有可能过分侵犯个人权利，而且对犯罪行为的证明也可能不太严格，反而会使对人权侵害的忧虑更高，因此干涉法的方案能够被评价为与其初衷自相矛盾的提案。

（二）通过传统刑法的灵活解释

汉斯·约阿希姆·希尔施（Hans-Joachim Hirsch）④ 在批判由哈塞默教授所主张的通过干涉法的解决方案，以及主张在未来保障领域中放弃法益概念的施特拉滕韦特教授之见解的同时，提出了以下新的解决对策。

---

① O. HOHMANN. Von den Konsequenzen einer personalen Rechtsgutsbestimmung im Umweltstrafrecht[J]. Goltdammer's Archiv für Strafrecht (GA)，1992:78-79.

② O. HOHMANN. Von den Konsequenzen einer personalen Rechtsgutsbestimmung im Umweltstrafrecht[J]. Goltdammer's Archiv für Strafrecht (GA)，1992:83.

③ O. HOHMANN. Von den Konsequenzen einer personalen Rechtsgutsbestimmung im Umweltstrafrecht[J]. Goltdammer's Archiv für Strafrecht (GA)，1992:85-86.

④ HANS JOACHIM HIRSCH. Strafrecht als Mittel zur Bekämpfung neuer Kriminalitätsformen?[M]// Hans-Heiner Kühne，Koichi Miyazawa(Hrsg.).Neue Strafrechtsentwicklungen im deutsch-japanischen Vergleich.Köln :Carl Heymanns 1995:11-13.

首先，希尔施教授一方面指出在未来保障领域中放弃法益问题的施特拉滕韦特教授的主张是非常危险的见解，他认为尽管法益概念其本身呈现出不明确性，但是作为防止刑法的不合理性和不明确性的栅垒，是教义学不能放弃的理论成果。因法益概念成为问题而在特别需要努力的地方要求法益概念的放弃，并不意味着刑法的发展而仅仅意味着回归到法治国家以前的思维方式。① 一方面，希尔施教授提出了与哈塞默教授完全不同的见解，他在强调环境刑法效率的不充分性并非该当刑罚规定失败之证明的同时提出了以下论据：环境保护在社会共同体内所占比重表明了对这种刑罚规定与特别刑法规定的赞同，这种比重也反映在其作为国家目标被导入德国基本法中这一点上。正因为出现这种特别警告信号的效果，所以才能看到国家挥舞刑法这面旗帜。从现实来看德国每年有关环境犯罪的 2700 件有罪判决是不能忽视的，这不是单纯的象征性格所能够言及的。而且也不能忽视因环境刑法作用而获得的国民和企业的敏感性，由于企业置于公众瞩目之下，在被发觉的场合会对企业形象带来致命的伤害，所以该规定会对企业带来充分的一般预防效果。② 由此，希尔施教授导出了刑法迄今为止没有必要对刑法的要求或刑法的法治主义原则进行一般性修正，反而即使在新兴领域中也要遵守这些原则这一特别重要的结论。③ 其次，希尔施教授对德国自 1970 年以来一直持续增加的刑法保护前置化现象形态进行了分析，指出这种新刑罚构成要件主要存在于：（1）由于计算机技术、原子能技术和遗传基因工程等科学技术进步而导致新领域风险形成的场合；（2）虽然迄今已经部分在秩序违反法或者附属刑法中被处罚，但是由于价值评价变化而被纳入强烈关心领域，通过被导入刑法而把评价升格或加重以及前阶段扩张

---

① HANS JOACHIM HIRSCH. Strafrecht als Mittel zur Bekämpfung neuer Kriminalitäts-formen?[C]// Hans-Heiner Kühne，Koichi Miyazawa(Hrsg.).Neue Strafrechtsentwicklungen im deutsch-japanischen Vergleich.Köln :Carl Heymanns 1995:17. 另

② HANS JOACHIM HIRSCH. Strafrecht als Mittel zur Bekämpfung neuer Kriminalitäts-formen?[C]// Hans-Heiner Kühne，Koichi Miyazawa(Hrsg.).Neue Strafrechtsentwicklungen im deutsch-japanischen Vergleich.Köln :Carl Heymanns 1995:23.

③ HANS JOACHIM HIRSCH. Strafrecht als Mittel zur Bekämpfung neuer Kriminalitäts-formen?[C]// Hans-Heiner Kühne，Koichi Miyazawa(Hrsg.).Neue Strafrechtsentwicklungen im deutsch-japanischen Vergleich. Köln: Carl Heymanns 1995:31-32.

的行为样态作为对象；（3）由于现代社会的全球化以及跨国化，使可罚性行为不仅在数量上增加而且出现新的行为样态，对可罚性的提前与强化提供了契机。[①] 通过对上述刑法保护前置化的梳理，希尔施教授认为普遍法益概念已经在刑法的法益保护上占据了相当部分。因此法益关联问题的焦点是细分化的问题，也即对轮廓被充分抹除的利益以何种尺度进行测量的问题，而不再是是否把普遍法益作为刑法保护法益的问题。[②] 由此希尔施教授得出了"通过立法新近包含于刑法领域的犯罪不全是异质物，刑法基本上适合于作为应对新犯罪发展的手段，适于应对新型犯罪的刑法与适于处理传统犯罪的刑法具有同样程度"的第二结论。

希尔施教授的见解相比较于前述三种方案可以说在理论上构筑了更巩固的壁垒，这是因为希尔施教授对施特拉滕韦特所提出的"我们不能用 18 世纪的精神工具来解决 21 世纪的问题"这一主题表示全面同意的同时，不是以定位不明而必然惹起刑罚或制裁之不均衡的干涉法，也不是以多少有些极端的法益概念之放弃和纯粹机能性刑法之转向，而是在传统法治国家的刑法框架中，通过对新法益概念、抽象危险犯、行政从属性问题、集团责任问题的细致理论分析和灵活性受容，来解决未来领域的问题。也即"考虑现代社会的复杂性时，必须接受风险社会的刑法象征化和机能化某种程度是必然的，但是在其中作为理性刑法产物的罪刑法定主义和责任原则、比例原则、补充性原则等近代刑法原则的本质不能被毁损"[③]。

立足于传统刑法学而展开对新型犯罪类型的斗争这一希尔施教授的见解大致上是妥当的。这是因为在刑法上保护法益的范围随着时代的变化而流动的态势下，刑法上的普遍法益日益被重视，所以以抽象危险犯形态出

---

① HANS JOACHIM HIRSCH. Strafrecht als Mittel zur Bekämpfung neuer Kriminalitäts-formen?[C]// Hans-Heiner Kühne，Koichi Miyazawa(Hrsg.).Neue Strafrechtsentwicklungen im deutsch-japanischen Vergleich. Köln: Carl Heymanns 1995:12-16.

② HANS JOACHIM HIRSCH. Strafrecht als Mittel zur Bekämpfung neuer Kriminalitäts-formen?[C]// Hans-Heiner Kühne，Koichi Miyazawa(Hrsg.).Neue Strafrechtsentwicklungen im deutsch-japanischen Vergleich. Köln: Carl Heymanns 1995:16-18.

③ 이용식 . 위험사회에서의 법익보호와 적극적 일반예방 [J], 형사정책, 2001，13(1):55.
(李用植 . 风险社会的法益保护和积极的一般预防 [J]. 韩国 : 刑事政策，2001，13(1):55.)

现的新犯罪类型完全不是刑法上的异质物。但是如果参照急剧变化的社会面貌能够认为希尔施教授的见解也存在局限性，也即他因没有考虑风险刑法领域的特殊性而存在问题。因为现代社会中的风险在其特性上具有全球性、未知性、系统性、两面性的特征，所以不是风险领域的所有问题都成为刑法考虑的对象。例如科学技术的发展必然伴随着对生态环境的侵害，但如果禁止所有这种行为可以说意味着对现代文明的放弃，在生态环境领域的刑法应对应当意味着对风险的最后手段性考虑，也即风险领域的刑法应对是通过考虑时代状况下该社会机能顺利维持的风险容许值而得以合理化的。

第二节　前置化正当边界的理论构想

刑法前置化的正当边界涉及两个问题：何种行为才是我们应当处罚而且也需要处罚的？前者属于应罚性（Strafwürdigkeit）的问题，后者属于需罚性（Strafbedürftigkeit）的问题。行为的应罚性应通过社会危害性的评价而加以认定，而行为的需罚性则通过刑罚目的的考量而加以确证。一个不法行为，只有当其对刑法所保护的法益产生社会危险或者社会损害时才具有应罚性，而只有当没有其他更有效或同等有效的手段可利用时才具有需罚性，处罚具有应罚性及需罚性的不法行为才具有正当性。①

一、刑法前置化的应罚性限制

在刑事立法领域中立法者做出某种行为构成犯罪的决断不是单纯基于国家刑事政策角度的衡量，而是主要考虑先于立法者犯罪化决断的行为应罚性。应罚性作为客观存在的行为本质属性，主要着重的是行为对于社会共同生活的破坏性格，其衡量的重点始终聚焦在如何去建构一个具有社会损害与法益侵害的行为之评价上：如果行为存在对法益的侵害与危险就具

---

① Vgl. HARRO OTTO. Grundkurs Strafrecht: Die einzelnen DelikteGrundkurs Strafrecht[M].7 Auflage.Berlin: De Gruyter Rechtswissenschaften,2005: 1.

有了应罚性，如果行为不存在对法益的侵害与危险就不具有应罚性，想要通过应罚性来犯罪化的立法者决断就会被制止，因此在这种脉络上，以法益的侵害与危险作为基准的应罚性能够发挥拘束刑事立法的限制机能，并因此在市民的自由领域不因国家刑罚权而被不当缩小的意义上，能够贡献于市民自由权利的保障。

（一）体系批判法益内容之确定

法益是确定刑法保护前置化界限的首要标准，因为"法益作为法律基本原则的汇集区（Fluchtpunkt），能够把宪法呈现的自由基本概念直接带进法律的解释中"①，"法益概念在特定行为当罚性的刑事政策审查上能够提供最有意义的基础性基准"②。但是，由于刑法保护的前置化一方面将刑法干预的方式提前到尚未发生实害的阶段，另一方面将刑法干预的对象逐渐向危害行为方向推移，传统法益理论所要求的法益关联性与法益现实性要求都出现重大疑问，法益理论面对大量新设的前置化立法无法凭借自身力量来提示拘束立法者的批判尺度，因此把法益概念与其他刑法原理相结合而补充法益概念的探讨方式成为必要。正如斯沃博达（Swoboda）教授所适切指出的："许多论者均认为个人法益学说无法处理集体法益的泛滥与刑法过度前置化的问题，而个人法益学说本身亦无法独立发展出体系批判的标准，所以必须从理论外部寻求形塑标准的依据"③。

---

① BERND SCHÜNEMANN. Das Rechtsgüterschutzprinzip als Fluchtpunkt der verfassungs-rechtlichen Grenzen der Straftatbestände und ihrer Interpretation[M] // Roland Hefendehl, Andrew von Hirsch, Wolfgang Wohlers (Hrsg.). Die Rechtsgutstheorie: Legitimationsbasis des Strafrechts oder dogmatisches Glasperlenspiel?. Baden-*Baden*: Nomos, 2003: 135；中文译文参见许迺曼. 法益保护原则——刑法构成要件及其解释之宪法界限之汇集点 [C].// 何赖杰，译. 许玉秀，陈志辉，编. 不移不惑献身法与正义——许迺曼教授刑法法论文选辑. 台北：新学林出版股份有限公司,2006: 229.

② 罗克辛教授指出，法益概念使人们认识到国家刑罚权界限的问题点，并由此使该问题成为解决可能的。CLAUS ROXIN. Strafrecht Allgemeiner—Teil Band I: Grundlagen.Der Aufbau der Verbrechenslehre [M]. 4 Auflage.München: C.H.Beck, 2006: (§2 Rn.51)29.

③ SABINE SWOBODA. Die Lehre vom Rechtsgut und ihre Alternativen[J]. Zeitschrift für die gesamte Strafrechtswissenschaft (ZStW), 2010,122: 35.

1. 以防御利益来寻找法益内容

在意识到体系批判法益概念的刑法限制机能局限性的刑法学者中，能够看到以费尔巴哈的权利侵害理论为解决线索的动向。在这之中以波鸿大学的霍尔恩（Hörnle）教授为其代表。霍尔恩（Hörnle）教授主张，由于法益仅仅把法益概念作为概念壳来利用以满足其内容，所以不能在法益概念内部去发现其内容，反而应在法益概念背后的其他前提也即宪法中去寻找。以此立场为出发点，霍尔恩（Hörnle）认为应从与国家刑罚权和禁止介入相对的防御权角度出发，特别是应在《德国基本法》第2条第1款的限制理由（只要不侵害他人权利、只要不违反宪法合致秩序、只要不违背道德法则，谁都具有发现自身个人人格权自由的权利）上，去寻找满足法益概念内容的评价观点。① 基于这种方法论，霍尔恩（Hörnle）分析了德国宪法的基本权限制理由，认为成为刑事立法者实质指针的尺度应在"他人权利"上寻找，该尺度应在作为基本权主体的他人之个人主观权利上进行理解。②

霍尔恩（Hörnle）并未把基本法上的"权利"概念仅仅限定在人的某种利益上，而是以理性的、一般化可能的、持续并且重要的他人之"安全利益（Sicherheitsinteresse）来进行说明，只有这种利益才具有刑法上的保护价值。这种安全利益不仅是防止介入个人领域也是防止介入集体领域的个人之"防御利益（Abwehrinteresse）。③ 在这里霍尔恩（Hörnle）为了把集体法益包含在防御利益的概念中，采用了把防御利益分类为公有权和共享权的说明方法。由此个人各自具有的安全利益就是集体意味的利益。④ 集体利益仅仅作为为行使个人自由权而被利用的构架组件才具有刑法保护之必要性。通过这种立论，霍尔恩（Hörnle）主张将德国刑法典中保护社会禁忌、

---

① TATJNA HÖNLE. Grob anstoessiges Verhalten: Strafrechtlicher Schutz von Moral, Gefühlen und Tabus[M]. Frankfurt am Main: Vittorio Klostermann, 2004: 41ff.

② TATJNA HÖNLE. Grob anstoessiges Verhalten: Strafrechtlicher Schutz von Moral, Gefühlen und Tabus[M]. Frankfurt am Main: Vittorio Klostermann, 2004: 65ff.

③ TATJNA HÖNLE. Grob anstoessiges Verhalten: Strafrechtlicher Schutz von Moral, Gefühlen und Tabus[M]. Frankfurt am Main: Vittorio Klostermann, 2004: 77ff.

④ TATJNA HÖNLE. Grob anstoessiges Verhalten: Strafrechtlicher Schutz von Moral, Gefühlen und Tabus[M]. Frankfurt am Main: Vittorio Klostermann, 2004: 86f.

感情或者道德价值的构成要件从刑法的保护领域中予以排除。①

2. 以犯罪构造来推导法益内容

黑芬德尔（Hefendehl）在 2002 年发表的教授资格论文《刑法中的普遍法益》（Kollektive Rechtsgüter im Strafrecht）中认为，虽然不可能作出具有"确实防御"内容的法益概念，但是不能就因此而过小评价法益的积极意义。由于连环境、经济制度、司法制度这样的普遍法益（Kollektive Rechtsgüter）也具有保护的必要性，所以更详细的类型分析和根据建立是必要的。② 因为这种问题意识，黑芬德尔（Hefendehl）就普遍法益进行了分析，并由此试图导出可罚性的界限。

第一，通过实质化法益概念进一步强化法益论的批评机能。虽然黑芬德尔（Hefendehl）也承认法益作为犯罪实质的原则性意义，但是又认为从来的体系超越的法益概念应被放弃。取而代之的是采取在第一阶段进行现行法上被保护法益的检讨，并将其结果作为法益概念的内容予以反馈的方法。这种方法被称为"向下的实质化（von unten materialisiert）"③。④ 也即，成为实质化法益的第一基准是刑法的"保护法（Schutzrecht）"性格，单纯以怠于实施义务的理由进行处罚可以说违反宪法。因此，法益概念不能理解为观念的或者物质的东西，而应该理解为"现实的"东西，在分析法益概念的时候，必须同时把握实际的危险和损害的可能性，由此能够使法益概念具有批判的能力。

---

① TATJNA HÖNLE. Grob anstoessiges Verhalten: Strafrechtlicher Schutz von Moral, Gefühlen und Tabus[M].Frankfurt am Main: Vittorio Klostermann, 2004: 209ff.

② ROLAND HEFENDEHL. Das Rechtsgut als materialer Angelpunkt einer Strafnorm[M]// Roland Hefendehl, Andrew von Hirsch, Wolfgang Wohlers (Hrsg.).Die Rechtsgutstheorie: Legitimationsbasis des Strafrechts oder dogmatisches Glasperlenspiel?[C]. Baden-Baden, 2003: 119; 佐々木康貴. 紹介ローランド・ヘッフェンデール「刑罰規範の実質的な主要点としての法益」[J]. 朝日大学大学院法学研究論集, 2005, 5: 91-93.

③ WINFRIED HASSEMER/ULFRID NEUMANN. Vorbemerkungen zu §1.Rn.145.[M] // Urs Kindhäuser, Ulfrid Neumann, Hans-Ullrich Paeffgen(Hrsg.). Nomos Kommentar zum Strafgesetzbuch (NK): Band 1.5 Auflage. Baden-Baden: Nomos, 2017: 157-158.

④ ROLAND HEFENDEHL. Kollektive Rechtsgüter im Strafrecht[M]. Köln: Carl Heymanns, 2002: 22-24.

第二，通过普遍法益的体系作业来促进法益批判机能。黑芬德尔（Hefendehl）认为，从来的超个人法益框架仅仅以对"公众（Allgemeinheit）"起作用这一理由作为普遍法益的体系化基准是不充分的。应通过从价值面分析某种制度或社会资源对于人类自我实现有何种功能，从存在面分析若要达成这种功能必须具备何等事实条件这一基准对普遍法益进行体系化。普遍法益首先可以粗略地分为保护个人自由领域的范畴和保护成为国家大体框架之条件的范畴。前者的例子可以举出文书伪造的法益，后者的例子可以举出保护国家自己的规定、保护特定机关之机能的规定、禁止对市民的国家之直接行为的规定。黑芬德尔（Hefendehl）认为，通过对普遍法益的细致分类，能够课以各个不同的"确立根据负担"，以实现法益的批判性机能。

第三，通过普遍法益与犯罪构造之关联来强化法益批判机能。也即分析个别行为与这些客体之间的侵害历程如何发生，是实害犯、危险犯还是累积犯，而尝试去指明普遍法益的特殊犯罪构造。黑芬德尔（Hefendehl）认为，仅仅对法益概念进行分类、体系化无法形成有关法益概念内容的推论。但是进行实质性法益概念的体系化，以形成各个构造之分析的场合，常常法益概念的批判性能力也当然随之附带发生。① 关于被详细的分析、分类的普遍法益的范畴，进一步基于各种法益的理解，尝试精确地理解其"犯罪构造"。据此，将能够维持法益论的立法批判机能。②

3. 以论证对话来补充法益内容

作为哈赛默（Hassemer）教授的弟子，施特赫林（G.Staechelin）博士不仅在 1998 年发表的博士论文《宪政国家的刑事立法》（Strafgesetzgebung im Verfassungsstaat）中尝试从宪法上正当化人格法益论，③ 而且还在同年发表的论文"法益理论和对被法益理论规定之利益的攻击方法间的相互依存性"（Interdependenzen zwischen der Rechtsgutstheorie und den Angriffswegen auf die dadurch bestimmten Güter）一文中进一步通过"攻击方法"这一论

① ROLAND HEFENDEHL. Die Materialisierung von Rechtsgut und Deliktsstruktur[J]. Goltdammer's Archiv für Strafrecht (GA) 2002: 21-23.

② 嘉門優. 法益論の現代的意義 [J]. 刑法雑誌 ,2007,47(1): 36-48.

③ G. STAECHELIN. Strafgesetzgebung im Verfassungsstaat [M]. Berlin: Duncker und Humblot, 1998.22-28.

证工具来补充人格法益论具有的局限性。① 施特赫林（G.Staechelin）博士首先问题化法益论所面对的困境：②（1）法益概念动用的基准消失；（2）人格法益论因不合致保护普遍法益必要性这一理由而被拒否；（3）由于现代社会具有的复杂性，因新型侵害而保护社会价值之必要出现；（4）法益保护变质为法规范保护；（5）处理法益概念的过程中法益概念的无价值性（Hilflosigkeit）广泛出现。③ 然后通过对 G.Arzt、C.Roxin、W.Hassemer、G.Jakobs 以及 W.Frisch 的法益论逐一进行检讨，④ 最后得出了法益概念的批判机能依然有用但需要进行补充的结论。⑤ 其见解大致可以归纳为以下两点：

第一，以"对话理论（Diskurstheorie）"为法益的批判机能建立根据。施特赫林（Staechelin）主张如果法益概念想要遂行自身任务的话，考虑该法益概念以外的其他基准是更加必要的。也即"最后手段性"、"刑法的片断性"、"规范评价的一贯性"、"第二次损害或者无法预期副作用的回避"以及"攻击方法"等。⑥ 施特赫林（Staechelin）继受了哈赛默（Hassemer）主张一定行为对法益的侵害或危殆化是犯罪化该行为的必要条件但不是充

①　G. STAECHELIN. Interdependenzen zwischen der Rechtsgutstheorie und den Angriffswegen auf die dadurch bestimmten Güter [M]// K.Lüderssen (Hrsg.). Aufgeklärte Kriminalpolitik oder Kampf gegen das Böse? Band I: Legitimation[C]. Baden-*Baden*: Nomos, 1998: 239-262.

②　G. STAECHELIN. Strafgesetzgebung im Verfassungsstaat[M]. Berlin: Duncker und Humblot, 1998: 30-33.

③　G.STAECHELIN. Interdependenzen zwischen der Rechtsgutstheorie und den Angriffswegen auf die dadurch bestimmten Güter [M]// K.Lüderssen (Hrsg.).Aufgeklärte Kriminalpolitik oder Kampf gegen das Böse? Band I: Legitimation.Baden-*Baden*: Nomos, 1998: 241-242.

④　G.STAECHELIN. Interdependenzen zwischen der Rechtsgutstheorie und den Angriffswegen auf die dadurch bestimmten Güter [M]// K.Lüderssen (Hrsg.).Aufgeklärte Kriminalpolitik oder Kampf gegen das Böse? Band I: Legitimation[C]. Baden-*Baden*: Nomos, 1998: 242-249.

⑤　G. STAECHELIN. Interdependenzen zwischen der Rechtsgutstheorie und den Angriffswegen auf die dadurch bestimmten Güter [M]// K. Lüderssen (Hrsg.). Aufgeklärte Kriminalpolitik oder Kampf gegen das Böse? Band I: Legitimation.Baden-*Baden*: Nomos, 1998: 262; G.Staechelin. Strafgesetzgebung im Verfassungsstaat[M]. Berlin: Duncker und Humblot, 1998.99-100.

⑥　G. STAECHELIN. Interdependenzen zwischen der Rechtsgutstheorie und den Angriffswegen auf die dadurch bestimmten Güter [M]// K. Lüderssen (Hrsg.). Aufgeklärte Kriminalpolitik oder Kampf gegen das Böse? Band I: Legitimation. Baden-*Baden*: Nomos, 1998: 249.

分条件的见解，但是同时又进一步认为，与其说人格法益论所说的法益概念意味着某种实体，不如理解为只不过显示出以刑法必须保护的利益和人格之间存在一定的"推论关联性（Ableitungszusammenhang）"①。继而施特赫林（Staechelin）把这种人格法益理解为一种"论证目录（Argumentationstopoi）"，认为能够以"对话（diskursiv）"为法益概念建立根据。②

第二，通过在法益中导入"攻击方法"来补充法益的批判机能。施特赫林（Staechelin）认为由于人格法益概念只不过是一种论证目录，因此主张导入"攻击方法"这一论证工具来补充人格法益概念。所谓"攻击方法（Angriffswege）"是指刑法的保护法益通过外部侵害也即"攻击"被侵害的方法或样态。③ 施特赫林（Staechelin）得出了以下结论："虽然在部分上提起正当性批判，但法益概念在判断刑事政策的决定时，特别是在立法领域中进行这种判断时依然成为有用的基准。但是法益概念并未表现出，因进一步细分化而被蓄积的刑事政策的论据——该论据在进行刑事政策决定判断的讨论时是必要的。法益之攻击方法属于法益概念以外的必要基准。把该攻击方法作为确定法益内容之标准来加以运用，能够发挥使刑法保护前阶段化之理由得以明确的作用，并由此体现作为批判性论证工具的潜在力。"④

4. 以实定概念来掌握法益内容

马蒂亚斯·克吕格（Matthias Krüger）教授在其于 1999 年发表的《法益概念的去实质化倾向》（*Entmaterialisierungstendenz beim Rechtsgutsbe-*

---

① G. STAECHELIN. Interdependenzen zwischen der Rechtsgutstheorie und den Angriffswegen auf die dadurch bestimmten Güter[M] // K. Lüderssen (Hrsg.). Aufgeklärte Kriminalpolitik oder Kampf gegen das Böse? Band I: Legitimation. Baden-*Baden*: Nomos, 1998: 251-252.

② G. STAECHELIN. Interdependenzen zwischen der Rechtsgutstheorie und den Angriffswegen auf die dadurch bestimmten Güter[M]// K. Lüderssen (Hrsg.). Aufgeklärte Kriminalpolitik oder Kampf gegen das Böse? Band I: Legitimation. Baden-*Baden*: Nomos, 1998: 252.

③ G. STAECHELIN. Interdependenzen zwischen der Rechtsgutstheorie und den Angriffswegen auf die dadurch bestimmten Güter[M]// K.Lüderssen (Hrsg.). Aufgeklärte Kriminalpolitik oder Kampf gegen das Böse? Band I: Legitimation.Baden-*Baden*: Nomos, 1998: 252.

④ G. STAECHELIN. Interdependenzen zwischen der Rechtsgutstheorie und den Angriffswegen auf die dadurch bestimmten Güter[M]// K.Lüderssen (Hrsg.). Aufgeklärte Kriminalpolitik oder Kampf gegen das Böse? Band I: Legitimation. Baden-*Baden*: Nomos, 1998: 262.

griff）的博士论文中，针对现代刑法中"法益的去实质化倾向（Entmaterialisierungstendenz）"[①]，认为从来为限制处罚而要求的前实定法的法益概念已经无法发挥批判机能，并由此主张着眼于作为实定法概念的法益机能，即使以实定的法益概念进行处罚制约也是可能的。[②]

从来作为实定法法益概念代表的霍尼希（Honig）的"方法论、目的论的法益概念"[③]，被二战后的学说批判为由于是"内容空虚的抽象概念"而"无法与作为国家主义刑法理论的基尔学派相对抗"。克吕格（Krüger）一方面承认这种批判本身的正当性，但另一方面却主张即使是实定法的法益概念也具有处罚限制机能。认为如果因该当犯罪构成要件的解释，而使该构成要件保护普遍法益的情形变得明确，就不能因法益概念的观点而被批判。与之相反，在仅仅主张超个人法益（财）保护，而完全不被法的构成要件所保障的场合，不能作为该规范的法益。[④] 从这种观点出发，克吕格（Krüger）教授将实定法法益概念的处罚限制机能归纳为两点：

第一，在行为规范层面，通过充分明确的法益概念使侵害犯和危险犯的区分成为可能。克吕格（Krüger）认为，在确认各构成要件的保护法益之际，必须同时对法益给与明确的轮廓。这不仅是因为根据范围暧昧的法益无法区别侵害犯和危险犯，而且是因为具有明确轮廓的法益对于以实质不法的观点阶梯性地把握侵害犯和危险犯的区别是不可欠缺的。[⑤] 例如，通说认为《德国刑法典》第 316 条（醉酒驾驶）是保护"道路交通的安全性"这一超个人法益的规定。但是，克吕格（Krüger）批判通说过于暧昧而无法提

---

① 参见慕尼黑大学教授（2009）Matthias Krüger 的博士论文《法益概念的去实质化趋势》（Entmaterialisierungstendenz beim Rechtsgutsbegriff）》（Halle-Wittenberg, 1999）；MATTHIAS KRÜGER. Die Entmaterialisierungstendenz beim Rechtsgutsbegriff[M]. Berlin: Duncker & Humblot, 2000: 15.

② MATTHIAS KRÜGER. Die Entmaterialisierungstendenz beim Rechtsgutsbegriff [M]. Berlin: Duncker & Humblot, 2000: 106.

③ 伊東研祐. 法益概念史研究 [M]. 東京：成文堂,1984: 121.

④ MATTHIAS KRÜGER. Die Entmaterialisierungstendenz beim Rechtsgutsbegriff [M]. Berlin: Duncker & Humblot, 2000: 106.

⑤ MATTHIAS KRÜGER. Die Entmaterialisierungstendenz beim Rechtsgutsbegriff [M]. Berlin: Duncker & Humblot, 2000: 107-109.

供区别侵害犯和危险犯的具体基准，主张必须从"现实损害"的观点出发进行更详细的检讨。[①] 也即在把饮酒驾驶规定的法益以"生命、身体的完整性和所有权"那样构成的场合，对于与非物质化倾向相连结的、前阶段犯罪化领域中的刑法扩张，能够发挥批判的机能。[②]

第二，在制裁规范层面，通过相互比较法益概念使各犯罪之法定刑的调整成为可能。其典型例子是 1994 年刑法修改时在身体犯和财产犯之间的法定刑调整。进而，保护超个人法益犯罪的法定刑，必须与侵害个人法益时被科处的刑罚相比较。例如，在把《德国刑法典》第 265 条（保险欺诈）与欺诈未遂阶段相比较时，刑罚被酌定减轻的欺诈未遂的法定刑可以高于经济犯罪（除第 264 条、第 298 条以外）的法定刑。虽然为了应对大量增加的经济犯罪而必须肯定财产上具有更高价值的普遍法益，但是通说不能无矛盾的说明以上那样的法定刑。因此，即使在制裁规范的层面上，通过进行明确的法益概念的比较，也能够发挥对立法的批判机能。[③]

总之，克吕格（Krüger）批判迄今为止的法益讨论仅仅着眼于法益的前实定法性格，而集中于寻找法益的一般概念的做法。认为应当着眼于法益的实定法侧面，正是在这里存在着法益概念的批判性机能。

5. 刑法前置化的法益控制标准

上述对法益立法批判机能的讨论虽然存在不同，但是各见解都认为法益概念作为刑事立法界限基准能够发挥体系批判的机能这一点无法否定，也即主张法益概念在特定行为当罚性的刑事政策审查上能够提供最有意义的基础性基准。[④] 综合上述见解，本书认为刑法前置化的法益控制标准应

---

① MATTHIAS KRÜGER. Die Entmaterialisierungstendenz beim Rechtsgutsbegriff [M]. Berlin: Duncker & Humblot, 2000: 109-110.

② MATTHIAS KRÜGER. Die Entmaterialisierungstendenz beim Rechtsgutsbegriff [M]. Berlin: Duncker & Humblot, 2000: 109-110.

③ MATTHIAS KRÜGER. Die Entmaterialisierungstendenz beim Rechtsgutsbegriff [M]. Berlin: Duncker & Humblot, 2000: 115-117; OLAF HOHMANN. Das Rechtsgut der Umweltdelikte: Grenzen des strafrechtlichen Umweltschutzes[M]. Frankfurt am Main/New York: P.Lang, 1991: 142-143.

④ CLAUS ROXIN.Strafrecht Allgemeiner—Teil Band I: Grundlagen.Der Aufbau der Verbrechenslehre [M].4 Auflage.München: C.H.Beck, 2006: (§2.Rn.17) 19.

当从以下三个方面加以补充。

（1）充实前置于实定法的法益内容

赋予法益概念批评性能力以控制刑事立法者的立法行为，有必要使抽象的、空洞的法益概念在某种程度上被具体化、实质化，能够就何种利益能够成为刑法法益对立法者提供内容的指针。首先，应当从法益的价值面出发，根据宪法的价值秩序来描绘法益的轮廓。[①] 法治国家不能被仅仅理解为权力分立和独立司法以及依法行政的形式制度，而应当理解为通过对国家权力的节制在市民人格的自由保障上设定方向的实质概念。因此，刑事立法仅在基于个人自由而确保并维持社会生存条件的场合才承认正当性。其次，应当从法益的存在面出发，寻求能够成为犯罪对象的现实的事实基础。[②] 刑法必须把法秩序的社会变化纳入考虑，[③] 这是因为"法益不是单纯的存在，而是在社会中被创造的"[④]。法益的确定和通过法益的可罚性界限，与社会的发展和该社会显现的价值变化相关联。法益概念不仅应被理解为规范的概念，而且也被理解为不是静止的而是变化可能的概念。[⑤] 例如关于脏器买卖禁止是否入罪化，仅仅从传统意义的个人法益来分析是非常困难的，但如果考虑社会结构形态的变化，能够推导出人性尊严保护说、移植机会公平性保障说、脏器移植信赖确保说等抽象法益或普遍法益，而这

---

① 由宪法秩序导出法益概念的见解参见：CLAUS ROXIN. Strafrecht Allgemeiner—Teil Band I: Grundlagen. Der Aufbau der Verbrechenslehre [M].4 Auflage. München: C.H.Beck, 2006: (§2 Rn.9-50)16-29; JÜRGEN BAUMANN, ULRICH WEBER, WOLFGANG MITSCH. Strafrecht Allgemeiner Teil[M].11 Auflage.Bielefeld: Gieseking 2003: §3 Rn.12.

② 内藤謙. 刑法理論の史的展開 [M]. 東京：有斐閣,2007: 154-160.

③ REINHART MAURACH,HEINZ ZIPF, CHRISTIAN JÄGER.Strafrecht Allgemeiner Teil—Teilband 1: Grundlehren des Strafrechts und Aufbau der Straftat[M].9 Auflage.Heidelberg: C.F.Müller, 2014: §19 II.Rn.8; WINFRIED HASSEMER/ULFRID NEUMANN.Vor§1 Rn.201. [M]]// Urs Kindhäuser, Ulfrid Neumann, Hans-Ullrich Paeffgen (Hrsg.). Nomos-Kommentar zum Strafgesetzbuch.Band 1.3 Auflage.Baden-*Baden*: Nomos,2010: 139.

④ WINFRIED HASSEMER/ ULFRID NEUMANN.Vor§1 Rn.283.[M] // Urs Kindhäuser, Ulfrid Neumann, Hans-Ullrich Paeffgen (Hrsg.). Nomos-Kommentar zum Strafgesetzbuch.Band 1.3 Auflage.Baden-*Baden*: Nomos,2010: 155.

⑤ CLAUS ROXIN. Strafrecht Allgemeiner—Teil Band I: Grundlagen. Der Aufbau der Verbrechenslehre[M].4 Auflage. München: C.H. Beck, 2006: (§2 Rn.15)18-19.

种法益越来越接近个人和共同体的"自然权利（naturlicheRechte）"，因此成为刑法法益的可能性日益变大。

（2）充足体系内的立法者说明责任

立法者负有根据法益论不仅对该当"立法目的"而且对保护对象，进而对何种侵害或危险才能影响其对象的明示义务。[①] 特别是新设普遍法益保护成为问题的场合，应当从作为侵害对象之法益的观点出发，要求对该普遍法益至少应能明确区分侵害犯和危险犯的实质，在该法益不能认定侵害对象的场合不能作为立法被承认。也即，"通过法益论会导出使立法者就诸多制度的保护理由而产生更实质说明责任之归结"[②]，在仅以某些制度保护的必要性无法正当化该当规定时，立法者负有说明为何该制度对个人来说是有用的这一解释义务，由此以确保立法者仅能进行必要最小限度的立法。换言之，如果能够根据法体系内的立法者指示，透过刑法分则各条文所涉及的保护内容与其表现出的规范方式的解析，使得刑罚规定的要件明确化并一定程度地确定下来，进而以这样的理解重新回馈到刑法总论里有关法益概念的讨论，那么就能够发挥法益概念的立法批判机能。也即，在法体系内的立法者说明责任是普遍法益概念避免过度膨胀、前置化的制动阀，透过体系内立法者说明义务的行使，使新型态的犯罪类型在构成要件上必须受到其牵制而不至于过度前置化。

（3）考虑法益侵害方式和具体类型

因不法行为的存在而在其反面承认法益仅仅是立法者犯罪化决定的必需要件之一，所以还必须以被规范保护的法益为本质连接点，考虑法益的侵害方式（Angriffswege）和具体类型（Deliktstypen）。[③] 通过相互区分考察

---

① 嘉門優. 法益論の現代的意義 [J]. 刑法雑誌,2011,50(2): 119-134.

② 嘉門優. 法益論の現代的意義 [J]. 刑法雑誌,2011,50(2): 119-134.

③ 一方面把法益论作为与应保护性（Schutzwürdigkeit）有关的刑事政策审查的本质意义基准,另一方面在法益论以外的角度来考虑作为刑法正当性基准的需保护性（Schutzbedürftigkeit）的见解,在今天的德国刑法学中被有力主张。参见：WOLFGANG WOHLERS. Rechtsgutstheorie und Deliktsstruktur[J]. Goltdammer's Archiv für Strafrecht (GA) 2002: 17; G.STAECHELIN. Strafgesetzgebung im Verfassungsstaat[M]. Berlin: Duncker und Humblot, 1998: 55,90; ROLAND HEFENDEHL. Die Materialisierung von Rechtsgut und Deliktsstruktur[J].Goltdammer's Archiv für Strafrecht (GA) 2002: 22-23.

法益本身和对法益的侵害方式（Angriffswege），分析判断在特定行为规范其结果上体现的犯罪构成要件的正当性。不仅能够使何种侵害或危险会招致对现实利益（Gut）的被害变得明确，[①] 而且能够提供对法益保护前置化的限制。[②] 例如在立法者新设婚内强奸罪构成要件的场合，仅仅是法益的侵害样式被扩张，法益依然是"性的自我决定自由"。因此设置所谓婚内强奸罪的立法很难说是法益保护的前置化。[③] 在判断行为规范的立法正当性时考察犯罪类型，由于使以何种侵害方式保护何种法益变得明显，会确保立法者选择的保护范围（Schutzumfang）和保护技术（Schutztechnik）的透明性。例如，立法者以侵害犯方式制定犯罪构成要件的立法和以抽象危险犯形式制定的立法之间，在正当性判断的尺度上必须发生变化。抽象危险犯由于行为和法益之间的连结在很大程度上被弛缓，所以正当性判断尺度比起侵害犯的立法要更加严格。也即立法者选择何种犯罪类型的问题，并不仅仅是单纯对立法者意志的技术性转换问题，而是要特别考虑不同犯罪构成要件之规范正当性要求这一实质问题。

（二）行为类型攻击样态之限制

在确定一个基本上值得保护的法益后，仍然不容许最后对刑法规范的合法性作出最后判断。因为"除此之外应罚的不法还要求以一个在行为人的应罚行为和受保护法益之间的特殊内在联系作为进一步的正当性标准（所谓的犯罪结构）。可罚行为必须为受保护法益而建立否定的、不允许的

---

①　G.STAECHELIN. Strafgesetzgebung im Verfassungsstaat[M].Berlin: Duncker und Humblot, 1998: 57.

②　雅各布斯教授认为，由于法益概念无法提供确定的界限和标准，因此可罚性的前阶段化被推进的本质理由在于法益保护原则本身的缺陷，继而提出以规范保护来取代法益保护作为可罚性的界限。GÜNTER JAKOBS. Kriminalisierung im Vorfeld einer Rechtsgutsverletzung[J]. Zeitschrift für die gesamte Strafrechtswissenschaft (ZStW),1985,97(4): 751.

③　이진국. 형사입법자의 형벌법규 제정권한의 한계에 관한 연구 [M]. 서울: 한국형사정책연구원, 2003: 71.(李镇局. 刑事立法者的刑罚法规制定权力之界限研究 [M]. 首尔: 韩国刑事政策研究院, 2003: 71.); 이진국. 형사입법에서 법익개념의 체계비판적 기능 [J]. 동아법학,2005,37: 120-121.(李镇局. 刑事立法中法益概念的体系批判机能 [J]. 韩国·东亚法学,2005,37: 120-121.)

和可归责于行为人之风险的根据"①。换言之，仅仅法益概念自身无法完结的判断刑事立法的正当性，因为法益概念仅仅意味着特定行为犯罪化的必要而非充分条件。所以，在判断刑事立法的正当性上虽然从法益论出发，但是对特定利益和价值是否具有被刑法保护的必要性，有必要结合个别犯罪类型来进行检讨。

1. 行为类型攻击样态限制的讨论

近年来，关于抽象危险犯正当化根据的讨论，出现了不拘泥于法益论而转向犯罪类型论的倾向。代表性见解是沃尔夫冈·沃勒斯（Wolfgang Wohlers）的主张。沃勒斯认为，迄今为止关于刑法界限的讨论一般与法益论相关联，也即刑法把法益保护作为其课题，采取不具有"法益侵害或者危殆化这一法益关联性（Rechtsgutsbezug）的刑罚规定不存在"的"法益保护原则"。但是，要求这种法益关联性的德国现行刑法的构成要件，并未应答现代预防刑法的要求。也即，为了以刑法有效控制对环境污染、特定物质和科学技术的处置，要求与法益侵害或危险结果之关联性的现行构成要件由于过分迟缓而毫无意义。刑法的课题应当是，对法主体（Rechtssubjekt）的行为，产生排除潜在危险状况之影响。因此，在现代预防刑法上，立者并未与特定行为客体的侵害和具体危险相连结，而是制定基于潜在侵害危险的构成要件。②

沃勒斯教授指出，虽然有关法益的讨论依然具有一定价值，而没有必要完全放弃法益概念，③但是该价值的内容却未必明确，而很难说具有独

---

① ULRICH SIEBER. Legitimation und Grenzen von Gefährdungsdelikten im Vorfeld von terroristischer Gewalt: Eine Analyse der Vorfeldtatbestände im Entwurf eines Gesetzes zur Verfolgung der Vorbereitung von schweren staatsgefährdenden Gewalttaten[J].Neue Zeitschrift für Strafrecht (NStZ)2009: 353,357; Vgl. WOLFGANG WOHLERS. Deliktstypen des Präventionsstrafrechts—zur Dogmatik "moderner" Gefährdungsdelikte[M].Berlin: Duncker & Humblot, 2000: 342ff; Vgl. ROLAND HEFENDEHL. Die Materialisierung von Rechtsgut und Deliktsstruktur[J].Goltdammer's Archiv für Strafrecht (GA) 2002: 21ff.

② WOLFGANG WOHLERS. Deliktstypen des Präventionsstrafrechts—zur Dogmatik "moderner" Gefährdungsdelikte[M].Berlin: Duncker & Humblot, 2000: 43-45.

③ WOLFGANG WOHLERS. Rechtsgutstheorie und Deliktsstruktur [J].Goltdammer's Archiv für Strafrecht (GA) 2002: 15-16.

立的实质内容。①"体系批判的"法益论在给与立法者合理的、使用可能的判断基准的同时，明显不能达成就该判断之正当性而提示外部证明基准这一被赋予其自身的目标。因此，过大评价法益论的能力存在问题，迄今为止把法益保护的早期化问题也即危险犯化的问题，作为法益探求的第二问题来对待这一态度，基本上是错误的。由此沃勒斯教授主张应当更详细地分析原本作为正当刑罚权基准的、犯罪构成要件的构造。为了发现刑法的介入界限，必须把视点从是否能够说是法益这一正当性问题的探究也即〔"是否（ob）"的问题〕，转移到刑法在何种范围内对何种"攻击样态（Angriffsarten）"应该介入的问题〔也即"如何（wie）"的问题〕。② 特别是，德国的抽象危险犯范畴，现在处于汇集所有不能作为侵害犯和具体危险犯来讨论之犯罪构成的状况，所以应对这种抽象危险犯的范畴（特别是现代型的抽象危险犯）进行分类，正是对各个类型的分析，才对发现犯罪类型的具体、合理的正当化根据起作用。③ Wohlers 认为，汇集在抽象危险犯这一范畴中的犯罪构成要件的共通点，不是法益的"抽象危殆化"，而是内在于成为各种问题的每个行为样态的"一般危险性"。继而 Wohlers 把这种抽象危险犯的范畴分为具体危险性犯（konkrete Gefährlichkeitsdelikte）、累积犯（Kumulationsdelikte）、预备犯罪（Vorbereitungsdelikte）三种类型予以具体讨论。④

2. 行为类型攻击样态限制的评价

对于沃勒斯教授的见解，本书认为法益侵害关联和攻击样态限制实际

① 　WOLFGANG WOHLERS. Deliktstypen des Präventionsstrafrechts—zur Dogmatik "moderner" Gefährdungsdelikte[M].Berlin: Duncker & Humblot, 2000: 279.

② 　WOLFGANG WOHLERS. Rechtsgutstheorie und Deliktsstruktur [J].Goltdammer's Archiv für Strafrecht (GA) 2002: 15-16; 嘉門優 . 法益論の現代的意義（二・完）——環境刑法を題材にして [J]. 大阪市立大学法学雑誌 [J],2004,51(1): 114-115.

③ 　WOLFGANG WOHLERS. Rechtsgutstheorie und Deliktsstruktur [J].Goltdammer's Archiv für Strafrecht (GA) 2002: 15-16.

④ 　WOLFGANG WOHLERS. Rechtsgutstheorie und Deliktsstruktur [J].Goltdammer's Archiv für Strafrecht (GA) 2002: 15-16; WOLFGANG WOHLERS. Deliktstypen des Präventions-strafrechts—zur Dogmatik "moderner" Gefährdungsdelikte[M].Berlin: Duncker & Humblot, 2000: 311-313; 嘉門優 . 法益論の現代的展開 : 法益論と犯罪構造 [J]. 国学院法学 ,2007,44(4): 132-133.

上可以相互补充，彼此并不构成对对方的反对，其理由是：

第一，犯罪结构对法益概念的补充并不构成对立法批判机能的否定。例如罗克辛教授指出，"沃勒斯（Wohlers）和黑芬德尔（Hefendehl）总是一直强调，对刑法规范的正当化而言，法益理论并不总是足够的，而是在特别的'犯罪结构'（预备犯和危险犯）必须发展附加的可罚性界限。这一点他们是对的，但是这并不使得法益原则的功能受到局限，仅仅是显示了由犯罪结构来补充法益原则的必要性"[①]。因此"犯罪结构的转向"仅仅只是法益概念立法批判机能的补充。

第二，即使在分析犯罪构造之上也必须把法益作为评判的具体基准。正如嘉门优教授所批评的那样，"在详细分析危险之时，不考虑作为危殆化对象的法益的不同构造的精确判断真的可能吗。既然对象构造不同，在危险判断之际也将其纳入考虑是当然的。作为关联点的法益的构造分析的重要性在这里应该被再确认。因此，法益论的体系批判机能不应该被放弃"[②]。

第三，这种主张放弃通过法益论自身导出犯罪类型的正当化基准，通过检讨法益保护的早期化问题也即危险犯类型，尝试发现风险刑法的界限。像这样首先进行危险犯的分析与分类，进行合乎每个犯罪类型之群组的解释，发现各种正当化基准，不正是对法益保护的早期化进行刹车吗。[③] 原本不能忘记使这种危险犯的犯罪类型分析成为可能的是法益概念。也即法益是侵害、危险的对象，承担了作为分析犯罪类型之际的基准点的作用。

二、刑法前置化的需罚性限制

刑法保护的早期化与刑罚预防论密不可分，因为如果刑罚的目的是犯罪及其法益侵害的预防，那么刑法在尚未发生法益侵害的时点予以介入，就会被评价为有助于刑罚目的实现的国家介入，所以预防性观念借助于实用

---

① CLAUS ROXIN. Zur neueren Entwicklung der Rechtsgutsdebatte[M] // Ulfrid Neumann,Felix Herzog (Hrsg.). Festschrift für Winfried Hassemer[C]. Heidelberg: C.F.Müller,2010: 584; 中译文可参见 Roxin. 法益讨论的新发展 [J]. 许丝捷，译．月旦法学杂志 ,2012(12): 273.

② 嘉門優．法益論の現代的展開：法益論と犯罪構造 [J]. 国学院法学 ,2007,44(4): 148.

③ 嘉門優．法益論の現代的展開：法益論と犯罪構造 [J]. 国学院法学 ,2007,44(4): 155.

性（Nützlichkeit）考虑或者效果性分析而进入刑法。①预防逻辑对刑法的殖民化需要受到预防理性的限制，目的偏离、手段过剩或者得不偿失都不符合预防理性的要求。而预防理性意味着基于预防目的的需罚性考虑，也即"应罚性主要着重的是行为对于社会共同生活的破坏性格，而需罚性关注的焦点则在于国家动用刑罚的目的衡量"②。如果国家对于特定行为的规范有比以刑罚处罚更轻微的手段，并可预期有更良好的成效时，则刑罚即无动用的必要。

（一）定罪层面之预防必要性

在法益侵害前阶段的刑事可罚性前置化被看作是预防逻辑的表达。③"所谓预防刑法，系相对于建立在启蒙思想之上的传统古典刑法而言，它不再严格强调以既成的法益侵害结果作为追究刑事责任的基础，而是着眼于未来，基于对安全的关注，着重于防范潜在的法益侵害危险，从而实现有效的社会控制"④。无论是不要求具体危险发生也不要求结果惹起的抽象危险行为，还是将构成要件行为的处罚时点前置到准备阶段的预备犯，都是在损害发生之前就早期介入以遮断该当行为因果进程的预防刑法。

这种预防刑法以行为本身的损害因果预测而非实际侵害结果为处罚根据，因此被质疑为违背了古典刑法的损害原则和责任主义，超出了刑法作为最后手段的功能定位：⑤第一，具体危险事象的消除是警察法的对象而非刑法的对象；第二，成为处罚对象的行为和该当处罚的根据相乖离；第三，因为危险成为介入根据，外在行为变得不重要。⑥因此，对预防刑法还必须基

---

①　TOBIAS SINGELNSTEIN. Logik der Prävention: Eine kriminologische Perspektive auf das Strafrecht und andere Formen sozialer Kontrolle[M]// Beatrice Brunhäber (Hrsg.).Strafrecht im Präventionsstaat[C]. Stuttgart: Franz Steiner, 2014: 48.

②　Vgl.RENÉ BLOY. Die Beteiligungsform als Zurechnungstypus im Strafrecht[M].Berlin: Duncker & Humblot,1985: 34f.

③　WOLFGANG NAUCKE. Schwerpunktverlagerungen im Strafrecht [J].Kritische Vierteljahresschrift für Gesetzgebung und Rechtswissenschaft (KritV),1993: 145.

④　何荣功 . 预防刑法的扩张及其限度 [J]. 法学研究 ,2017(4): 138-139.

⑤　何荣功 ."预防性" 反恐刑事立法思考 [J]. 中国法学 .2016(3): 154; 何荣功 . 预防刑法的扩张及其限度 [J]. 法学研究 ,2017(4): 145-148.

⑥　Vgl. JENS PUSCHKE. Strafbarer Umgang mit sog.Hacking-Tools—Repression, Prävention oder Intervention?[M]// Beatrice Brunhöber (Hrsg.). Strafrecht im Präventionsstaat[C]. Stuttgart: Franz Steiner, 2014: 116ff.

于宪法上的比例原则，加以预防必要性的检验才能获得正当性。① 因为宪法在法秩序的等级制度中相对于其他法律具有优先地位，因此作为下位法的刑法能够通过宪法被限制制约而获得正当化。

1. 预防必要性的基本功能

首先，预防必要性能够用来证明因结果发生而加重行为人负担的合理性。"在刑法中所涉及的是透过禁止规范的一般预防效力来防止侵害，所以只有当结果归责本身能够放入一般预防的效力装置时，刑法上的结果归责在刑事政策上才有其意义"②。所以，行为人完全无法加以预见的事情、行为人缺乏结果回避可能性的事情、行为人不在规范保护目的范围内事情，都不能被置于刑罚威吓的压力之下。因为如果禁止规范对于阻止结果发生不是有用工具，那么基于侵害禁止规范而启动刑法并对结果加以处罚也就没有意义，只有当行为人所违反的行为规范预期上正好适合于用来防止具体结果的发生时才能归责于行为人。

其次，预防必要性能够用来评价各类违法阻却事由在整体法秩序中的正当性。一个自愿陷入规范设定风险中的被害人，基于自我决定和自我答责的原理就不具有预防必要性，因为自我放弃保护就丧失了需保护性，最终对于整体利益的非优化承担责任的表现形式，就是排除行为人的不法。③正当防卫由于是侵害人自己违反不得侵犯他人法益的义务，而使自身处于本可避免的危险境地，因此从预防必要性的角度来看侵害人法益的值得保护性下降，而侵害人法益值得保护性的下降是确定防卫限度的关键。"防卫限度的宽严主要不取决于侵害行为所针对的法益种类，而是取决于侵害行为给他人有效、安全防卫所造成的阻力和困难的大小"，"不法侵害人给有效防卫造成的困难越大、给防卫人自身安全造成的危险系数越高，防卫人为排除这种障碍和危险所需采取的反击措施就越激烈，侵害人法益值得保护性

---

① JOHANNES KASPAR. Verhältnismäßigkeit und Grundrechtsschutz im Präventionsstrafrecht[M]. Baden-Baden: Nomos,2014: 211f, 243ff.

② [德] 许逎曼. 关于客观归责 [M]. 陈志辉，译 .// 许玉秀，陈志辉编 . 不移不惑献身法与正义——许逎曼教授刑法论文选辑 [C]. 台北：新学林出版股份有限公司，2006: 551.

③ 参见车浩. 体系化与功能主义：当代阶层犯罪理论的两个实践优势 [J]. 清华法学，2017，11(5): 62.

的下降幅度就越大，与之相应防卫的限度就越宽松"①。

再次，预防必要性能够用来判断行为人责任的有无及其程度。罗克辛（Roxin）把在不法之后并以不法为基础的犯罪范畴称为"负责性（Verantwortlichkeit）"，刑事负责性＝行为的有责性＋刑罚的预防必要性（Strafrechtliche Verantwortlichkeit ＝ Schuldhaftigkeit der Handlung ＋ präventive Notwendigkeit der Strafe）。② 雅各布斯（Jakobs）也主张从一般预防的观察角度出发，根据行为人对法规范的忠诚和社会解决冲突的可能性来决定行为人是否具有责任。③ 因此，动用刑罚惩罚一个人，不仅是因为他有罪责，而且因为其有预防的必要。例如在家暴案件中遭受虐待的被害妇女出于极端恐惧和痛苦而实施的攻击行为，不是因为不法和责任的双重减少而免责，而可能是因为针对一个情绪冲动的动机压力缺乏预防性处罚的必要性。④

2. 预防必要性对刑法前置化的限制

一般而言比例原则可以分为五个判断阶段：（1）被国家追求的规制目的是否正当，（2）为该当目的而投入的手段是否正当，（3）为目的达成的该当手段是否适当，（4）为目的达成的该当手段是否必要，（5）被行为达成的目的和所生损害之间是否均衡。⑤ 责任刑法主张的适正报应等形而上学的目的设定，无论该当制裁的目的合理性，还是经验验证都是不可能的，难以和作为宪法原则的比例原则相整合，因为仅仅确定法益概念还不能回答：什么是应该被保护的法益？侵害该当利益的行为是否被全部犯罪化？为保护该当利益的早期介入是否容许？

---

① 陈璇．侵害人视角下的正当防卫论 [J]．法学研究，2015(3): 138.

② Vgl. CLAUS ROXIN.Strafrecht Allgemeiner － Teil Band I: Grundlagen.Der Aufbau der Verbrechenslehre [M]. 4 Auflage. München: C. H. Beck, 2006: 855-859.

③ Vgl. GÜNTHER JAKOBS. Strafrecht: Allgemeiner Teil[M]. 2 Auflage. Berlin: W. de Gruyter, 1991: 480ff.

④ CLAUS ROXIN. Die präventive Bestrafungsnotwendigkeit als Voraussetzung strafrechtlicher Verantwortlichkeit [M]// Jan C.Joerden / Kurt Schmoller (Hrsg.) Rechtsstaatliches Strafen: Festschrift für Prof. Dr. Dr. h. c.mult.Keiichi Yamanaka zum 70.Geburtstag am 16. März 2017[C]. Berlin: Duncker & Humblot, 2017: 467ff.

⑤ Vgl. JOHANNES KASPAR. Verhältnismäßigkeit und Grundrechtsschutz im Präventionsstrafrecht[M].Baden-Baden: Nomos, 2014: 100ff, 241ff.

与形而上学的责任刑法不同，预防刑法使行动准则和处罚尺度的合理讨论成为可能，使基于经验观察和实证数据的效果检验成为可能，能够通过对预防必要性的考量而与比例原则的检验相适合。这是因为，预防意味着在损害发生以前就加以阻止，不发生损害是预防的根本目的，因此在预防手段有复数选项的场合应选择最有效阻止损害的手段，行为完全没有预防效果或者所造成损害大于由此所避免的损害则排除出预防范围，由此可以认为预防本身内含目的的合理性。①

（1）排除不具危险的前置处罚类型。立法者在设置前置处罚犯罪类型时，常常采用了所谓的"霰弹射击技术（Schrotschußtechnik）"，其构成要件设计不仅包括非常详细的可罚行为方式的描述，而且也涵括大量不法关联极其微弱或者相当遥远的行为。例如为犯罪提供网络工具、技术服务等中性帮助行为虽然表面上被纳入"帮助信息网络犯罪活动罪"或者"提供侵入、非法控制计算机信息系统的程序、工具罪"的构成要件范围，但如果实质上看，由于相关中性帮助行为刑事可罚性前置化的原因与其说是行为本身的行为危险，毋宁说是后续主行为的特定危险以及为预防而早期干涉之必要性，因此如果通过事后检验能够查明该工具提供行为并未对后续主行为形成值得预防之危险关联，就应当认为该工具提供或技术服务行为不具有预防的必要性而排除入罪。

（2）排除危害较小的前置处罚类型。在我国由于不法行为实行违法和犯罪相区别的不法二元论，②犯罪概念因此是立法定性和司法定量相结合、形式违法与实质危害、入罪功能与出罪功能相结合③的概念，一个行为构成

---

① BORIS BURGHARDT. Was Ist Das Problem Mit Der Prävention Im Strafrecht?[M] // Beatrice Brunh-ber (Hrsg.). Strafrecht im Präventionsstaat. Stuttgart: Franz Steiner, 2014: 84.

② 即使是采违法一元论或者立法定性司法定量的国家，微罪不罚这个命题也被视为不待多言的当然之理。例如德国联邦最高法院在 2007 年 400/07 号裁定中即已明确表示：如果仅因为行为人从超市里偷了两罐总价不超过 0.62 欧元的啤酒，并且未购买一张价值 1 欧元的车票而乘坐大众交通运输工具的犯罪事实，即对于行为人科处十个月有期徒刑将显然违反过度评价禁止原则。（参见：BGH, Beschluss v.15.11.2007— 4 StR 400/7 = JuS 2008, 371,373.）

③ 关于《刑法典》第 13 条犯罪概念"但书"规定的功能存在着"出罪功能说"与"入罪功能说"的分歧。（参见：王昭武. 犯罪的本质特征与但书的机能及其适用 [M]. 法学家 ,2014(4): 65-79.）本书不赞同这种理论对峙，而主张出罪功能与入罪限制功能实际上是统一的，其理由主要有三：1. 构成要件的不法推定机能；2. 刑事政策影响犯罪论的进入通道；3. 刑法文本的指示要求。

犯罪不仅要具有"危害社会而依照法律应当受到处罚的"应罚性，还要具有"非属情节显著轻微危害不大的"需罚性。前置处罚类型由于将犯罪处罚的时点提前到实害尚未发生的阶段，因此其危害程度往往处于损害因果流程的早期阶段，如果通过对行为与结果以外的周边事态的观察，能够认定该前置处罚行为整体上造成的社会危害效果较小，就应当认定没有刑罚预防的必要性而不视为犯罪。

（3）排除社会不相当的前置处罚类型。刑法保护前置化由于其保护对象和保护方式向行为方向的推移，其处罚类型往往涉及危险物品的持有、犯罪契机的给与、关联危险的诱发等不法的非典型领域，而这些领域经常是一个社会的行动自由和市场活力的保证，通过社会相当性判断，能够使规范刑法学的观察融入了社会学的知识和方法，对社会现实生活和人们普遍遵从的习惯给予关注和尊重，从而对刑法的早期干预所带来的社会紧张和负面效果加以克服，因为"社会相当性理论的核心思想就在于，应当结合社会现实状况和一般价值观念对构成要件进行实质的把握，从而将那些虽然在条文用语上与构成要件相符，但实质上却并不具有作为犯罪类型之基础的社会危害性的行为排除出犯罪的框架"[①]。

（4）排除纯粹意向的前置处罚类型。从行为刑法的原则出发，刑法构成要件仅仅处罚行为人的侵害或者危险行为，而非与其生活方式或者未来意向相连接。[②] 由于前阶段构成要件行为的惩罚，在法益侵害的前阶段发生，在行为和法益之间的客观可辨认联系相比侵害犯要显著微弱。完全放弃与前阶段行为的客观不法联系，而仅仅从行为人的计划得出可罚性根据，是属于不被允许的思想刑法。前阶段刑法构成要件的正当性仅仅在于，行为已经具有了客观的损害倾向并因此明确表达与保护法益之间的损害关

---

① 陈璇. 刑法中社会相当性理论研究 [M]. 北京：法律出版社 ,2010: 51.

② ARNDT SINN/WALTER GROPP/FERENC NAGY(Hrsg.), Grenzen der Vorverlagerung in einem Tatstrafrecht: Eine rechtsvergleichende Analyse am Beispiel des deutschen und ungarischen Strafrechts[C], Göttingen: Universitätsverlag Osnabrück,2011: 13, 19; Vgl. CLAUS ROXIN. Strafrecht Allgemeiner—Teil Band I: Grundlagen.Der Aufbau der Verbrechenslehre [M]. 4 Auflage. München: C.H.Beck, 2006: 178f.

联。①

（5）排除主观不法薄弱的前置处罚类型。如果行为的危险内容对受保护法益而言越无关紧要，法益侵害前移到刑事可罚性的前阶段就越宽广，在主观构成要件层面的行为不法关联就越重要。这特别适合于未具体化的预备犯，因为在法益侵害指向上一个主观故意可以克服行为临近（Tatnähe）之缺乏与行为计划之具体化不足，并因此决定性的与构成行为的不法行为相关联。② 因此，前阶段犯罪化必须具有一个以一般预防和特殊预防来加以遏制的主观不法，以弥补因为行为结构前置所带来的不法缺失。例如，《刑法典》新修第 338 条污染环境罪由过失结果犯前置为抽象危险犯时，在客观不法结构上所造成的不法薄弱必须通过主观不法构成来补偿，因此第 338 条的责任形式不可能采取过失说而只能是故意。③

总之，只有当法益具有急迫性或是损害难以回复的情况下，事前预防才会比事后禁止更为有效。反之，在法益急迫性不明显或是损害轻微的情况下，事前预防其实并不比事后禁止更有效果。可见，法益保护的前置化并不表示效果更好，如果前置化的行为禁止，对于法益只有低度危险，那么行为规范的效果是有限的，只有当法益已经产生高度危害，提前介入保护法益的行为规范效果才是显著的。因此，效果判断的关键，并不是法益保护的前置化与否，而是行为是否引起高度的危害或是一旦损害发生，后果会相当严重。因而事前许可的行为规范即使属于限制较为严重的立法手段，还是可能通过必要性的检验，关键便在于事前禁止的行为是否已经对于法益

---

① URILICH WEBER. Die Vorverlegung des Strafrechtsschutzes durch Gefährdungs-und Unternehmensdelikte[M]// Hans-Heinrich Jescheck(Hrsg.).Die Vorverlegung des Strafrechtsschutzes durch Gefährdungs-und Unternehmensdelikte.Berlin/New York: Walter de Gruyter, 1987: 1,15; ARNDT SINN/WALTER GROPP/FERENC NAGY(Hrsg.),Grenzen der Vorverlagerung in einem Tatstrafrecht: Eine rechtsvergleichende Analyse am Beispiel des deutschen und ungarischen Strafrechts[C]. Göttingen: Universitätsverlag Osnabrück, 2011: 13, 19.

② ULRICH SIEBER. Legitimation und Grenzen von Gefährdungsdelikten im Vorfeld von terroristischer Gewalt: Eine Analyse der Vorfeldtatbestände im Entwurf eines Gesetzes zur Verfolgung der Vorbereitung von schweren staatsgefährdenden Gewalttaten[J]. Neue Zeitschrift für Strafrecht (NStZ) 2009: 353,361.

③ 相似见解参见：张明楷 . 污染环境罪的争议问题 [J]. 法学评论 ,2018(2): 18-19.

形成急迫、重大的危险，以致于事后处罚将形成难以填补、回复的损害。反之，如果事前禁止的行为对于法益的危害程度尚低，那么事后禁止所能达成的效果就可能跟事前禁止一样有效，事前禁止便可能遭受违反必要性的质疑。①

（二）量刑层面之预防必要性

随着刑法的前阶段犯罪化和处罚早期化的产生，从来作为未遂犯或者预备犯被评价的行为，被立法者或者司法者以独立既遂犯的形式进行处罚，由此带来"处罚阶段的前置化"。这种处罚阶段的前置化原本是通过刑法的早期干预以实现对犯罪的控制，但是由于把犯罪人提早作为既遂处罚，原本通过中止制度促使犯罪人从犯罪中后撤的可能性就被排除了，由此导致早期化处罚的目的不仅没有达到，反而有可能助长犯罪人继续实施并加深被害的现象发生。因此，如何使犯罪人在危险既遂后实害发生前也能享受刑罚预防的制度激励，如何对努力不使被害人发生进一步实害的犯罪人也能给予一定的优待措置就成为难题。对此在《德国刑法典》中规定了具有"既遂犯成立后中止犯"性格的"积极悔过（tätige Reue）"制度，这一制度普遍被视为正当化前阶段犯罪化或者刑事可罚性前置化的重要途径，② 因为"危险犯、预备犯前移既遂的刑事可罚性到法益侵害的前阶段，以至于一个行为尽管实质上看还未实施完毕，但形式上看却已经既遂而不存在适用中止的可能性，对此一个与中止相类似的积极悔过（tätige Reue）制度是合适的，以这种方式，一个太宽泛的刑事可罚性前置化至少能在一些场合被限制"③。

1. 德国刑法中的积极悔过

与德国刑法总则中的中止制度不同，积极悔过（tätige Reue）制度主要被设置在刑法典分则中。该规定主要针对预备犯、危险犯、企行犯等刑法前置保护类型，这种犯罪类型由于形式上看是既遂犯，因此不可能适用总则的

---

① 单丽玟. 抽象危险犯的必要性审查 [J]. 月旦法学杂志 ,2015(3): 181.

② TOBIAS CEFFINATO. Vollendungsumkehr und Wiedergutmachung[M]. Tübingen: Mohr Siebeck,2017: 21ff.

③ JULIA BRONS. Binnendissonanzen im AT: Die Vorfeld-und Beteiligungsstrafbarkeit nach dem StGBim Spannungsfeld zwischen europäischen Vorgaben und deutscher Strafrechtsdogmatik[M]. Baden-Baden: Nomos, 2013: 417.

中止犯规定。但是为了防止实质的法益侵害，仍然可以说是期待行为人自身法益保全行为的有益手段。

（1）积极悔过的类型

积极悔过规定与中止犯规定不同，被规定在分则中，能够分为三个类型：[①] 一是与预备犯有关的积极悔过规定。例如《德国刑法典》中分别就内乱预备罪（第 83 条）、伪造货币和证券之预备罪（第 149 条）、爆炸物或辐射线犯罪之预备罪（第 310 条）等预备罪规定了积极悔过的规定。二是与企行犯有关的积极悔过规定。所谓企行犯（Unternehmensdelikte）是指未遂和既遂同等看待的犯罪形态。[②] 该概念的目的是通过同等看待既遂和未遂来取消《德国刑法典》第 23 条的未遂刑罚减轻和正犯中止可能性，从而在更早阶段就强化刑罚威嚇。[③] 例如《德国刑法典》中分别就对联邦的内乱罪（第 81 条）、对州的内乱罪（第 82 条）、引发核能爆炸罪（第 307 条）等企行犯规定了积极悔过的规定。三是与危险犯有关的积极悔过规定。例如《德国刑法典》中分别就叛国之间谍行为（第 98 条）、未受准许离开事故现场罪（第 142 条）、未经宣誓的虚伪陈述（第 153 条）、伪证（第 154 条）、拐人勒赎（第 239 条 a）等众多危险犯规定了积极悔过的规定。

这些预备犯、企行犯和危险犯的犯罪类型由于把法益侵害前阶段的预备行为、未遂行为或者危险行为分别作为独立的实行行为予以规定，从而把刑事可罚性的时点提前到仅仅预备阶段、未遂阶段、危险阶段就被视为以处罚为原则的既遂，由此在犯罪行为更早阶段就谋求刑法保护的前置化。在这些犯罪的场合，犯罪行为本身距离法益的实害还存有相当距离，通过行为者本人的既遂逆转（Vollendungsumkehr）还存在救助法益侵害的可能性，因此与未遂和中止具有共通性，但是却无法适用总则的未遂规定和中止犯规定。由此导致尽管从实质法益侵害来看，处于比未遂更早阶段或至少是

---

① Vgl. MORTEN BLÖCKER. Die Tätige Reue [M]. Baden-Baden: Nomos,2006: 77-78.

② VoLKER KREY, ROBERT ESSER. Deutsches Strafrecht Allgemeiner Teil[M]. 6. Auflage. Stuttgart: W. Kohlhammer, 2016: 102; JÖRG EISELE/BERND HEINRICH. Strafrecht Allgemeiner Teil[M].1.Auflage.Stuttgart: W.Kohlhammer, 2017: 177.

③ HANS-HEINRICH JESCHECK,THOMAS WEIGEND. Lehebuch des Strafrechts Allgemeiner Teil[M]. 5. Aufl. Berlin: Duncker & Humblot, 1996: 526f.

同等阶段，但是却因规定形式不同而无法采用以刑罚减免来保护法益的手段，这显然与立法者的刑事政策意图不相符合。①

因此，积极悔过是指行为人在上述前置处罚犯罪类型已经既遂或终了后，但在法益的实质侵害发生前实施逆转和补救行为之场合，给予刑罚减免之恩典的制度。

（2）积极悔过的条件

由于积极悔过的规定在德国刑法中分散于分则多个罪名，因此归纳出能够适用于制度整体的共通要件相当困难。根据德国学者布诺克（Blöcker）的研究，积极悔过的构成大致上可以区分为以下要件：

①行为人原则上要实施积极行为。除少数悔过条款仅仅放弃行为即可之外，绝大多数悔过条款均以行为人实施积极行为为条件，但是各悔过条款所要求的积极行为内容因不同构成要件而有差异。例如伪造货币和证券之预备罪（《德国刑法典》第 149 条第 1 款）要求行为人不仅须因己意放弃预防行为之续行，而且还要防止因自己引起他人继续预备或实行之危险，或者防止行为之既遂（《德国刑法典》第 149 条第 2 款）。再如伪证（《德国刑法典》第 154 条）之悔过以行为人及时更正虚伪陈述者为条件，而且更正如已不能于判决时被援用或其行为已对他人造成不利或行为人已被告发或已进行侦查时均为迟误（《德国刑法典》第 158 条）。

②必须发生悔过行为的实际效果。所谓悔过行为的实际效果是指行为人必须通过悔过行为在实质意义上阻止侵害结果发生，如果保护法益的实质侵害结果已经发生，则原则上应当排除积极悔过规定的适用。存在例外的是《德国刑法典》第 306 条以下放火罪，由于该放火罪犯属于具体危险犯，以具体危险结果的出现为既遂要件，但是具体危险结果往往与一定程度的现实物理变更相联系，这时如果否定积极悔过的成立，就违反了想要回避更高强度之法益侵害的立法者意思，因此对作为具体危险犯的公共危险罪，即使发生了少许程度的实质侵害，也应当承认积极悔过规定的适用。②

③悔过行为必须具有自愿性。积极悔过规定多数以行为人悔过行为实

---

①　MORTEN BLÖCKER. Die Tätige Reue[M]. Baden-Baden: Nomos, 2006: 42.

②　MORTEN BLÖCKER. Die Tätige Reue[M]. Baden-Baden: Nomos, 2006: 84.

施的自愿性（Freiwilligkeit）为条件。在积极悔过规定的条文中使用了和中止犯规定（《德国刑法典》第24条）相同的文言"Freiwillig（自愿的）"，因此其内容也应当和中止犯的自愿性同一解释。① 例如第306条以下放火罪的行为人，只有在重大损害发生之前，因己意（自愿）灭火者才能适用《德国刑法典》第306e条的积极悔过责任减免事由。但是伪证罪的积极悔过（《德国刑法典》第158条）并未明文规定自愿性要求，因而《德国刑法典》158条应当是相比其他积极悔过规定在法效果上较弱的裁量型刑罚减免。

2. 我国刑法中的积极悔过

我国《刑法典》总则中规定的中止制度必须发生在犯罪过程中，因此行为人的行为逆转（Umkehrverhalten）只能发生在"开始实施犯罪行为之后、犯罪呈现结局状态之前的阶段"，在行为已经既遂而呈现结局性状况之后不可能再成立犯罪中止。② 因此，总则的中止规定仅仅针对处于犯罪过程中尚未停顿的行为，原则上不适用于前置处罚行为类型既遂后的"中止行为"。

但是，例外的在《刑法典》分则中规定了以（形式的）既遂后行为人的行为为理由而规定刑罚减轻的规定。例如刑法修正案（九）新修的刑法典第383条第3款规定："犯第一款罪，在提起公诉前如实供述自己罪行、真诚悔罪、积极退赃，避免、减少损害结果的发生，有第一项规定情形的，可以从轻、减轻或者免除处罚；有第二项、第三项规定情形的，可以从轻处罚。"再如刑法典第390条第2款规定："行贿人在被追诉前主动交代行贿行为的，可以减轻处罚或者免除处罚。"第351条第3款规定："非法种植罂粟或者其他毒品原植物，在收获前自动铲除的，可以免除处罚。"由于这些刑罚特别减免规定的宽宥理由有可能是出于刑事追诉效率、司法便宜考虑、处罚效果衡量等等，不一定都是基于预防必要性的需罚性考量，而且刑罚减免的程度（是应当还是可以）与效果（是减轻还是免除）之根据建立在何种基础上还不明确，同时是要求行为人必须实施逆转行为还是仅仅放弃即可也未形成体系，所以说我国分则中的特别减免规定还只是积极悔过制度的雏形。

---

① THOMAS FISCHER. Strafgesetzbuch mit Nebengesetzen[M]. 65. Auflage. München: C.H. Beck, 2018: §306 e Rn.5.

② 张明楷. 刑法学（上）[M]. 5 版. 北京：法律出版社，2016: 364-365.

　　本书认为，在刑事立法预防性转向的趋势中，作为预防逻辑基本表达的刑法保护前置化是无法避免的，但这并不意味着刑法就此走向纯粹功能主义，相反如果能够在各个前置处罚类型上，依据不同行为类型的事实特征，设置具体的既遂逆转和损害回复（Vollendungsumkehr und Wiedergutmachung）要求，作为过度前置化处罚和过剩前阶段立法的抵抗，那么就多多少少能够贡献于刑法保护前置的正当化。

　　首先，积极悔过规定有利于可罚性前置类型的正当化。由于刑法处罚的前置化将刑事可罚性的时点提前到对法益既没有实害也没有具体危险的早期阶段，因此刑法处罚的前置化常常遭受干预自由过甚和规制功能失效等诸多方面的质疑，这是因为抽象危险犯、预备犯等前置处罚犯罪类型所实现的不法程度只是一种结果发生的一般可能性，事实上存在自犯罪逆转以挽回结果发生的可能性，但是却因早期化处罚而使行为人丧失了自我救赎的道路。而积极悔过可以提供行为人在犯罪既遂后仍能自犯罪折返的途径，有利于化解前置处罚犯罪类型因为早期处罚所带来的负面效应，"积极悔过的定型化法则在自愿放弃行为（Tataufgabe）上限缩了宽泛的前阶段刑事可罚性（Vorfeldstrafbarkeit）"[1]。

　　其次，积极悔过规定有利于为认罪认罚从宽制度提供实体意义的标准。认罪认罚从宽制度是我国当前刑事司法领域正在进行的一项重大制度改革，[2]其改革宗旨是力图有效解决我国刑事司法领域中处罚优待的实体权利

---

　　[1]　JÖRG EISELE. Grund und Grenzen abstrakter Gefährdungsdelikte[M]// Risiko und Prognose: Rechtliche Instrumente zur Regelung von Gefährdungen in Korea, Japan und Deutschland aus zivil-, öffentlich-und strafrechtlicher Sicht; Vorträge des 2. trilateralen—deutsch-japanisch-koreanischen - Seminars, 20.-22. Juni 2006 in Konstanz. Wolfgang: Heinz, 2008: 6.

　　[2]　2014 年十八届四中全会通过的《中共中央关于全面推进依法治国若干重大问题的决定》中明确提出了"完善刑事诉讼中认罪认罚从宽制度"的改革任务。2015 年"两高"分别在《最高人民法院关于全面深化人民法院改革的意见——人民法院第四个五年改革纲要（2014—2018）》、《关于深化检察改革的意见（2013—2017 年工作规划）》中重申这项改革内容。2016 年 7 月中央全面深化改革领导小组第 26 次会议通过了《关于认罪认罚从宽制度改革试点方案》；同年 9 月第 12 届全国人大常委会第 22 次会议通过了《关于授权最高人民法院、最高人民检察院在部分地区开展刑事案件认罪认罚从宽制度试点工作的决定》；同年 11 月"两高"、公安部、国家安全部、司法部联合发布《关于在部分地区开展刑事案件认罪认罚从宽制度试点工作的办法》，至此基本实现了认罪认罚从宽制度改革从构想提出到实践落地的转变。

供给和程序权利保障问题。[①] 但是学术界与实务界的主流观点却不恰当地把认罪认罚从宽制度片面解读为效率导向的程序改革，从而将"实体上的从宽配置"错置为"程序上的从简机制"，由此很可能付出刑事司法制度正当性会不当流失的重大代价。因此，完善认罪认罚从宽制度本质上应当遵循从"效率化"到"权利化"的改革逻辑，通过实体法上从宽制度的明确规定和激励机制的有效构建，来实现刑事司法制度上文明与人道的改革目标。但遗憾的是，我国现行刑事实体法上对如何从宽却缺乏充分的研究，难以为认罪认罚制度改革提供有效的底层支撑，这也是刑事实体法学者在这场改革讨论中缺位的重要原因。因此，如何从传统的压制型思维向现代的预防型思维转变，如何丰富与完善刑事实体法中的中止、自首、坦白等从宽制度，就成为当前刑事法学者所面临的一个重要问题。

再次，积极悔过规定有利于解决"自动排除危险状态"等诸多难题。例如在行为人实施了破坏交通设施的公共危险行为，产生了足以使交通工具发生倾覆或者毁坏的法定危险状态，在实害结果尚未发生之前，又出于自身自由意志支配，积极采取有效措施排除先前产生的法定危险状态并使得实害结果最终没有发生的事例中，无论采取整体考察说还是区分观察说都存在缺陷。[②] 整体考察说认为只要法定危险状态已经出现，无论行为人是否有自动排除该危险状态行为，都不阻却危险犯既遂的认定。但该说不仅存在量刑过重的问题，而且与中止本质的"金桥理论"相违背；区分观察说认为应分别成立实害犯的中止与危险犯的既遂，但此说显然混淆了犯罪形态与犯罪阶段的区别，犯罪形态是犯罪的停顿状态，任何犯罪只有一种形态，不可能出现两种状态。但如果采用积极悔过制度，则能够给予行为人刑罚免除的优待，既不违反我国传统的犯罪形态理论，又能顺利解决行为人在刑事政策上的回归问题。

---

① 左卫民. 认罪认罚何以从宽：误区与正解——反思效率优先的改革主张 [J]. 法学研究，2017(3): 161.

② 相关讨论可参见：刘明祥. 论危险犯的既遂、未遂与中止 [J]. 中国法学，2005(6)；刘宪权. 故意犯罪停止形态相关理论辨正 [J]. 中国法学，2010(1)；周铭川. 论法定危险状态出现之后能否成立中止犯 [J]. 上海交通大学学报（哲学社会科学版），2010(3)；张明楷. 中止犯中的"造成损害" [J]. 中国法学，2013(5).

第六章　法益保护前置化的限制路径

　　伴随着风险社会结构变迁所带来的风险管控需求，以响应集体不安并平息舆论压力为内驱力的刑事立法逐渐成为国家治理的重要手段，其目标是促使国家以刑罚权尽可能地防堵各种可能出现的风险，在法益侵害出现的前阶段就防患于未然，尽早扑灭潜在的威胁因子。立法者基于对因果关系的证明难题与个人法益的保护滞后的考虑，将传统上侧重于人身与财产的保护重点，前置到位于人身与财产保护之前的公共安全与经济制度，试图通过一般性的安全秩序维护和体系功能保护来强化对个人法益的保护。例如以金融交易秩序保护财产、以信息安全保护隐私、以公共安全保护生命身体，基于针对这些法益所制定的刑法规范，原本可能只是侵害个人法益的预备或未遂行为（以特定操纵市场手段试图影响有价证券市场交易价格、以他人账号密码登入计算机设备、筹划与组织暴力犯罪集团）。

　　但是，法益保护前置化所带来的普遍法益往往是非常暧昧的，其本身"始终是不明确的 […] 和抽象的保护利益"[1]。这种法益的内容（公共安宁、信赖保护、秩序维护）越抽象，对立法者的诱惑就会越大，法益本身的正当性就越可疑。[2] 普遍法益的抽象化和空洞化，会使法益保护原则的立法

---

[1]　ROLAND HEFENDEHL. Mit langem Atem: Der Begriff des Rechtsguts – Oder: Was seit dem Erscheinen des Sammelbandes über die Rechtsgutstheorie geschah[J].Goltdammer's Archiv für Strafrecht (GA), 2007: 1,5.

[2]　Vgl.WOLFGANG BECK. Unrechtsbegründung und Vorfeldkriminalisierung : zum Problem der Unrechtsbegründung im Bereich vorverlegter Strafbarkeit, -erörtert unter besonderer Berücksichtigung der Deliktstatbestände des politischen Strafrechts[M].Berlin : Duncker & Humblot, 1992: 89.

批判机能无力化，原本并设计为在消极面上限制刑法的基准反而转换为在积极面上扩张刑法的根据，法益理论就此可能沦为法益前置化的背书。为了重塑（普遍）法益的立法批评机能，发挥法益理论对刑法保护前置化的牵制作用，以下尝试通过普遍法益的具体化，为法益保护的前置化提供正当性判旨和限缩性标准。

第一节　普遍法益概念的具体化

一、普遍法益的概念限缩

普遍法益能够为基于体系功能控制而积极使用刑事制裁的正当性建立根据。[①] 但问题在于，体系秩序的保护和信赖等"利益"是否真的作为法益被承认，而且即使承认应当保护的法益，在构成要件上应该如何认定行为和法益侵害的关联，应该如何划定应罚性的界线。近年在德国并未全面怀疑普遍法益，而是从正面采纳有关普遍法益的问题，从一定的批判性视点出发，区分真正的值得保护的普遍法益和不真正的不应该保护的利益（疑似普遍法益、表面法益）的见解正在变得有力。[②] 也即如果在普遍法益论上把"人性尊严"、"国民健康"、内心感情、社会伦理等暧昧价值从保护范围中排除的话，那么法益论的批判性机能就能在一定程度上被实现。这是因为，形式上的定义内容并无助于限定法益概念，例如具体的个人生命、身体健康无疑是生活利益，但国家政府的利益、永续发展的自然环境、投资者对证券交易市场公平运作的安心感等也能被认为是一种生活利益（甚至在现在的时空背景下可能被认为是更为重要的），所以学说上开始尝试导入某种

---

① 谢煜伟. 抽象的危険犯の現代的課題 [J]. 刑事法ジャーナル , 2012,33: 30-36.

② ROLAND HEFENDEHL. Kollektive Rechtsgüter im Strafrecht[M]. Köln: C.Heymann, 2002: 5-7; ROLAND HEFENDEHL. Die Materialisierung von Rechtsgut und Deliktsstruktur[J]. Goltdammer's Archiv für Strafrecht (GA) 2002: 21-22; IOANNA ANASTASOPOULOU.Deliktstypen zum Schutz kollektiver Rechtsgüter[M]. München: Verlag C.H. Beck, 2005: 237-239, 296-300; LUIS GRECO. Gibt es Kriterien zur Postulierung eines kollektiven Rechtsguts?[C]// Heinrich u.a.(Hrsg.). Festschrift für Claus Roxin zum 80 Geburtstag[C]. Berlin/New York: De Gruyter, 2011: 206-208.

限定基准赋予法益概念以实质内容。特别是在战后宪法价值再次重视人的概念这一背景下，尝试从宪法或人格概念出发来解释法益遂成为有力的见解。①

（一）个人法益学说的见解

虽然个人法益与普遍法益都是刑法保护体系的对象，但是围绕法益持有人的不同设计大致上可以区分为一元论与二元论两种立场。以梯德曼（Tiedemann）为代表的二元论主张放弃寻找普遍法益与个人法益的共同上位概念，而将两者彼此独立的简单并置或者对置。②

以哈赛默（Hassemer）为代表的一元论则正确指出，如果没有这种共同的上位概念，就不清楚刑法追求何种任务，也不知道从法政策和法哲学的角度来看为何是合理的。③在一元论的法益论中又发展了两条主线，普遍保护或者个人保护被分别视为刑法的中心任务。④根据最初由 Binding 和 Honig 所代表，以及最近以温和形式并由 Jescheck 和 Weigend 为代表的超个人主义一元论理论，法益构想来自于共同体利益即"全体或者国家的利益"，个人法益仅仅通过由国家分配并通过服务于公众利益的功能化而被创

①　把法益概念与个人相关联的学者有：Wohlers 认为"法益是一种公民就保障其个人自由开展之必要基本前提所享有的利益"（Wohlers.Rechtsgutstheorie und Deliktsstruktur[J]. GA 2002: 16.）；Sternenberg-Lieben 认为"法益是在历史情境中做为个人开展前提或条件的真实事态"（STERNENBERG-LIEBEN. Rechtsgut: Verhältnismäßigkeit und die Freiheit des Strafgesetzgebers[M] // Roland Hefendehl, Andrew von Hirsch, Wolfgang Wohlers (Hrsg.). Die Rechtsgutstheorie: Legitimationsbasis des Strafrechts oder dogmatisches Glasperlenspiel? Baden-Baden: Nomos, 2003: 67.）；Kindhäuser认为"法益是在平等地参与社会互动的观点之下的个人自由开展基础"（KINDHÄUSER. Rationaler Rechtsgüterschutz durch Verletzungs- und Gefährdungsverbote[M] // Lüderssen (Hrsg.). Aufgeklärte Kriminalpolitik oder Kampf gegen das Böse?.Bd.1.Baden-Baden: Nomos, 1998: 264.）

②　KLAUS TIEDEMANN. Tatbestandsfunktionen im Nebenstrafrecht[M]. Tübingen: Mohr (Siebeck), 1969: 119f.; OLAF HOHMANN. Das Rechtsgut der Umweltdelikte: Grenzen des strafrechtlichen Umweltschutzes[M]. Frankfurt am Main/Bern/New York/Paris: Lang, 58ff.

③　KINDHÄUSER/NEUMANN/PAEFFGEN. Strafgesetzbuch(NK-StGB)[M]. Baden-Baden: Nomos, 2017: §1 Rn.128ff.

④　WINFRIED HASSEMER. Theorie und Soziologie des Verbrechens: Ansätze zu einer praxisorientierten Rechtsgutslehre[M]. Frankfurt am Main: Europäische Verlagsanstalt, 1980: 70.

立。① 依此只有在为社会福利而给予价值的情况下，所有利益才被认为是值得保护的。个人主义一元论的个人法益学说（personale Rechtsgutslehre）认为法益的应保护性是由其对个人和其自由发展的价值来决定。法律的任务在于创造和维持使个人之自我开展成为可能的条件，因此只有透过与个人的关联才能找到法益设置的标准，普遍法益也必须透过与个人（Person）的关联才能取得受保护的资格。②

在教义史上已经把保障公民个人自由领域和保护公民免受国家刑罚权不当侵害作为法益理论的基础。③ 如果国家或法律本身被选为法益持有者，那么法益原则就失去了保护个人免于公共利益的重要任务。如果刑事法益保护，不再来源于市民值得保护的利益，而只是来源于国家或者一般大众，那么法益保护原则将丧失其惩罚边界和防御功能，刑法由市民保护手段变性为不合法的国家自我防御系统。④ 在刑事法益保护中强调个人关系的优位性并不意味着想要将普遍法益完全排除在刑法之外，而是仅仅确保这种法益服务于个人、国民利益。因此，学说上论证普遍法益的正当性，主流的观点都是从个人法益学说出发来分析普遍法益和个人法益之间的关联性，区别仅仅在于如何取得个人关联性的路径上存在差异。

1. "可还原性"的进路

此说认为普遍法益必须是为了个人利益而被功能化，亦即社会法益和国家法益只有可以从个人法益的角度推导出来，其目的在于服务个人的时候，对其进行刑法保护才具有正当性。如果基于某种普遍法益而将某种行为犯罪化，但是这种普遍法益却不能显现出至少是对个人保护的间接关联

---

① HANS-HEINRICH JESCHECK/THOMAS WEIGEND. Lehebuch des Strafrechts Allgemeiner Teil[M]. 5. Aufl. Berlin: Duncker & Humblot, 1996: 257ff.

② MICHAEL MARX. Zur Definition des Begriffs Rechtsgut[M]. Köln/Berlin/Bonn/München: Heymann, 1972: 79ff.; KINDHÄUSER/NEUMANN/PAEFFGEN. Strafgesetzbuch(NK-StGB)[M]. Baden-Baden: Nomos, 2017: §1 Rn.128; CLAUS ROXIN. Strafrecht Allgemeiner—Teil Band I: Grundlagen. Der Aufbau der Verbrechenslehre[M]. 4 Auflage. München: C.H. Beck, 2006: 17f.

③ WINFRIED HASSEMER. Theorie und Soziologie des Verbrechens: Ansätze zu einer praxisorientierten Rechtsgutslehre[M]. Frankfurt am Main: Europäische Verlagsanstalt, 1980: 69.

④ WINFRIED HASSEMER. Theorie und Soziologie des Verbrechens: Ansätze zu einer praxisorientierten Rechtsgutslehre[M]. Frankfurt am Main: Europäische Verlagsanstalt, 1980: 69.

性,那么这样的刑法规定就不是以个人为目的的。① 依照此理解,为了遂行法益概念的犯罪化批判或者立法牵制机能,个人法益相对于普遍法益而言具有优先顺位,普遍法益仅仅在"为了"个人利益的基础上才具有正当性,因此要论证普遍法益的正当性就要应尽可能地把普遍、抽象法益还原为个人法益。

这种方法论是主张从个人主义刑法或者自由主义刑法理论出发,通过强调普遍法益对于个人法益的重要性来论证普遍法益的正当性,但是仅仅把普遍法益视为重要并不能正当化基于普遍法益的国家刑罚权介入,只有存在具体的(个人)法益侵害或者侵害危险时刑法的介入才能被正当化。因此,对于刑法上的普遍法益犯罪,尽可能发现传统上被承认的个人法益之侵害要素,并通过设置普遍法益与这种侵害要素之间的关联关系,以此来设定或填充普遍法益的基本概念,就能作为限缩普遍法益犯罪成立的标准。这种普遍法益向个人法益的还原论,具有能够使为法益保护的立法或者司法之线索得以明确的长处,有助于防止刑法以普遍法益保护为借口而正当化过剩立法或者政治主张的暴力实现。② 正如 Roxin 指出,"法益是某种状态或目的设定,这些状态或目的设定对于个人的自由开展、对实现个人的基

---

① 采取还原论立场的德国学者有:HASSEMER. Grundlinien einer personalen Rechts-gutslehre[M]// Scholler, Philipps (Hrsg.). FS-Kaufmann, Heidelberg: C.F. Müller, 1989:92; HOHMANN. Das Rechtsgut der Umweltdelikte: Grenzen des strafrechtlichen Umweltschutzes[M]. Frankfurt am Main: P. Lang,1991: 61. 日本学者有:原田保.「社会法益」の実体について——個人法益への「還元」の試み [J]. 愛知学院大学論叢:法学研究 ,1986, 29(3-4): 49-72; 内藤謙.「保護法益、性質・分類・順序—立法論的検討」[M]// 刑法理論の史的展開 [C]. 東京:有斐閣 ,2007: 120-132。韩国学者有:박강우 . 사회변화와 형사입법의 정당화조건 : 형법의 기능화의 문제와 형법각칙과 형사특별법의 개정방향 [J]. 형사법연구 ,2012,24(3): 3-33. (朴刚旰 . 社会变化和刑事立法的正当化条件 : 刑法机能化的问题和刑法分则以及刑事特别法的修改方向)[J]. 韩国・刑事法研究 ,2012,24(3): 3-33.) 我国台湾学者有:陈志龙 . 法益与刑事立法 [M].3 版 . 台北:自刊 ,1997: 136; 黄荣坚 . 刑罚的极限 [M]. 台北:元照出版公司 ,1998: 228; 许玉秀 . 刑法的任务:与效能论的小小对话 [J]. 台湾・刑事法杂志 .2003, 47(2): 5.

② 박강우 . 사회변화와 형사입법의 정당화조건 : 형법의 기능화의 문제와 형법각칙과 형사특별법의 개정방향 [J]. 형사법연구 ,2012,24(3): 10. (社会变化和刑事立法的正当化条件 : 刑法机能化的问题和刑法分则以及刑事特别法的修改方向)[J]. 韩国・刑事法研究 ,2012,24(3): 10.

本权以及对为达成这些目标而建立之国家系统的运作而言是必要的"，欠缺与个人的连结而无受刑法保护的适格，比如纯粹受意识型态驱动的刑事立法所禁止的行为、单纯违反道德的行为或态度、贬损人类尊严的行为、影响他人感觉的行为、象征性立法所禁止的行为以及纯粹的社会禁忌违犯等，都未侵害上述意义之下的法益。①

2."可普遍化"的进路

此说认为由于个人法益学说中的"个人"是指因内在自由而具有法主体性且因外在自由而具有现实性者，所以法益能够理解为外在自由领域的具体化条件，也即与人际现实相关的普遍有效性（Allgemeingültigkeit）。因此，普遍法益的界定方式应当是应用普遍有效性的逻辑，首先平等地划定适用于所有人的外在自由领域，然后再看除了属于外在自由领域之具体化条件的个人法益之外，为了使外在自由领域的确保成为可能，还需要什么以非归属于个人的型态而呈现的条件，由此可以推导出普遍法益实际上所指的是法的关系之护卫性体制，亦即为确保外在自由领域所不可或缺的体制。②

因此，以刑法设置一个集体法益，只有普遍有效性的要求之下才能维持所有人的抽象法权地位。一个仅仅在可能涉及多数人的场域中发挥作用的事态或制度，若只因有部分多数人以抽象法权地位为前提所为之具体决定方向的偶然聚合作为支撑，并以非专属于个人且使多数人可自由利用的型态呈现，就被设定为具有普遍适用性的刑法所要保护的对象，结果就是以强制力主张本质上为"具体—特殊者"得以成为"抽象—普遍者"，因而牺牲未作出相同方向之具体决定者的抽象法权地位，亦即剥夺其自由并因此否定其法主体性。在如此运作之下产生的集体法益，就不再是法的具体化，而是社会权力关系的具体化。③例如，关于文书制度，由于整个自由法秩序以及人际法律交往活动，都是以具有法效之声明与声明者的归属关系，以及据

---

① CLAUS ROXIN. Strafrecht Allgemeiner—Teil Band I: Grundlagen. Der Aufbau der Verbrechenslehre[M]. 4 Auflage. München: C.H. Beck, 2006: (§2 Rn.7,13,26,37,43)16,18,22,25,27.

② 周漾沂. 从实质法概念重新定义法益：以法主体性论述为基础 [J]. 台大法学论丛, 2012, 41(3): 1033-1035.

③ 周漾沂. 从实质法概念重新定义法益：以法主体性论述为基础 [J]. 台大法学论丛, 2012, 41(3): 1035-1036.

此而生的声明者对其声明内容的负责关系为前提，这种归属关系与负责关系是整个自由法秩序功能性运作的基本条件，所以文书制度关联到整体法秩序致使个人的自由成为可能，是具有普遍有效性的集体法益。

（二）现实法益学说的见解

虽然法益自诞生起就产生了理念的法益概念（Ideelles Rechtsgutskonzept）和现实的法益概念（reales Rechtsgutskonzept）的分歧，前者把法益理解为无法知觉且不可能发生因果变化的抽象化思考形成物，后者把法益理解为可以知觉且能够发生因果变化的现实化实质对象物。① 但由于对法益理念化的见解能够提起是否有必要保护"非实在的不能被行为所变更之法益"的疑问，所以法益一般作为"与行为的因果连锁的可能连接点"被掌握。②

1."可侵害性"的进路

从现实化的法益概念出发可以认为"可罚性仅仅在法益侵害或者被危殆化的场合才发生"③，不具有"法益的侵害或者危殆化"这种"法益关联性"（Rechtsgutsbezug）的刑罚规定是不存在的。④ 既然要求法益关联性，法益概念就必须是能被侵害或危殆化的东西，法益指涉就应当是具有价值而值得保护的现实事态或具体状态，这些事态或状态由于其现实性，具有以感官可接收之方式产生变动的可能。⑤ 正如罗克辛教授所指出，法益并非

---

① Hefendehl 认为"理念的（或观念的 ideell）"反面不是"物质的（materiell）"或"具体的（或有体的 körperlich）"的，而是"真实的（real）"或"现实的（wirklich）"。真实不是仅有具体的或者物质的东西构成，而是也有心灵的、精神的（seelisch-geistig）现象，这些现象并非如同理念价值那样脱离现实与不受因果作用，而是可能遭受侵害的真实事态（Sachverhalt）。物质与具体，心灵与精神，共同构成真实世界。因此法益释义学应该反对的不是法益概念的"精神化（Vergeistigung）"，而是"理念化（Idealisierung）"。Vgl. ROLAND HEFENDEHL. Kollektive Rechtsgüter im Strafrecht[M]. Köln: C. Heymann, 2002:28-29. ROLAND HEFENDEHL. Die Materialisierung von Rechtsgut und Deliktsstruktur[J]. Golddammer's Archiv für Strafrecht (GA) 2002: 23.

② 伊東研祐. 法益概念史研究 [M]. 東京：成文堂,1984: 136-138.

③ Vgl. CLAUS ROXIN. Strafrecht Allgemeiner—Teil Band I: Grundlagen.Der Aufbau der Verbrechenslehre[M]. 4 Auflage. München: C.H. Beck, 2006: (§2 Rn.68) 34-35.

④ THEODOR LENCKNER. Schönke/Schröder StGB-Komm[M]. 27 Auflage. 2006, Rn. 9 Vor §§13ff.

⑤ HERBERT JÄGER. Strafgesetzgebung und Rechtsgüterschutz bei Sittlichkeitsdelikten.Eine kriminalsoziologische Untersuchung[M]. Stuttgart: Enke,1957: 13; CLAUS ROXIN. Täterschaft und Tatherrschaft[M].8 Auflage.Berlin/New York: W.de Gruyter,2006: 413.

物质的、实体的结构物，而是一个具有"可侵害性（beeinträchtigungsfähig）"的状态，透过这样的状态能够藉由外部世界变化的判断来具体化保护利益之范围。① 例如人的生命和身体是因为其被视为具有高度价值而需要被保护之现实状态，才在刑法上成为法益，这些法益会因为剥夺他人生命或者减损身体机能的行为而被破坏。为了保护这些现实状态，刑法就藉由犯罪构成要件将杀人和伤害行为描述为不法行为，当行为人实现构成要件，刑法就发动具有强制性质的刑罚来加以响应。

普遍法益的"可侵害性"并非指法益本身具有实体性格，而只是"藉由以外在经验世界的实体物为基础表现出来"②。由于刑法所欲建立的客观规范秩序必须仰赖的基础是客观上可具体掌握、描述的利益，所以刑法所要保护的利益范围至少必须可以透过外显的实体基础予以具体掌握与划分。如果我们评价特定利益是否受到侵害，从经验世界的角度观察，判断的标准往往就是先透过观察实际的或潜在的行为客体的受侵害状况，再进一步地确认法益亦受到侵害。在个人法益犯罪中法益客体与行为客体之间往往具有同一性 (identisch)，但普遍法益犯罪中法益客体与行为客体之间仅仅具有推导性。

2. "可公共化"的进路

Hefendehl 认为迄今为止的实质的法益概念构想，虽然在学术上非常具有魅力，但是在现实中却是失败的。③法益概念不能理解为观念的或者物质的东西，而应该理解为"现实的"东西，分析法益概念的时候，必须同时把握实际的危险和损害的可能性。Hefendehl 的法益概念显然包含了价值，价值是有价值的真实事物，利益是有利益的真实事物，不是抽象的价值或利益

---

① CLAUS ROXIN. Täterschaft und Tatherrschaft[M]. 8 Auflage. Berlin/New York: W. de Gruyter, 2006: 413.

② HANS-JOACHIM RUDOLPHI, ECKHARD HORN, JÜRGEN WOLTER, et al. Systematischer Kommentar zum Strafgesetzbuch: SK-StGB[M]. 7 Auflage. München: Luchterhand, 2007: Vor § 1 Rn.9.

③ ROLAND HEFENDEHL. Die Materialisierung von Rechtsgut und Deliktsstruktur[J]. Goltdammer's Archiv für Strafrecht (GA) 2002: 21-23.

本身。① 但是对包含价值应当如何理解，Hefendehl 认为，普遍法益即使在并非实质的（materiell）、具体的（körperlich）的场合也必须具有现实（real）性，这种现实性不仅在具体事物上，而且在心理的、精神的事象上也存在，强调决不可能因观念的思考形成而与那样的因果作用相疏远。也就是说，普遍法益也是能被因果性侵害的事态（Sachverhalt）。② 接下来就是对于普遍法益，这种"值得受保护的且可能被侵害的也即有价值的真实事物"究竟为何？

　　Hefendehl 借用经济学上"公共产品（Public goods）"③ 的概念而尝试一般性定义普遍性法益，也即"集体法益是指可能被社会潜在的任何成员所利用，因此也就不可能将集体法益或者它的片段只分配给社会的特定部分"④，由此推导出普遍法益具有非排他性、非竞争性、非分配性三个特征。"非排他性（Nicht-Ausschliessbarkeit）"是指无法排除他人加以利用，这可能是由于排除成本过高或技术上不可能或规范上不允许。"非竞争性（Nicht-Rivalität）"是指由于法益是"现实的"这一理解，如果普遍的财以违反秩序的形式被消费，就能存在被损坏并由此消灭或者被破坏。"非分配性（Nicht-Distributivität）"是指把"普遍的财"零散分解或者把它分配给每个人，无论在概念上还是实际上抑或是法律上都不可能的场合。例如国家的对外安全性成为问题的犯罪被视为普遍性法益的最明显例子之理由是因为：任何人都不能排除该利用（利用的非排他性）且某人的利用和他人的利用不存在相互对立（消费的非竞争性）。

---

① ROLAND HEFENDEHL. Kollektive Rechtsgüter im Strafrecht[M]. Köln: C.Heymann, 2002: 31.

② ROLAND HEFENDEHL. Kollektive Rechtsgüter im Strafrecht[M]. Köln: C.Heymann, 2002:28-29; ROLAND HEFENDEHL. Die Materialisierung von Rechtsgut und Deliktsstruktur[J]. Goltdammer's Archiv für Strafrecht (GA) 2002: 23.

③ 从经济学上而言，公共产品相对于私人产品具有以下特征：（1）效用的不可分割性；（2）受益的非排他性；（3）取得方式的非竞争性；（4）提供目的的非盈利性。

④ ROLAND HEFENDEHL. Kollektive Rechtsgüter im Strafrecht[M]. Köln: C. Heymann, 2002: 112.

（三）本书的见解

法益可以拆解成"法"和"益"，"法"是指值得法律所保护的价值判断，"益"是指作为法律保护的价值判断对象，由此法益具有存在面和价值面两个面向。法益的价值面要求法益的概念必须从国家功能和刑法目的得出，法益是个人自我实现的基本条件。法益的存在面要求法益的概念必须从法治原则和刑法任务得出，法益是可受因果作用的现实存在。法益侵害就是改变、减损或消灭法益定义中所提及的有价值的现实特性。[①] 既然普遍法益的概念同时在存在上与经验世界相关联，在价值上与人的世界相关联，那么上述普遍法益概念限缩的不同进路完全可以加以整合。

1. 可普遍化的人的关联性

可普遍化的人的关联性是普遍法益概念的实质特征。普遍法益或者集合法益一般而言不能分配给不特定或者多数人，而仅仅意味着服务于不特定多数人之集合体利益的制度和体系的利益。在肯定这种法益的场合，作为与把国家和社会作为自己目的的存在来把握的传统社会法益或国家法益论相对抗的立场，把对超个人法益的侵害作为对个人或不特定多数人之侵害来重新把握的还原论具有积极意义。[②] 虽然还原论存在着"不当伦理化和过剩处罚之抑制"或者"处罚范围之明确化"等优点，但是如果进行强行还原反倒会带来侵害概念的稀释化、观念化，也即因把社会问题还原为个人层面而导致容许侵害性较小的犯罪成立。所以，在还原论手法不见得有效运作的领域不能无理还原到个人层面，从正面作为社会法益侵害来理解的方法在解释论上没有弊害，正是要保证个人个性的充分实现，才认为不仅个人利益而且普遍利益的保护不可欠缺。换言之，如果依据基本法的国家理解，通过作为最终"受取人（Destinatär）"的概念，普遍法益能够在人格意味上被高度抽象化的层次被表示为"人格的机能（personal-funktional）"。[③]

---

① ROLAND HEFENDEHL. Kollektive Rechtsgüter im Strafrecht[M]. Köln: C.Heymann, 2002: 32.

② 原田保. 刑法における超個人的の法益の保護 [M]. 東京：成文堂,1991: 144-147; 内藤謙. 刑法理論の史的展開 [M]. 東京：有斐閣,2007: 120-122.

③ ROLAND HEFENDEHL. Kollektive Rechtsgüter im Strafrecht[M]. Köln: C.Heymann, 2002: 75-77.

2. 可公共化的物的侵害性

可公共化的物的侵害性是普遍法益概念的形式特征，不具有物的侵害可能性的价值理念和内心信念不能作为普遍法益的保护对象。首先，不能消灭的观念和永远的价值，只不过是法规制的指针和尺度，不能作为普遍法益判断的对象被理解。法益侵害或危险的判断，实际上与因果关系的盖然性有关。仅仅在属于因果法则支配领域的场合，才存在可能被危殆化的普遍法益。其次，普遍法益的侵害及危险虽然不能采取客观尺度来直接计量，但是可以通过行为周边的外界因果变动间接证明普遍法益的侵害性。换言之，个人法益往往附着在行为客体之上，通过外显的实体基础予以呈现；而普遍法益往往不存在直接的行为客体，而只能透过经验观察将一定的外部因果变动拟制为法益侵害或危险的征表。例如西田典之教授指出，"名誉毁损罪由于不能确认是否真的降低人的社会评价，所以在指示构成要件所说的'公然'事实的时候，就被看作因社会评价下降而被处罚"[①]。

二、普遍法益的适格检验

根据德国学者黑芬德尔（Hefendehl）的归纳，在《德国刑法典》中个人法益的犯罪占据 56%，集体法益的犯罪占据 37%。在个人法益之内占据主导地位的是适用于身体完整性保护的刑罚构成要件（38%），接下来是财产权法益的刑罚构成要件（24%）。44% 的刑罚构成要件由保护国家功能职权的集合法益组成，31% 刑罚构成要件由信赖法益（Vertrauensrechtsgüter）组成。[②] 在我国刑法中，现有罪名 486 个[③]，其中危害国家安全罪 12 个、危害公共安全罪 52 个，破坏社会主义市场经济秩序罪 108 个，侵犯公民人身权利、民主权利罪 42 个，侵犯财产罪 13 个，妨碍社会管理秩序罪 136 个，危害国防利益罪 23 个，贪污贿赂罪 14 个，渎职罪 37 个，军人违反职责罪 31

---

① 西田典之. 刑法総論 [M]. 2 版. 東京：弘文堂, 2010: 85.

② ROLAND HEFENDEHL. Die Rechtsgutslehre und der Besondere Teil des Strafrechts Ein dogmatisch-empirischer Vergleich von Chile, Deutschland und Spanien[J]. Zeitschrift für Internationale Strafrechtsdogmatik (ZIS), 2012(10): 509.

③ 此统计数目以 2017 年 11 月 4 日通过的《刑法修正案（十）》为界。

个。根据我国通说只有侵害公民人身权利、民主权利罪与侵犯财产罪这两大类才属于侵害个人法益的犯罪，其余都是侵害集体利益的犯罪，由此导致个人法益法益与集体法益之比为令人惊讶的 12% 比 88%。但是这种估算显然存在问题，我国《刑法典》中的法益类型不能简单根据刑法典分则体系来确定，而是要根据个人法益与普遍法益的性质予以区分，特别是要注意区分表象普遍法益与真正普遍法益。

（一）真正普遍法益与表象普遍法益

1. 黑芬德尔的见解

黑芬德尔（Hefendehl）教授认为集合法益（kollektive Rechtsgüter）作为与个人法益相对称的概念，通常包含国家的安全性、货币的流通、环境媒体等。但是这些集合法益中常常隐藏着所谓"表象法益（Scheinrechts-güter）"，所以有必要对集合法益进行分析，以整理、制定更详细的基准。黑芬德尔把集合法益赋予"非排他性、非竞争性、非分配性"三个特征，认为像"公共平稳、道路交通安全"这些法益由于可以被解释为相关个人法益获得维护的状态，因此只是表面上具有集合法益的形式，而实质上却不符合集合法益的特征。所以对这些"表象集合法益"，应当通过法益概念的限定，或者将其解消为个人法益，或者将其移入所谓的"举动犯（Verhaltensdelik-te，或译为态度犯）"中。[①] 黑芬德尔认为，所谓举动犯是指处罚不带有损害的、与社会固定的价值观或者行为观相抵触之行为这一欠缺法益的犯罪类型。该类型作为现行法上的"纯粹例外"，仅在与社会现存的平均信念反映相关联的场合才能被正当化。[②]

---

① 黑芬迪尔教授认为《德国刑法典》第 265 条 b 信贷诈骗罪就是表象集合法益的适例。参见 ROLAND HEFENDEHL. Kollektive Rechtsgüter im Strafrecht[M]. Köln: C.Heymann, 2002: 5-7; ROLAND HEFENDEHL. Die Materialisierung von Rechtsgut und Deliktsstruktur[J]. Goltdammer's Archiv für Strafrecht (GA) 2002: 21-23. 虽然从集合法益或普遍法益中离析出表象法益的见解在德国获得多数学者的赞同，但是以何种理论根据区分保护法益和表象法益，以及如何解释被离析出的表象法益立法，在理论上存在争论。

② ROLAND HEFENDEHL. Kollektive Rechtsgüter im Strafrecht[M]. Köln: C.Heymann, 2002: 52-53; ROLAND HEFENDEHL. Die Materialisierung von Rechtsgut und Deliktsstruktur[J]. Goltdammer's Archiv für Strafrecht (GA) 2002: 22-24.

2. 迪米特里斯的见解

迪米特里斯（Anastasopoulou）博士一方面肯定自律的作为侵害可能财的普遍法益之存在，另一方面主张为掩饰（verdecken）过早提前特定范围的个人利益侵害（时期）之倾向而作出的集合法益是不当的，由此主张"表象集合法益和真正集合法益"（scheinbaren und echten kollektiven Rechtsgütern）应该相区别。[①] 迪米特里斯认为真正集合法益是指能够在时间上确定法益侵害始点的法益。例如在虚伪陈述罪（《德国刑法典》第153条以下）的场合，能够认为在宣判错误判决的时点发生了对司法这一法益的侵害。再如普遍环境法益能够理解为"能舒适的生活、有生存价值的环境存续应该看作次于人类存续的第二重要的财"[②]。表象集合法益是指无法像上面那样固定侵害始点的法益，也即由于表象集合法益的特征在于，如果进行确认侵害时点的努力那么就会暴露被掩盖的个人利益，或者在其内容上汇集的诸利益因暧昧而多种多样，所以详细考虑其侵害和危殆化的时点一开始就不可能。[③] 例如主张"保险制度的顺利机能保护"的《德国刑法典》第265条，之作为违反了"过失的财产犯不可罚"的原则，仅仅是为了较早地提前保护个人财产法益。再如"国民健康"法益完全成为混杂各种异质的诸利益的集散地，不可能概念性地探究法益侵害和其危殆化的时点。在社会机能意味上所说的国民健康法益，实际上是完全不同的利害与利益关系混杂的场合，这种利益和利害关系不能作为考察侵害和危殆化的评价对象来对待。[④]

3. 本书的见解

本书认为，以普遍法益的构造和体系化为目标的同时，主张表象集

[①] IOANNA ANASTASOPOULOU. Deliktstypen zum Schutz kollektiver Rechtsgüter[M]. München: Verlag C.H. Beck, 2005: 239.

[②] IOANNA ANASTASOPOULOU. Deliktstypen zum Schutz kollektiver Rechtsgüter[M]. München: Verlag C.H. Beck, 2005: 211.

[③] IOANNA ANASTASOPOULOU. Deliktstypen zum Schutz kollektiver Rechtsgüter[M]. München: Verlag C.H. Beck, 2005: 301.

[④] IOANNA ANASTASOPOULOU. Deliktstypen zum Schutz kollektiver Rechtsgüter[M]. München: Verlag C.H. Beck, 2005: 303.

合法益之排除的黑芬德尔教授和迪米特里斯博士的见解，对于限定普遍法益的扩张来说是有益的。正如罗克辛教授所指出，"所谓的表象法益（Scheinrechtsgüter）也不适合作为刑罚规范的基础，这是一个集合概念，如同'国民健康'或者'保险业的功能'就只能从个别的具体法益侵害加总推导得到，并且可罚性应以国民健康或保险业的功能为基础，而非来自于具体侵害行为"①。但是，基于何种理论根据来辨识"真正法益"和"表象法益"，以及应该如何处理被析出的"表象法益"有必要进一步加以检讨。例如我国刑法由于历来对贪贿犯罪实行同罪同罚，因此通说将廉洁性作为贪贿犯罪的共同法益。但是贪污与受贿实际上分别涉及国家与国家工作人员之间的内部关系与外部关系，受贿罪的刑罚正当性在于防止国家行政功能因来自外部（使用者）的攻击而导致制度内部（公务员）的腐败，因此受贿罪（普通）的保护法益是国家工作人员职务行为的不可收买性。②而贪污罪刑法规范保护的并不是国家工作人员忠于职守的行为免受第三人的干涉，本质上仅是国家工作人员从内部对国家主体的财产法益的侵害，因此贪污罪的保护法益实际上是国家法人的财产利益。由于贪污罪在表象法益与真正法益理解上的错位，不仅在理论上导致贪贿两罪的罪名体系设置产生结构性矛盾，而且在实务中对贪贿两罪的定罪量刑也出现制度性失衡。③

（二）假冒个人法益与假冒普遍法益

由于普遍法益是立法者将作为个人法益前提的某种制度或者机能设定为利益而加以保护，无法籍由可视化的不法并通过外显行为客体而进行检验，所以立法者或司法者往往借助普遍法益，或者把个人法益假冒为普遍法益而省略对法益侵害关联性的审查，或者把普遍法益假冒为个人法益而迂回对刑法干涉正当性的检视。

---

① CLAUS ROXIN. Zur neueren Entwicklung der Rechtsgutsdebatte[M] // Ulfrid Neumann,Felix Herzog (Hrsg.). Festschrift für Winfried Hassemer. Heidelberg: C.F. Müller, 2010: 580; 中译文可参见 Roxin. 法益讨论的新发展 [J]. 许丝捷，译 . 月旦法学杂志，2012(12): 264.
② 参见：张明楷 . 受贿犯罪的保护法益 [J]. 法学研究，2018(1): 149-158.
③ 参见：马春晓 . 廉洁性不是贪污贿赂犯罪的法益 [J]. 政治与法律，2018(2): 51-52.

1. 假冒普遍法益的个人法益

"法益理论首先有一个重要任务，就是对实际上只是个人法益，却被认为是集体法益假象的集体法益提出批评。它能通过简单的法律解释方式提出决定性的理由，对可罚性范围为合理的限缩"[①]。例如《德国刑法典》第265条保险滥用罪的保护法益，通常被理解为"保险事业之提供能力"这一集合法益，但这只是一个假象的法益，本罪之犯罪行为，只是一个被独立处罚的保险欺诈的准备行为而已。又如《德国刑法典》第315条 c 以及第316条的保护法益通常认为是"交通安全（Verkehrssicherheit）这一集合法益，但实际上是一种为保护交通参与人安全（Sicherheit der Verhehrsteilnehmer）的类型，只是用一个集体法益的形式外衣将众多的个人法益包裹起来而已。也即"透过文字转换的技术，将公共安全理解为'不特定多数人的法益'来创造一个没有必要的集体法益扩张处罚范围，实际上是用证明困难创设原本不存在的不法"[②]。因此德国刑法第315条 c 及第316条的规定只是提前保护个人法益而已，这种提前保护原则上可以通过失控（Kontrollverlust）的观点来合理化。因为立法者要处罚的行为，是一种继续发展下去会产生意外而行为人已经无法控制该情况发展之行为。[③]

[①] BERND SCHÜNEMANN. Das Rechtsgüterschutzprinzip als Fluchtpunkt der verfassungs-rechtlichen Grenzen der Straftatbestände und ihrer Interpretation[M] // Roland Hefendehl, Andrew von Hirsch, Wolfgang Wohlers (Hrsg.).Die Rechtsgutstheorie: Legitimationsbasis des Strafrechts oder dogmatisches Glasperlenspiel? Baden-*Baden*: Nomos, 2003: 149-150；中文译文参见许迺曼.法益保护原则——刑法构成要件及其解释之宪法界限之汇集点 [M]. 何赖杰，译 .// 许玉秀，陈志辉，编 . 不移不惑献身法与正义——许迺曼教授刑法论文选辑 . 台北：新学林出版股份有限公司，2006:244.

[②] 周漾沂 . 从实质法概念重新定义法益：以法主体性论述为基础 [J]. 台大法学论丛，2012，41(3): 1032.

[③] BERND SCHÜNEMANN. Das Rechtsgüterschutzprinzip als Fluchtpunkt der verfassungs-rechtlichen Grenzen der Straftatbestände und ihrer Interpretation[M] // Roland Hefendehl, Andrew von Hirsch, Wolfgang Wohlers (Hrsg.).Die Rechtsgutstheorie: Legitimationsbasis des Strafrechts oder dogmatisches Glasperlenspiel?.Baden-*Baden*: Nomos, 2003: 152；中文译文参见许迺曼 . 法益保护原则——刑法构成要件及其解释之宪法界限之汇集点 [M].// 何赖杰，译 . 许玉秀，陈志辉，编 . 不移不惑献身法与正义——许迺曼教授刑法论文选辑 . 台北：新学林出版股份有限公司，2006:246.

关于寻衅滋事罪的保护法益我国通说往往将其解释为公共秩序，但公共秩序不外乎是所有基本刑法规范之效力所预设的事实状态，如果不是从其他观点予以转化诠释，透过额外设置刑法规范加以维持的做法根本就是多余的。正如张明楷教授所指出，"公共秩序与社会秩序是十分抽象的概念，保护法益的抽象化，必然导致对构成要件的解释缺乏实质的限制，从而使构成要件丧失应有的机能"。因此，应当联系刑法第 293 条所规定的具体行为类型确定本罪的保护法益。"（1）'随意殴打他人'类型的保护法益，应是社会一般交往中的个人的身体安全，或者说是与公共秩序相关联的个人的身体安全。正因为如此，行为人随意殴打家庭成员的，或者基于特殊原因在私人场所殴打特定个人的，不成立寻衅滋事。（2）'追逐、拦截、辱骂、恐吓他人'类型的保护法益，应是公民在公共生活、公共活动的行动自由、名誉与意思活动自由，所以，在没有多人在场的情况下，辱骂特定个人的，不属于寻衅滋事罪中的辱骂他人。（3）'强拿硬要或者任意毁损、占用公私财物'类型的保护法益，是与财产有关的社会生活的安宁或平稳。例如，行为人多次使用轻微暴力或者胁迫手段，在自由市场任意毁损他人小商品，导致他人被迫放弃商品经营（情节严重）的，成立寻衅滋事罪。（4）'在公共场所起哄闹事'类型的保护法益，是不特定人或者多数人在公共场所从事活动的自由与安全"①。

2. 假冒个人法益的普遍法益

普遍法益通过假冒个人法益，把体系机能保护转换为对生命身体财产等个人法益的保护，通过外观上具备个人法益的面貌而简单构成对法益性的判断，把对普遍法益的侵害判断与对行为客体的侵害结果同一视之，犯罪化正当性的批判检讨被迂回性回避。这种假冒个人法益的普遍法益，着力于后期工业社会中被增幅的威慑感情，不仅完全丧失其立法批评机能，而且还成为有法益就有犯罪的积极犯罪化根据。由此而招致刑事立法的肥大化和脱形式化，反而会造成执行亏损与反生产性。例如我国《刑法修正案（七）》以《刑法典》第 253 条之一增设了"出售、非法提供公民个人信息罪"和"窃取、非法获取公民个人信息罪"，形式上是侵犯了"公民个人的信息自

---

① 张明楷. 刑法学 [M]. 5 版. 北京：法律出版社，2016：1063.

由和安全"或者公民的"个人隐私",① 但实质上是社会全体的个人信息流通（保护）体系的正常机能运转被假冒为对个人信息自我决定权的侵害。再如我国《刑法修正案（八）》所增设的组织出卖人体器官罪，由于立法将组织出卖人体器官罪规定在故意伤害罪与过失致人重伤罪之间，因此通说往往从体系解释的角度认为"组织出卖人体器官罪的法益与伤害罪的法益相同，都是指身体健康（生理机能的健全），组织出卖人体器官罪可以视为一种特别类型的故意伤害罪"②。但由于单纯出卖人体器官的行为并不构成本罪，因此组织出卖人体器官罪的可罚性在于，"通过组织行为的聚合功能对器官交易的实质性促进作用，为他人顺利出卖人体器官创造了交易条件，而不当诱发人体器官商品化的趋势"③，因此组织出卖人体器官罪的保护法益不在于对个人法益的保护，而是对组织器官交易制度这一普遍法益的保护。立法者在这里将"组织器官交易制度"这一普遍法益伪装成"生理机能的健全"这一个人法益，从而不当迂回了对刑法前置化介入正当性的审查。

第二节 普遍法益内容的具体化

由于风险社会中风险的不可预知性和巨大性，立法者往往偏好规定有关普遍法益的犯罪，来防范与遮断各种风险的发生，因此刑法预防机能化和保护前置化的主要体现，就是涉及普遍法益犯罪的大量增加。但是由于普遍法益主要涉及体系制度或系统机能保护，因此其内容非常空洞而难以形成对处罚界限的限制。为了发挥法益概念在普遍法益犯罪中的限制作用，对风险社会中刑法的异化起到牵制作用，有必要将普遍法益的内容加以具体化。

---

① 赵秉志.刑法修正案最新理解适用[M].北京：中国法制出版社，2009：119.
② 张明楷.组织出卖人体器官罪的基本问[J].吉林大学社会科学学报，2011(5)：86.
③ 董桂文.人体器官犯罪的刑法规制——对《刑法修正案（八）》第37条的分析解读[J].法律科学（西北政法大学学报），2013(1)：194.

一、普遍法益侵害的具体化

由于集体法益通常具有缺乏可视性、难以回复性、不可替代性的特点，因此历来存在把普遍法益的犯罪解释为行为犯、举动犯、义务犯或者抽象危险犯的倾向，[①] 认为法益侵害结果（实害或者危险）之发生对于普遍法益的犯罪并不重要。但是"刑法仅在对法益的'侵害或者危险'发生之后才能干涉，并且为了不发生这样的侵害而进行干涉"[②]，刑事立法应当不仅要保护法益而且还应要求对法益的侵害或者危险这一法益的关联性（Rechtsgutsbezug）[③]。由于体系障碍或功能损害无法明确到直接测定的地步，因此认定攻击行为和侵害事实的因果关联会非常困难。理论上对于普遍法益侵害如何进行具体化，展开了多样的探讨。

（一）普遍法益侵害的不同解释

1. 累积效应说

累积效应说认为，由于普遍法益所保护的环境和制度都不是一个行为就能破坏的，所以能够侵害普遍法益的很少是实害结果或危险结果，更多的毋宁是多个危险行为所导致的"累积效应（kumulative Wirkung）"所造成的。所谓累积效应实际上是指由于构成要件行为与法益之间欠缺侵害的因果关系，而找来的实质替代品（materielles Äquivalent，或译为实质等价性）。若行为不被制裁，此类行为便会"真的可能"（wirklich）被大量实行时，才允许使用实质替代品。[④] 也即认为若行为不受制裁，就很可能真的大量出现同类型的行为，最终累积导致环境破坏，或者制度信赖消失，以至于制度无法运作。在找不到实害犯与危险时，以"累积效应"作为侵害因果关

---

① ROLAND HEFENDEHL. Kollektive Rechtsgüter im Strafrecht[M]. Köln: Carl Heymanns, 2002: 321-322.

② 嘉門優. 法益論の現代的意義 [J]. 刑法雜誌，2007,47(1): 38.

③ THEODOR LENCKNER. Vor §§ 13-21[M]//Adolf Schönke, Horst Schröder, Albin Eser, et al. Strafgesetzbuch: Kommentar(Schönke/Schröder: StGB).28 Auflage. München: C.H. Beck, 2010: 132-133; 嘉門優. 法益論の現代的意義 [J]. 刑法雜誌，2007,47(1): 38.

④ ROLAND HEFENDEHL. Kollektive Rechtsgüter im Strafrecht[M]. Köln: C. Heymann, 2002: 182-183.

系之实质替代品。

累积效应说特别适用于诠释制度信赖法益与环境法益的构成要件。例如在环境犯罪中，由于结果发生的重大性、回复不可能性和因果的不确定性，在假定因被害重大而无法挽回的场合，为了阻止最终的实害结果，即使是单个行为危险性很低也有必要进行规制，[①]"在涉及环境破坏这样的人类全体利益的场合，即使每个行为发生的个别危险性很低，或者即使有时在因果关系上遗留不明确部分，也可能进行犯罪化"[②]。再如在伪造货币罪中，通常不仅会出现大量伪造货币的情形，而且收到假币的被害人也有高度可能将假币再置于流通，假币不会只印一张，也不会只使用一次，更不会只有一个被害人，因此个别的构成要件行为不足以对法益（不管是信赖或是运作能力）造成实害和危险，必须同种类行为大量累积之后才可能；个案中通常受侵害的只是个人的财产利益，然而这是诈欺罪的法益，不是伪造货币罪的法益。

普遍法益的累积效应，可以分为"现实的累积效应"和"假想的累积效应"。前者主要指"对环境施加负担的行为"，例如在日本，乱扔香烟烟蒂的行为本身直接给与环境的影响是很小的，但如果这种行为不被处罚，就会相当程度的诱发同种类的乱扔行为，由此累积环境负担和污染而导致发生重大结果，所以即使该当行为的法益侵害性轻微也可能成为法的规制对象。[③]后者主要指对"体系机能的健全"、"社会制度体系的信赖"实施攻击的行为。也即如果考虑对其他同种类行为的诱发性，在就那样置之不理而发生"现实协同效应"的场合，肯定每个行为的可罚性就成为可能。[④]

---

① LOTHAR KUHLEN. Der Handlungserfolg der strafbaren Gewässerverunreinigung (§324 StGb)[J]. Goltdammer's Archiv für Strafrecht (GA), 1986: 389,399.

② 島田聡一郎. リスク社会と刑法 [M] // 長谷部恭男ほか編. 法律からみたリスク. 東京 : 岩波書店, 2013: 20.

③ 深町晋也. 路上喫煙条例・ポイ捨て禁止条例と刑罰論——刑事立法学序説 [J]. 立教法学, 2010, 79: 74.

④ ROLAND HEFENDEHL. Kollektive Rechtsgüter im Strafrecht[M]. Köln: C. Heymann, 2002: 182-183; ROLAND HEFENDEHL. Die Materialisierung von Rechtsgut und Deliktsstruktur[J]. Goltdammer's Archiv für Strafrecht (GA) 2002: 27-28.

2. 单发行为说

单发行为侵害说认为对普遍法益的侵害或者攻击并不意味着对法益的全面彻底破坏，即使是轻微的单发行为也能被解释为该当"普遍法益的侵害、危殆化"。例如罗克辛教授认为，"在普遍法益的情况下，任何构成要件该当行为（独立于其他人所为的）就已经存在法益侵害。任何人污染水源，就是破坏环境；任何人身为公职人员受贿，就是损害了廉洁的政府行政等等。并不需要认为：是整体生态系统或国家行政（或者货币或税务体系）遭受损害"①。"通过把行为客体限定在是侵害还是危险上来区别侵害犯和危险"②，在侵害犯的场合行为客体必须被现实侵害，在危险犯的场合仅仅具有对行为客体的强烈威胁就足够。而且，"在真正的普遍法益上，没有必要必须对整个体系给与损害，在个别的、逐一的侵害被确定的场合，就已经存在法益的侵害"③。例如，"每一次伪造文书的行使就已经侵害证据证明的纯粹性，每一次虚伪陈述就已经侵害司法。即使不能说证据交易制度的全体或者司法体系的机能被这些行为所损害时也是如此"。因此能够解释为，全部的个别收买行为侵害"职务执行的公正性"，全部的通货犯罪侵害货币流通的秩序和货币制度。总之，"无论是个人法益的场合还是普遍法益的场合，法益没有必要全面丧失机能，仅仅'个别的、逐一的（点状的）侵害'就充分。而且在环境犯罪的场合也是如此，只要使一定范围的水域发生超越

---

① CLAUS ROXIN. Zur neueren Entwicklung der Rechtsgutsdebatte[M] // Ulfrid Neumann,Felix Herzog (Hrsg.). Festschrift für Winfried Hassemer.Heidelberg: C.F. Müller, 2010: 587；中译文可参见 Roxin. 法益讨论的新发展 [J]. 许丝捷，译．月旦法学杂志，2012(12): 271.

② 多数德国学者主张不是以对法益客体而是以对行为客体的侵害和危险来区别侵害犯和危险犯。"侵害犯的行为客体在构成行为既遂时必须真实地受到损害，而危险犯仅仅表现为一种或轻或重的对行为客体的强烈威胁。"（Vgl. CLAUS ROXIN. Strafrecht Allgemeiner—Teil Band I: Grundlagen. Der Aufbau der Verbrechenslehre[M]. 4 Auflage. München: C.H. Beck, 2006: 337; TONIO WALTER. §298 StGB und die Lehre von den Delikistypen[J]. Goltdammer's Archiv für Strafrecht (GA), 2001: 134-136.）与此不同，多数日本学者则主张根据对法益客体的侵害或危险来区分侵害犯和危险犯。（参见山中敬一．刑法总论 [M]．第 2 版．东京：成文堂，2008: 168.）

③ CLAUS ROXIN. Strafrecht Allgemeiner—Teil Band I: Grundlagen. Der Aufbau der Verbrechenslehre[M]. 4 Auflage. München: C.H. Beck, 2006: 39-40.

构成要件上相当程度的恶化就足够，对全水域生态系统的破坏没有必要"①。

迪米特里斯（Anastasopoulou）博士也主张普遍法益上的侵害概念并不意味着法益的彻底破坏，认为"虽然普遍法益的完全存在确实受到犯行的影响，最终在某明确时点完全崩坏这一'巨大侵害（Megabeeinträchtigung）'是理论上所设想的，但这基本上与作为侵害行为的行为性质没有关系。这是因为，就像身体侵害那样，即使是到达该阶段之前，该当行为已经发生了对法益造成确定严重伤痕之效果"②。对众所周知的犯罪类型论来说，正是在这里存在着具有决定意义的法益侵害概念。例如，伪证罪（《德国刑法典》第 153 条以下）中，即使没有使司法制度崩坏，但法益侵害在基于虚伪陈述而作出错误判决时已经被肯定。该具体危险是指，作出具有一定说服力而能使作出判决之法院相信的虚伪陈述。而且，抽象危险，就像《德国刑法典》第 153 条以下所规定的那样，是进行了虚伪陈述。③ 即使在环境刑法上也能相当广泛的承认侵害犯的范围，被库伦（Kuhlen）视为累积犯的水域污染罪（同法第 324 条）也能被解释为属于侵害犯。④

3. 主次法益说

主次法益说主张对普遍法益的侵害或危殆化，可以通过对个人利益的攻击程度和内容的划定被间接认定。认为由于在保护社会法益、国家法益的犯罪构成要件上同时也存在对个人利益的同等或者副次的保护，所以作为次要法益之个人法益能够成为作为主要法益之普遍法益的"危险判断的中间项"⑤。也即作为次要法益的个人法益，能够作为实现对社会法益、国家法益之犯罪的处罚范围限定机能而被理解。例如日本刑法通说认为，证人等胁迫罪（《日本刑法典》第 105 条之 2）的保护法益是刑事司法作用的同

---

① CLAUS ROXIN. Strafrecht Allgemeiner—Teil Band I: Grundlagen. Der Aufbau der Verbrechenslehre[M]. 4 Auflage. München: C.H.Beck, 2006: 337-338.

② IOANNA ANASTASOPOULOU. Deliktstypen zum Schutz kollektiver Rechtsgüter[M]. München: Verlag C.H. Beck, 2005: 203-204.

③ IOANNA ANASTASOPOULOU. Deliktstypen zum Schutz kollektiver Rechtsgüter[M]. München: Verlag C.H. Beck, 2005: 204-205.

④ IOANNA ANASTASOPOULOU.Deliktstypen zum Schutz kollektiver Rechtsgüter[M]. München: Verlag C.H.Beck, 2005: 210.

⑤ 平野龍一. 刑法概説 [M]. 東京：東京大学出版会,1977: 152.

时，也是证人等事件关系者的自由和安全。虚伪告诉罪（《日本刑法典》第172 条）的保护法益是刑事司法作用的同时，也包含被虚伪告诉对象者的利益。

基于这种二元的理解，对侵害测定不可能或者困难的普遍法益的攻击，某种程度上通过对个人利益的攻击程度和内容的划定被间接认定。也即如果把个人利益作为（对普遍法益来说的）危险判断的中间项而要求具体侵害的话，该解释就能够实现为普遍法益划定处罚范围的机能。进而即使对个人的攻击不被视为对次要法益的侵害、危殆化，也能通过记述该样态而规定对普遍法益的抽象危险犯。例如，日本刑法中公务执行妨害罪（《日本刑法典》第 95 条第 1 项）中，由于如果对公务员的暴行和胁迫没有达到对该当职务执行产生具体障碍的程度就不成立犯罪，因此该规定中对职务执行中的公务员的暴力、胁迫，可以说间接提示了经验上作为典型样态的国家统治作用之侵害的线索。

4. 中介法益说

中介法益说是指通过谋求把中介法益仅仅解释为被置于规范实际法益之前的独立保护对象，而想要放弃一个直接的法益关联性。也即在行为人行为和实际受保护法益之间设立精神化的中介法益，以便架设"通往狭义侵害犯的桥梁"[①]。作为例子可以举出职务行为的纯洁性（《德国刑法典》第331 条以下）、法律交往的安全性（《德国刑法典》第 267 条以下）、法庭真实发现（《德国刑法典》第 153 条以下）。许内曼（Schünemann）教授曾经借助毒品刑法的保护机能来进一步解释该概念：在某些情况下，立法者为了实现其保护任务，往往设立一个制度中间连接，只有该中间连接才需要刑法保护。例如通过国家毒品交易规制权这一中间法益，能够以以下方式合法化青少年保护：一方面使有责任能力的人仍然保有获得少量大麻供自己吸食的管道，另一方面在此管道外进行大麻交易者仍然用刑法禁止。[②]进而他继

---

① BERND SCHÜNEMANN. Moderne Tendenzen in der Dogmatik der Fahrlässigkeits-und Gefährdungsdelikte[J].Juristische Arbeitsblätter (JA) 1975: 787,793.

② 参见许逎曼 . 法益保护原则——刑法构成要件及其解释之宪法界限之汇集点 [M].// 何赖杰，译 . 许玉秀，陈志辉，编 . 不移不惑献身法与正义——许逎曼教授刑法法论文选辑 . 台北 : 新学林出版股份有限公司 ,2006: 246.

续指出，在现代工业社会的多重因果关系，特别在环境刑法领域中使刑事归责变得困难。这种困难度部分可能因立法者创设了一种控制高权的中间法益（Zwischenrechtsgut der Bewirtschaftungshoheit）制度而被减缓。[①] 这个中介法益的破坏，相对于最后导致、但对因果性却无法完全澄清的危害，扮演中介的角色。最佳范例就是空气品质、土地品质以及水源品质的环境法益，对它们的污染最终将导致人类的伤害。[②]

（二）本文见解

首先，累积效应说未必完全错误[③]。第一，否定说存在把"有无累积侵害这一不法排除事由"向入罪方向而非向出罪方向运用的问题。由于"法

① 参见许迺曼.法益保护原则——刑法构成要件及其解释之宪法界限之汇集点 [M].// 何赖杰，译.许玉秀，陈志辉，编.不移不惑献身法与正义——许迺曼教授刑法法论文选辑.台北：新学林出版股份有限公司，2006:248.

② 参见许迺曼.过失犯在现代工业社会的捉襟见肘——资产清算 [C].// 单丽玟，译.许玉秀，陈志辉，编.不移不惑献身法与正义——许迺曼教授刑法法论文选辑.台北：新学林出版股份有限公司，2006: 521.

③ 迪米特里斯（Anastasopoulou）博士认为，累积犯概念的导入不仅进一步缓和或者撤除了抽象危险犯上行为和保护法益之间的必要关连性，而且累积犯与责任主义无法两立，与抽象危险犯的解释不相适应。首先，就属于累积效果的成立要件之一的大量发生的问题（Problem der großen Zahl），她认为，由于对大量负担社会能忍耐到何种地步的"现实期待可能性"欠缺处理可能的判断基准，所以为累积犯的正当化而援用大量发生的问题是不妥当的。其次，由于累积犯概念的导入，轻微原理（Bagatellprinzip）有可能崩溃。这是因为，如果很多人以这种方法和样态来实施行为要怎么办这一假想成为累积犯构成要件的基础，由此连极其无害的举动也能被处罚。再次，累积犯的行为人最终因他人的贡献而承担责任，但根据现行共犯理论在通常场合是不可能有这种情况的。迄今为止没有被实证化的，与一般归属原理不能两立的大量发生，会带来肯定基于他人侵害（ex injuria tertii）之不法的效果，从而会发生抵触责任原理的结果。（Vgl. IOANNA ANASTASOPOULOU. Deliktstypen zum Schutz kollektiver Rechtsgüter[M]. München: Verlag C.H. Beck 2005: 179-183.）我国学者黎宏教授也认为，"一个显而易见的事实是，行为人不能因为自己盗窃了他人果园里价值 10 元钱的苹果，就要对他人整个果园里价值 2000 元的苹果被盗的结果承担刑事责任，换言之，行为人，对于和自己无关的他人同种的、大量的、反复进行的行为而引起的（或者将来会引起的）结果，不能被追究其责任。在蓄积犯的场合也必须这样考虑。如果说，某种侵害行为的社会危害性特别巨大，一旦实施，就难以恢复，具有不可逆转的难以恢复性的话，则完全可以现行法益论体系下的极限类型——抽象危险犯的形式来加以处理。如针对国外学者所说的地球环境阶段的生态法益的破坏，在该种破坏能够对地球上的人类造成生存危机或者对多数人会引起重大损害的结果，对个别行为不予处罚的话，就容易被模仿，能够诱发其他人反复进行同种污染行为，该行为极容易和其他原因结合而引起结果的场合，就必须对该种行为进行严厉禁止。但这种禁止，并不是因为该行为违反了抽象的生态法益或者环境伦理规范，而是因为该行为所具有的法益侵害或者危险的特殊性。"参见黎宏.法益论的研究现状和展望 [J]. 人民检察，2013(7): 15.

益理论不是说什么样的法益侵害应该以刑法为手段阻止，而是什么样的行为方式由于欠缺法益侵害而不应被处罚"①，所以累积犯的意义不在于因为具有法益侵害而被处罚，而是在于因为没有法益侵害而不处罚。正是因为累积犯罪其行为本身的法益危险非常低，所以才需要运用累积效应这一基准来判断处罚的正当性。第二，否定说混淆了累积犯的行为危险性与结果危险。累积犯的行为危险性不应该理解为结果发生的危险被抽象拟制，无论如何由于与其他行为的共同作用而能导致无可挽回程度之重大实害这一点必须严格确认，在这种意义上蓄积犯罪从法益论的观点来看能够被正当化。②第三，否定说是在不考虑累积犯的适用限制下对其进行评价的。累积犯仅仅适用于以侵害真正普遍法益的场合，因此累积犯的问题关键不在于法命题的正当性而在于法适用的适当性，也即应当以何种条件、针对何种对象来适用累积犯。

其次，单发行为侵害说未必一定正确。迪米特里斯认为伪证罪的"侵害"是指作出基于虚伪陈述的错误判决，伪证罪的"抽象危险"在进行适于让错误判决作出的虚伪陈述时发生，由此主张在伪证罪那样的场合侵害概念也能够被确定。但是，该确定不能通过构成要件的记述范围来确定，反倒是被解释为从该当普遍法益的保护目的来看，应保护范围能够确定而且应该确定。实际上，即使是对相同普遍法益的犯罪，在保障货币流通体系的伪造货币等罪上，该目的原本不是个别交易上的利益保护（那是欺诈等罪的守备范围），而在于货币流通体系全体的安全性、信用性的保护。在这里，目前仅由伪造和行使行为能否带来对货币流通体系的机能全体的侵害、危殆化仍然是可疑的。因此，以单发行为说解释伪证罪存在疑问。

再次，主次法益说并非没有问题。如果把个人利益作为（对普遍法益来说的）危险判断的中间项而要求具体侵害的话，该解释就能够实现为普遍法益划定处罚范围的机能。但是，如果认为上述两者并不具有内在关系而仅仅是

① CLAUS ROXIN. Zur neueren Entwicklung der Rechtsgutsdebatte[M] // Ulfrid Neumann, Felix Herzog (Hrsg.). Festschrift für Winfried Hassemer. Heidelberg: C.F. Müller, 2010: 584; 中译文可参见Roxin. 法益讨论的新发展 [J]. 许丝捷，译．月旦法学杂志，2012(12): 268.

② 嘉门优．法益論の現代的展開：法益論と犯罪構造 [J]. 国学院法学，2007，44(4): 134.

并行保护时，这种理解将无法实现处罚范围的限定机能。总之，如果想要贯彻通过对个人利益攻击样态的记述来间接认定对普遍法益的当罚危险惹起，那么（1）完全没有该个人法益的侵害和危殆化的场合，或者（2）该侵害没有达到能够对普遍法益产生类型化障碍的场合，该当犯罪的成立应当被否定。但是，关于（1），现在被主张的结论不一定是这样的。这是因为，实际上，关于普遍法益，如果认为其具有独立于个人利益的要保护性，即使个人利益的侵害不被肯定也承认犯罪成立的见解，例如，主张得到告发对象者同意的虚假告诉也应该处罚的见解是有力的。[1] 而且，关于（2），个人利益到何种程度被侵害之后才可以说对普遍法益引起类型化障碍，有必要更细致的分析。但是，在其他次要法益的场合，与主要法益的关联性未必明确，如果极端地看，也存在不具有目的、手段的内在关系而并行保护的例子。而且，即使大致上不承认对次要法益的侵害或危殆化但依然肯定犯罪成立的场合，例如虚伪告诉罪中，得到告诉对象者同意的虚假告诉也被处罚，这里所说的次要法益，无法实现对社会法益国家法益之犯罪的处罚范围限定机能。[2]

最后，中介法益说仍然存在缺陷。带有精神化中介法益性质的法益位于侵害犯与具体危险犯及抽象危险犯之间的何种犯罪分类上仍然是不清楚的：一方面，中介法益的侵害展现出构成要件显著的不法，就此而言似乎属于侵害犯。[3] 另一方面，中介法益的侵害又往往被用于说明值得保护的"终极法益"，就此而言似乎属于抽象危险犯的下位类型。[4] 黑芬德尔（Hefendehl）对问题核心发表如下批评：精神化中介法益的表达不是一个法益问题，而只是一个考虑到法益反映的行为对象的适当描述。中介法益的特殊分组虽然涉及在集合法益刑法保护上结果要素的存在，但是却错误地

---

① 西田典之. 刑法各論 [M]. 第 6 版. 東京：弘文堂，2012：475.

② 关于对次要法益论的分析和批评可参见：鎮目征樹. 社会的一国家的法益 [J]. 法律時報，2009，81(6)：66-68.

③ IOANNA ANASTASOPOULOU. Deliktstypen zum Schutz kollektiver Rechtsgüter[M]. München: Verlag C.H. Beck, 2005: 149.

④ MARTIN SAAL. Das Vortäuschen einer Straftat (§145d StGB) als abstraktes Gefährdungs-delikt[M]. Berlin: Duncker und Humblot,1997: 110.

暗示其法益重要性。① 最终精神化中介法益的见解不是涉及真正问题，也即如何在超个人法益的领域建立行为和法益之间关系的问题，而是试图取代"出于实用理由以一个表象根据去正当化被恰当保持的刑罚化"。②

综上，本书认为，由于刑法的普遍法益保护涉及不同的犯罪类型、不同的保护领域与不同的行为结构，企图用统一模式来说明所有普遍法益构成要件的可罚性基础既没有意义也没有可能。每个构成要件追求如此明显不同的保护目的，以至于把所有普遍法益保护构成要件归于一个共同侵害模式的打算从一开始就会落空。因此，普遍法益侵害应当存在不同的侵害样态，其既可能是一种累积侵害，又可能是一种单发侵害，还可能是一种主次侵害或中介侵害。

二、普遍法益构造的具体化

（一）普遍法益的体系

由于传统刑法理论往往把普遍法益理解为个人法益的加总或者整体，因此对于普遍法益的体系构造并未予以关注。首先对普遍法益进行系统研究，提出普遍法益之整体框架的是德国学者黑芬德尔（Hefendehl）。黑芬德尔废弃了普遍法益的个人主义还原论和国家主义一元论，主张根据"面向人格实现可能性的法益"和"有关国家机能的法益"这一二元立场来界定普遍法益的结构体系。所谓面向人格实现可能性的法益是指服务于个人自由领域的形成，为个人创造自由空间的法益。主要包括环境资源消耗可能的有限利用、对社会和国家各组织之机能的信赖（例如对官僚不可收买性的信赖）。有关国家机能的法益是指服务于成为国家框架的条件保护，为保护国家架构条件的法益。包含国家本身（国家的存续）、特定宪法组织机能的条件（特定宪法机关的运作以及其意志形成、意志行使）、与市民接触的国

---

① ROLAND HEFENDEHL. Kollektive Rechtsgüter im Strafrecht[M]. Köln: Carl Heymanns, 2002: 178.

② WOLFGANG WOHLERS. Deliktstypen des Präventionsstrafrechts—zur Dogmatik "moderner" Gefährdungsdelikte[M]. Berlin: Duncker & Humblot, 2000: 301.

家直接行动（国家具体活动执行不受干扰）。[①]

以上述两分化的法益构造为前提，Hefendehl 进一步详细分析了普遍法益的构成。一般而言，普遍法益广泛存在于刑法典和特别刑法领域，普遍法益通常包含国家安全性、货币流通安全性等等。但是 Hefendehl 指出，这些法益仅仅以对"公共（Allgemeinheit）"起作用的理由，作为普遍法益的体系化基准是不充分的。这是因为检讨对象过多，各种性质不同，所以无法统一检讨全体的缘故。[②] 由此，Hefendehl 提出了详细分析超个人法益的基本框架，构架了普遍法益分析的完整理论体系。

（二）普遍法益的构造

构造（Strukturen）系指某个东西于存在面上由哪些元素（Elemente）或成分（Komponente）构成、组成。分析普遍法益的构造，是为分析法益的可能侵害方式以及为构成要件行为的设计铺路。也即可能侵害才可能〔并且由此才开启规范上的"需要（bedürftig）"与"值得（würdig）"〕保护，可能保护才可能验证目的正当性与比例原则。黑芬德尔（Hefendehl）认为，既然国家所有的法律与目标设定都必须为了保护与促进人性尊严与人格自由发展，因此主张进行集体法益的体系化。

第一，Hefendehl 首先根据法益对于个人的功能作用，把普遍法益区别为社会法益（为个人创造自由空间的法益）和国家法益（保护国家架构条件的法益）两大类。其中前者又可分为对大众直接呈现且对个人持续潜在、提供社会干扰发生时的反应手段，后者又可分为保护国家具体活动不受干扰、保护特定宪法机关的运作能力、保护国家本身存在，主要包括可能耗尽的国家资源、国家运作（功能）条件等。

[①]　ROLAND HEFENDEHL. Kollektive Rechtsgüter im Strafrecht[M]. Köln: C.Heymann, 2002: 182-184; ROLAND HEFENDEHL. Die Materialisierung von Rechtsgut und Deliktsstruktur[J]. Goltdammer's Archiv für Strafrecht (GA) 2002: 27-29.

[②]　ROLAND HEFENDEHL. Das Rechtsgut als materialer Angelpunkt einer Strafnorm[M] // Roland Hefendehl, Andrew von Hirsch, Wolfgang Wohlers (Hrsg.).Die Rechtsgutstheorie: Legitimationsbasis des Strafrechts oder dogmatisches Glasperlenspiel? Baden-Baden, 2003: 121; 佐々木康貴 . 紹介ローランド・ヘッフェンデール「刑罰規範の実質的な主要点としての法益」[J]. 朝日大学大学院法学研究論集 , 2005, 5: 91-93.

第二，是为个人创造自由空间的法益之存在面。这类法益之下有两种型态：（1）可能耗尽的社会重要资源（aufzehbares gesellschaftsrelevantes Kontingent），主要指可以用感官掌握的自然资源等。（2）信赖法益（Vertrauensrechtsgüter）。第二类是保护国家架构条件的法益之存在面。这类法益之下也有两种型态：（1）可能耗尽的国家资源（aufzehbares staatliches Kontingent）。（2）国家运作条件或称国家功能法益（staatliches Funktionsrechtsgut）。

（三）普遍法益的性质

如何理解普遍法益的性质，黑芬德尔（Hefendehl）教授借用了经济学上"公共产品（Public goods）"①的概念而尝试一般性定义普遍性法益，认为"集体法益是指可能被社会潜在的任何成员所利用，因此也就不可能将集体法益或者它的片段只分配给社会的特定部分"②，也即普遍法益具有非排他性使用（Nicht-Ausschließbarkeit von der Nutzung）"、"消费的非竞争性（Nicht-Rivalität des Konsums）、非分配性（Nicht-Distributivität）的三项特征：③非排他性利用意味着没有人能从公共财的利用中被排除；消费的非竞争性是指 A 对公共财的利用既不减损又不妨碍 B 的利用。非分配性意味着在概念上、事实上或者法律上不可能把公共财拆散为部分或分配给个人分享。

格雷克（Luís Greco）教授对此提出了不同意见，他认为集体法益（普遍法益）④应该只具有第三个特征，即"不可分配性（Nicht-Distributivität）"或"不可分割性（Nicht-Teilbarkeit）"。因为"消费的非竞争性"不能被应用于不可消耗的利益（nicht konsumierbare Güter）。"非排他性使用"似乎是"不可分割性"的结果或它的新描述。因此，如果其不能被分割份额以分配

---

① 相对于私人产品，公共产品具有以下特征：（1）效用的不可分割性；（2）受益的非排他性；（3）取得方式的非竞争性；（4）提供目的的非盈利性。

② ROLAND HEFENDEHL. Kollektive Rechtsgüter im Strafrecht[M]. Köln: Carl Heymanns, 2002: 112.

③ RoLAND HEFENDEHL. Kollektive Rechtsgüter im Strafrecht[M].Köln: Carl Heymanns, 2002: 111f.

④ 本书在等同意义上使用超个人法益（überindividuelle Rechtsgüter）、集合法益或集体法益（Kollektivrechtsgüter）、普遍法益（Universalrechtsgüter）的概念。

给每个个人，那么法益就必须被视为一个集体（kollektiv）。司法是一个集体法益，因为每个公民可以以同样方式得到。空气的清洁是一个集合法益，因为不能把部分空气赋予个人 A 或者 B、C，而是因为每个人都有权呼吸作为一个整体的空气。相比之下，基因库是个人利益，因为其有权获得分别继承的应得份额。①

为了更精准地把握普遍法益的不可分配性，格雷克（Luís Greco）教授进而提出了循环性审查（Zirkularitäts-Test），分配性审查（Distributivitäts-Test）和非特定性审查（Nicht-Spezifizitäts-Test），三项标准作为认定集合法益的消极前提条件：② 循环性审查是指一个刑法规范不假定一个集合法益就不能被合法化的事实不是去假定一个这种法益的理由。分配性审查是指大量个人对一个利益有利害关系的事实不是假定一个集合法益的理由。非特定性审查是指不允许假定一个集合法益为某一明确规定的保护对象，如果对这种法益的损害始终同时假定某种个人法益受到损害。例如信贷欺诈（《德国刑法典》第 265b 条）不是保护一个集体法益，而是保护贷款人的财产这一个人法益，因为贷款人的债权人和借款人的债权人的成立不满足分配性审查，而无法直接攻击规模巨大的信贷经济不满足非特定性审查。

本书认为格雷克（Luís Greco）教授的见解值得肯定，对于普遍法益的性质和范围，应当遵循所谓的"奥卡姆剃刀（Ockhamsche Rasiermesser）"原则：如无必要，勿增实体（Entia non sunt multiplicanda）。也即如果人们能毫无困难的指明一个个人法益，就不允许去假设一个集合法益。因此格雷克教授推导的循环性审查、分配性审查和非特定性审查三项标准，能够合理判定真正普遍法益与表象普遍法益的界限，有利于将大量的疑似普遍法益从普遍法益中清理出去，因而值得在法益保护释义学中予以借鉴。

---

① LUÍS GRECO. Gibt es Kriterien zur Postulierung eines kollektiven Rechtsguts?[M]. Manfred Heinrich, Christian Jäger,(hrsg.).Strafrecht als scientia universalis : Festschrift für Claus Roxin zum 80.Geburtstag am 15.Mai 2011.Berlin [u.a.] : de Gruyter, 2011: 203.

② LUÍS GRECO. Gibt es Kriterien zur Postulierung eines kollektiven Rechtsguts?[M]. Manfred Heinrich, Christian Jäger,(hrsg.). Strafrecht als scientia universalis: Festschrift für Claus Roxin zum 80. Geburtstag am 15. Mai 2011. Berlin [u.a.]: de Gruyter, 2011: 204-214.

第七章　刑法处罚前置化的限制路径

在现代社会中抽象危险犯作为风险管理的一环，被认为是为预防控制社会所不期望事项，而事前规制各成员的行动选择与行为决定最方便的立法手段之一。因此，立法者不仅为维护广泛化行政规制之实效性，而在几乎不存在现实侵害结果和具体危殆状态的地方承认实施一定行为就具有一般危险性；[①] 而且为确保抽象化的普遍法益之机能性，而在大致上不可能认定其侵害的场合仅以单一行为之存在来拟制其危险。[②] 这两种抽象危险犯被称为"现代型抽象危险犯"，可谓是现代刑法缩影的现代刑法学的试金石。[③] 但是，对抽象危险犯的大量运用，无法消除会导致大幅扩张规制范围或者过早提前规制时期的担心，因此，作为国民行为指导体系一环的现代型抽象危险犯，如何正当化其处罚根据，以何种基准解释其构成要件，成为近来刑法学的重要课题。

第一节　抽象危险犯的处罚根据

一、抽象危险犯处罚根据的理论争论

（一）传统见解：形式说

今天有关抽象危险犯正当化的众多讨论，本质上可以还原为以法益保

---

① 藤木英雄. 刑法講義総論 [M]. 東京：弘文堂,1975: 88.
② 西田典之. 刑法総論 [M].2 版. 東京：弘文堂,2010: 85.
③ 謝煜偉. 抽象的危険犯の現代的課題 [J]. 刑事法ジャーナル,2012,33: 30.

护为根据的两种理论，也即一般危险理论和抽象危险理论。① 这两种理论不仅以其特色而成为抽象危险犯教义理论发展的基础，而且在预先确定的不同出发点上是相互对立且难以和解的，正如 Brehm 所说，"今天抽象危险犯的通说在主张根据这两种理论进行综合的时候是不正确的"②。由于两说均主张不论在具体事案中是否发生危险结果，仅仅发生被构成要件规定的行为就被处罚，因此可以被归类为形式说。③

1. 一般危险理论（危险动机理论）

一般危险说（Theorie der generellen Gefährlichkeit）是指不以在具体个案中有无发生实害或危险之结果，而仅以该当构成要件行为本身所具有的社会通念上的一般危险为处罚根据的学说。④ 此说从"一般危险不是作为个别的行为属性，而是作为通过大量观察的行为类型的性质来理解"⑤ 这一 Binding 的经典见解出发，主张抽象危险犯是对特定法益具有一般危险性的"经验上定型危险行为"的禁止，而行为的具体危险或结果仅仅是单纯的"立法者规范订立上的动机"，因此一般危险说也被视为"危险动机说（Gefährlichkeit Motivtheorie）"。⑥

一般危险说向来是德国有支配性的见解，虽然其后因学说发展而出现

---

① 振津隆行.抽象的危险犯の研究 [M]. 東京：成文堂，2007: 3; JÜRGEN SCHMIDT. Untersuchung zur Dogmatik und zum Abstraktionsgrad abstrakter Gefährdungsdelikte: zugleich ein Beitrag zur Rechtsgutslehre[M].Marburg: Elwert, 1999: 22.

② WOLFGANG BREHM. Zur Dogmatik des abstrakten Gefährdungsdelikts [M].Tübingen: J.C.B.Mohr, 1973: 11; Eva Graul.Abstrakte Gefährdungsdelikte und Präsumtionen im Strafrecht[M]. Berlin: Duncker & Humblot 1991: 227.

③ 大塚仁.刑法概説（総論)[M]. 第 4 版.東京：有斐閣，2008: 130；大谷實.刑法講義総論 [M]. 第 4 版.東京：成文堂,2012: 127.

④ 可参见德国有关刑法注释书：THOMAS FISCHER. Strafgesetzbuch mit Nebengesetzen [M].65.Auflage. München: C.H. Beck, 2018: §13 Rn.19; ADOLF SCHÖNKE, HORST SCHRÖDER, ALBIN ESER, et al. Strafgesetzbuch: Kommentar (StGB)[C].28 Auflage. München: C.H. Beck, 2010: (vor § 306, Rn.3.) 2676-2680.

⑤ KARL BINDING. Die Normen und ihre Übertretung: Band I [M].4 Auflage. Aalen: Scientia Verlag, 1965(Neudruck der 4 Auflage.Leipzig,1922: 379.

⑥ Vgl. CLAUS ROXIN. Strafrecht Allgemeiner-Teil Band I: Grundlagen. Der Aufbau der Verbrechenslehre[M]. 4 Auflage. München: C.H. Beck, 2006: 426-427.

多种定义，但是"一定行为样态所具有法益侵害的危险性"是各说的共通点。例如耶塞克与魏根特（Jescheck / Weigend）教授认为："抽象危险犯的当罚性，是以符合构成要件行为对特定法益的一般危险性为基础的。发生危险本身在这里并不属于构成要件，但'典型惹起具体危险'是该当行为的特征。"① 君特·雅各布斯（Günter Jakobs）教授也认为抽象危险犯的处罚根据是特定的行为，或者是具有特定结果的行为的一般的（从各个的情况加以抽象化）危险性。② 此说在日本也是有力的学说，例如西原春夫教授认为，"所谓抽象危险犯是指特定行为本身就一般来说含有法益侵害的危险而被禁止的犯罪类型"③。台湾学者林山田对此说也表示赞同，认为"抽象危险系由立法者依其生活之经验大量观察，认为某一类型行为对于特定法益带有一般危险性"④。

针对此说的批评主要在于：首先，此说所采取的这种一般化的考察方法，与今天占据刑法理论主流的个别化责任考察方法不相适应。某种举止是否仅因侵害行为之属性而被刑法所禁止是存在问题的。⑤ 其次，仅仅考虑典型性特征而缺乏一般个别事例关系的法益保护，难以从法益关系行动规范之违反引出个别事例关系的责任非难。再次，在个别事例上即使不存在与保护法益的关系也进行处罚，最终不吝是保护法益与刑法规范之正当化结合的放弃。最后，由于此说并未说明一般危险性的含义，因此只不过是概念上的抽象化作业，而难以说明抽象危险犯之不法实质。⑥

---

① HANS-HEINRICH JESCHECK, THOMAS WEIGEND. Lehrbuch des Strafrechts: Allgemeiner Teil [M].5 Auflage.Berlin: Duncker & Humblot, 1996: 264; 中译本参见汉斯·海因里希·耶塞克，托马斯·魏根特 . 德国刑法教科书：总论 [M]. 徐久生，译 . 北京：中国法制出版社 ,2001: 322.

② GÜNTHER JAKOBS. Strafrecht Allgemeiner Teil [M].2 Auflage, Berlin: W.de Gruyter, 1991: 145.

③ 西原春夫 . 刑法總論改訂版 (上卷)[M]. 東京：成文堂 ,1995: 288.

④ 林山田 . 刑法通论 (上)[M]. 增订 10 版 . 北京：北京大学出版社 ,2012: 158.

⑤ 振津隆行 . 抽象の危険犯の研究 [M]. 東京：成文堂 ,2007: 32-34.

⑥ 佐伯和也 .「抽象的危険犯」における可罰性の制限について (1)[J]. 関西大学法学論集 , 1996, 46(1): 130.

2. 抽象危险理论（危险拟制理论）

与不要求任何具体危险的一般危险说不同，抽象危险说（Theorie der abstrakten Gefährlichkeit）从（不成文的）法益危险要件出发，在危险结果的拟制上寻求抽象危险犯处罚根据，因此又被称为危险拟制说或危险推定说（Gefahr Präsumtionstheorie）。[①]此说认为，因为抽象危险犯在其构成要件上没有指示任何危险结果，所以必须作为（构成要件的）危险结果发生的推定而被理解。也即立法者想要通过行为危险性的拟制（praesumtio juris et de jure）来解决"抽象危险"的证明困难，[②]如果行为通常被拟制具有危险（法益的危殆化），那么在个别事案上的现实考虑就完全不被进行。[③]

危险拟制说的主张，在德国多为早期刑法学者如 M.E.Mayer、H.Henckel 等所采，但至今也有坚定的拥护者。[④]例如德国学者 Kindhäuser 教授认为"在教义学（dogmatisch）上，不成文构成要件的前提，根据抽象危险犯作为构成要件上的推定而被接受"[⑤]。日本学者佐伯千仞认为："所谓抽象危险犯，系指其行为本身已经被以危险行为来看待，既然其行为存在，就不再要求证明发生了危险的犯罪。"[⑥]我国台湾学者林东茂也认为"抽象危险犯是指立法上假定，特定的行为方式出现，危险状态即伴随而生；具体个

---

① URS KINDHÄUSER. Gefährdung als Strafrecht[M].Frankfurt am Main: Klostermann, 1989: 238-240.

② KARL BINDING. Die Normen und ihre Übertretung: Band I [M].4 Auflage.Aalen: Scientia Verlag, 1965 (Neudruck der 4 Auflage.Leipzig,1922): 380.

③ 危险拟制说、一般危险说的详细论述参见，冈本胜 .『抽象的危殆犯』の問題性 [J].法学 ,1974,38(2): 103-106; 山口厚 . 危険犯の研究 [M]. 東京 : 東京大学出版会 ,1982: 198-201; 佐伯和也 .「抽象的危険犯」における可罰性の制限について (1)[J]. 関西大学法学論集 ,1996, 46(1): 128-131.

④ 危险拟制说的早期见解参见:M. E. MAYER. Der allgemeine Teil des deutschen Strafrechts [M]. 2 Auflage, Heidelberg: C.F.Müller,1923; VON HANS HENKEL. Der Gefahrbegriff im Strafrecht[M].Breslau: Schletter,1930. 后期属于这一理论阵营的德国学者有 Arthur Kaufmann、Friedrich-Cristian Schröder、Heribert Ostendorf、Reinhart Maurach / Heinz Zipf、Jürgen Baumann / Urlich Weber、Johannes Wessels、Kálmán Györgyi、Andrzej Spotowski 等，日本学者有木村龟二、佐伯千仞、藤木英雄、中义胜、团藤重光、村濑均以及齐藤信宰等。

⑤ URS KINDHÄUSER. Gefährdung als Strafrecht[M]. Frankfurt am Main: Klostermann, 1989: 238-240.

⑥ 佐伯千仞 . 三訂刑法講義 (總論)[M]. 東京 : 有斐閣 ,1977: 137-138.

案纵然不生危险，亦不许反证推翻"①。

针对此说的批判主要在于：首先，在抽象危险犯上不要求对个别具体法益之危险，会导致责任朝向"不特定的不法"或者"普遍的不法"而与责任原理相违背。②其次，犯罪的处罚根据应该被具体认定，但危险拟制现实上并未赋予其实质性的基础，③因此该说不仅将危险犯的实体形骸化，而且也对要求危险犯的实质性理解产生阻碍。④再次，抽象危险说根据存在既没有必要被确定也没有必要被证明的未被记述的危险结果构成要件来排除证明困难，只不过是法律中看不出基础的具有宪法疑念的救助构造。⑤

（二）现代讨论：实质说

实质说是指通过考察构成要件行为和保护法益之间的实质关联性，在个别事案中作出没有危险就否定犯罪成立这一实质判断的见解。该说的共通目的是把作为犯罪处罚根据的法益侵害或者危险在行为惹起的外界变动上去寻求，试图通过该外在事态间接认定行为的"法益侵害危险"。实质说大致上可以分为基于一元结果无价值论的结果说、基于二元行为无价值论的行为说以及位于两说之间的折中说。

1. 结果指向的见解

（1）某种程度的具体危险说

此说把抽象危险理解为"某种程度的具体危险"，在抽象化程度差异上寻求抽象危险和具体危险的区别。⑥例如日本学者山口厚教授认为，抽象危险与具体危险一样，意味着发生法益侵害可能性的事态，即使在危险判断方法上也处于具体危险场合的延长线上，两者的差异只不过是在危险判断之

---

① 林东茂. 刑法纵览 [M]. 修订 5 版. 北京：中国人民大学出版社 ,2009: 50.

② 松生建. 危険犯における危険概念 [J]. 刑法雑誌 ,1993,33(2): 62.

③ 山口厚. 危険犯の研究 [M]. 東京：東京大学出版会 ,1982: 207.

④ 岡本勝.「危険犯」をめぐる諸問題——危険犯の諸類型の各論的検討——[J]. Law School. 1981,39: 38; 松生建. 抽象的危険犯における危険 [M]// 片山信弘，甲斐克則. 海上犯罪の理論と実務：大国仁先生退官記念論集 [C]. 東京：中央法規出版, 1993: 62-63.

⑤ 振津隆行. 抽象的危険犯の研究 [M]. 東京：成文堂 ,2007: 50.

⑥ 平野龍一. 刑法総論 I[M]. 東京：有斐閣 ,1972: 120; 内藤謙. 刑法講義総論 (上)[M]. 東京：有斐閣 ,2001: 209-213; 山口厚. 刑法総論 [M].2 版. 東京：有斐閣 , 2007: 46.

际被容许的"抽象化"程度之差。也即具体危险首先"把现实存在的事实置换为假定事实，通过考察其存在可能性而被具体判断"，然后"考虑取代现实存在的事实而究竟存在何种事实，法益侵害根据科学因果法则而发生"。①抽象危险与具体危险同样"通过考察现实上并不存在的事实——因其存在而发生法益侵害的事实——在何种程度上存在"来判断危险，只不过在那里被要求的"事实存在可能性"的程度"比具体危险的场合要低，所以能容许考虑比具体危险的场合更广泛的事实"。②

　　针对此说的主要批评在于：首先，抽象危险和具体危险的差异不应在危险的程度而应在危险判断的"构造性差异"上寻求，③也即"抽象危险"只不过是根据经验法则判断而被采用的概念，把两者相比较本身在理论上是不可能的。其次，相对于抽象危险把行为当时的一般诸事情作为基础来判断的"一般的法益侵害危险性"，具体危险被认为不仅连行为时而且连行为后发生的全部事情都作为素材来判断。④再次，该理论终归只不过是"在判断大致欠缺危险性的场合否定犯罪成立的阻却构成要件处理"，但是"很难说'作为结果的危险发生'根据不能说没有危险的消极判断来认定，而且阻却处理的条文根据也不能说明确"。⑤

　　（2）容许反证推定说

　　"容许反证推定说"因推定范围不同而存在不同的见解。库尔特·拉伯（Kurt O.Rabl）认为现实的具体危险不是被立法者拟制而是被推定的。这种危险结果因"行为人的态度危险性"而被立法者推定，所以能够在诉讼上进行反证。⑥霍斯特·施罗德（Horst Schröder）也支持危险证明的反证，但

---

① 山口厚. 危険犯の研究 [M]. 東京：東京大学出版会，1982：165.

② 山口厚. 危険犯の研究 [M]. 東京：東京大学出版会，1982：225.

③ 在危险判断构造的不同上寻求具体危险与抽象危险之差异的见解可参见：名和鐵郎. 放火罪·溢水罪 [M]// 中山研一ほか編. 刑法各論（青林双書）. 東京：青林書院新社，1977：210-215；星周一郎. 放火罪の理論 [M]. 東京：東京大学出版会，2004：148-155.

④ 名和鐵郎. 放火罪·溢水罪 [M]// 中山研一ほか編. 刑法各論（青林双書）. 東京：青林書院新社,1977：211.

⑤ 塩見淳. 危険の概念 [M]// 西田典之，山口厚，佐伯仁志編. 刑法の争点（ジュリスト増刊）.4 版. 東京：有斐閣,2007：25.

⑥ KURT O. RABL. Der Gefährdungsvorsatz[M], Breslau-Neukirch: Alfred Kurtze, 1933:15-17.

同时主张把证明难易纳入考虑而区分"容许反证推定"和"不容许反证推定"。① 例如《德国刑法典》第 306 条放火罪是构成要件保护被具体化的特定客体（人）的犯罪，在具体危险现实没有发生的时候容许反证。而交通法规违反和武器爆炸物的不法持有，在行为针对一般公众或者处于行为时点而未确定或不可能确定客体的场合，应该尊重立法者对危险性的判断，不能反证各事案的危险。② 我国最近也有学者从实质化理解抽象危险犯这一立场出发，主张抽象危险犯中的危险是推定危险而非拟制危险，因此应当允许反证危险不存在而出罪。③

针对此说的主要批评在于：首先，在证明结果不明确的场合认为有罪，违反了"怀疑时为了被告人的利益"这一原则。④ 其次，如果要求检察官证明客体处于现实危险，那么抽象危险犯就变成具体危险犯，而违反了立法者的意思。⑤ 再次，抽象危险犯的根本问题不在于证据法上的证明责任，反倒在于当遵照文言进行解释之际何种要件被满足才肯定应受刑罚程度之实质不法的解释。

2. 行为指向的见解

由于抽象危险犯并不要求构成要件的结果，所以试图从结果不法的方向来实质正当化抽象危险犯的学说难免会遭遇挫折，因此最近有见解把行为不法置于正当化考虑的中心，而展开对抽象危险这一抽象危险犯处罚根据的解释。

---

① HORST SCHRÖDER. Gefährdungsdelikte im Strafrecht [J].Zeitschrift für die gesamte Strafrechtswissenschaft (ZStW), 1969, 81(1): 7-10. 在日本主张容许反证推定说的学者有松宫孝明，参见松宫孝明. 刑法總論講義 [M].4 版. 東京：成文堂，2009: 60.

② HORST SCHRÖDER. Gefährdungsdelikte im Strafrecht [J].Zeitschrift für die gesamte Strafrechtswissenschaft (ZStW), 1969, 81(1): 17.

③ 付立庆. 应否允许抽象危险犯反证问题研究 [J]. 法商研究 ,2013(6): 79-81.

④ 松生建. 抽象的危険犯における危険 [M]// 片山信弘，甲斐克则. 海上犯罪の理論と実務：大国仁先生退官記念論集. 東京：中央法規出版 ,1993: 66.

⑤ BERND SCHÜNEMANN. Moderne Tendenzen in der Dogmatik der Fahrlässigkeits-und Gefährdungsdelikte[J]. Juristische Arbeitsblätter (JA), 1975: 797; CLAUS ROXIN. Strafrecht Allgemeiner—Teil Band I: Grundlagen.Der Aufbau der Verbrechenslehre [M].4 Auflage.München: C.H.Beck, 2006: 427-428.

（1）具体的危险盖然性说

比得·克莱默（Peter Cramer）从不能犯和抽象危险犯的对比分析出发，主张"对抽象危险犯的法益攻击在于通过被禁止行为使保护法益的具体危险产生盖然性状态"[①]，因此"抽象危险犯的处罚根据是从行为人的法敌对目的性所导出的行为的潜在危险性"[②]。"由于行为的攻击强度以'侵害犯、具体危险犯、抽象危险犯'的顺序而升高，所以对法益的侵害强度以'实害是发生实际损害、具体危险是发生实害的盖然性、抽象危险是发生具体危险的盖然性（Wahrscheinlichkeit einer konkreten Gefahr）'的顺序而递减，因此'抽象危险'是'具体危险'的'前阶段（Vorstufe）'。"[③]也即抽象危险作为惹起一定法益侵害或危险之意思活动的行为人的危险性被理解，该危险性被视为因行为而惹起对法益具体危险的盖然性。

克莱默的"具体危险的盖然性"说遭到以阿图尔·考夫曼（Arthur Kaufmann）为代表的众多学者的批判。考夫曼认为，由于危险概念已经内含盖然性（或者可能性）含义，所以强调危险的盖然性存在诸如盖然性的盖然性、可能性的可能性、危险的危险那样的逻辑矛盾。[④]同时也有见解对此进行支持，例如布莱姆（Brehm）认为，虽然在有关法益侵害的判断上盖然性的盖然性没有任何意味，但是由于危险判断大都通过一些论理的或可能的判断之结合来实现，所以能够包含二重的盖然性陈述。例如放火行为是危险的这一判断以住宅里有人是盖然的这一评价为前提。如果这样解释的话，"具体危险的盖然性"未必在论理上不可维持。[⑤]

---

① PETER CRAMER. Der Vollrauschtatbestand als abstraktes Gefährdungsdelikt [M]. Tübingen: Mohr, 1962: 74.

② PETER CRAMER. Der Vollrauschtatbestand als abstraktes Gefährdungsdelikt [M]. Tübingen: Mohr, 1962: 62.

③ PETER CRAMER. Der Vollrauschtatbestand als abstraktes Gefährdungsdelikt [M]. Tübingen: Mohr, 1962: 65,68,74; ADOLF SCHÖNKE, HORST SCHRÖDER, ALBIN ESER, et al.Strafgesetzbuch: Kommentar(StGB)[M].28 Auflage.München: C.H.Beck, 2010: (vor § 306, Rn.3.)2676-2680.

④ ARTHUR KAUFMANN. Unrecht und Schuld beim Delikt der Volltrunkenheit[J]. Juristische Zeitung (JZ), 1963: 433.

⑤ WOLFGANG BREHM. Zur Dogmatik des abstrakten Gefährdungsdelikts [M].Tübingen: J.C.B.Mohr, 1973: 79-80.

（2）具体危险性犯

具体危险性犯主张从行为无价值出发，把依事前判断的行为无价值的"具体危险性"的存在作为成立要件的犯行形式来把握。[①] 根据该见解，由于即使是定型的危险行为也不存在正当化禁止其自身的特别事情，反而是因为该禁止与刑法的最后手段性不相符合，而以基于比例原则对规范内容的"目的论的缩小"操作为必要。例如，在遗弃罪的场合，既然把对生命身体或者公共安全的法益保护作为目的，原则上应该被禁止的至少是对法益侵害具有具体危险性的行为。这是因为，虽然对法益侵害来说，禁止这种行为是"目的合理的"，但为了把刑罚与该行为禁止之违反相连接，从价值合理的"相当性原则"，也即狭义的"比例原则"观点出发的特别正当化被认为是必要的。[②] 例如，母亲把自己的孩子放在医院的病床上并留下替换衣物和牛奶后离开的场合，虽然在该行为一般的定型上是危险的。但是由于充分考虑了该孩子不会发生法益侵害或者危殆化，且谋求了适当结果回避措置，所以如果把个别事情纳入考虑的话，该当行为具体而言没有危险，而不符合遗弃行为。[③] 因为这种限定解释，被禁止的只是事前来看具有具体危险性的行为，仅仅是定型危险而不是具体危险的行为，"不能被刑法上的行动规范所禁止，因此在这里并不存在作为行动规范侵害的行为无价值，当然也不存在不法"[④]。

（3）实质危险行为说

此说主张实质性具体判断内在于构成要件行为的危险性，根据判断时点的差异该说又可分为事前的危险行为说和事后的危险行为说。事前的危险行为说主张事前判断该当行为的具体危险性，认为"即使是抽象危险犯，

---

① 増田豊 . 規範論による責任刑法の再構築：認識論的自由意志論と批判的責任論 [M]. 東京 : 勁草書房 ,2009: 181-182.

② 増田豊 . 規範論による責任刑法の再構築：認識論的自由意志論と批判的責任論 [M]. 東京 : 勁草書房 ,2009: 181-182.

③ 増田豊 . 規範論による責任刑法の再構築：認識論的自由意志論と批判的責任論 [M]. 東京 : 勁草書房 ,2009: 182-183.

④ 増田豊 . 規範論による責任刑法の再構築：認識論的自由意志論と批判的責任論 [M]. 東京 : 勁草書房 ,2009: 183-184.

也应把相比一般人立场是否具有以行为当时的具体状况为前提的法益侵害的危险性作为问题",也即把抽象危险犯上危险性有无的判断理解为"从一般人来看立于行为时的事前具体判断"。进而主张以行为时存在的危险性为判断中心的抽象危险犯,与应判断是否实现法益侵害之危险的具体危险犯在本质上没有不同,前者的场合是"轻微程度的危险",后者的场合是"相当高度的危险"。① 事后的危险行为说主张事后判断该当行为的具体危险性,认为应当以排除抽象化的"个别具体的行为危险性"作为判断基准,以"行为时存在的全部事情(包含事后判明的事情)"作为判断基底来判断行为的危险性。也即在考虑事后判明的事情之后,在法益侵害的不发生是偶然的不可能科学说明的场合而也承认危险性。②

把一般人于行为人的立场事前判断危险作为基准的事前的行为危险说,要求根据比例原则的目的论的缩小解释的具体危险性犯说,以及事后认定以行为时存在的全部事情作为判断基底之危险的事后的行为危险说,在避免规范的危险判断这一点上基本上是妥当的,但在抽象危险犯全体上仍然遗留是否仅把"行为(时)的危险性"作为问题的疑问。这是因为,内在于行为的"危险性",被认为无论如何只不过是危险判断的一部分。行为危险说忽略了行为以外的外界状态,不得不说有可能会过剩重视"行为本身的性质"。

(4)危险性区分说

着眼于抽象危险犯的"行为危险性",根据被记述的"行为"性质把抽象危险犯分为两种类型:(1)第一种类型是概念上认为内在于"构成要件行为"之"危险"要素的犯罪类型。例如,由于遗弃罪意味着把人的生命、身体置于'危险',内在于'遗弃'这一文言的危险,不仅以事前的行为危险,而且以事后的危险结果发生,也即事后达成现实危险状态为必要。③ 根据该见解,遗弃罪虽然名义上属于抽象危险犯,但是实质上作为"具体的危险

---

① 野村稔.刑法総論[M].補訂版.東京:成文堂,1998:100-101.

② 松生建.危険犯における危険概念[J].刑法雑誌,1993,33(2):246-247.

③ 山中敬一.刑法総論[M].東京:成文堂,2008:170;山中敬一.犯罪論の機能と構造[M].東京:成文堂,2010:134.

犯"对待。（2）第二种类型是，虽然构成要件行为并没有内在的危险，但是从结果危险的观点来推测危险行为性而进行解释的犯罪类型，（例如现住建筑物放火罪的）构成要件的行为，必须以具有特定危险的"事情"为前提而被实行。[①] 放火行为虽然并不内含"公共危险＝不特定或者多数人的生命、身体的危险"之发生，但是如果导致"烧损"就能够拟制危险发生。该"危险"是不被书写的构成要件要素，在没有发现被视为前提之典型事情的事案中，危险拟制被认为并不妥当。[②] 这样，在不能认为该当行为具有对"公共结果"的事前"危险性"的场合，放火构成要件的行为性被否定。[③]

（5）行动义务或注意义务违反论

为了防止抽象危险犯抵触责任主义，以艾克哈德·霍恩（Eckhard Horn）和沃尔夫冈·布雷姆（Wolfgang Brehm）、贝恩德·许内曼（Bernd Schünemann）为代表的学者从抽象危险犯与过失犯的亲近性出发而展开所谓的"无结果的过失构成要件说"。此说主张如果规定想要防止的危险大体并未发生，那么不设计某些主观面限制则违反责任主义就不可避免。[④] 因此，抽象危险犯的可罚性不是根据潜在的行为危险性，而是通过过失犯意味的注意义务违反被赋予根据，也即抽象危险犯被视为无结果的过失构成要件。[⑤] 在这种潮流中布雷姆的具体行动义务理论和许内曼的主观的注意义务说最为引人关注。

布雷姆认为为了回避连不适于侵害保护法益的行为也进行处罚这种

---

① 山中敬一. 犯罪論の機能と構造 [M]. 東京：成文堂, 2010: 134.

② 山中敬一. 犯罪論の機能と構造 [M]. 東京：成文堂, 2010: 135.

③ 山中敬一. 刑法総論 [M]. 東京：成文堂, 2008: 171.

④ 有关抽象危险犯违反责任主义的批判可参见：ARTHUR KAUFMANN. Unrecht und Schuld beim Delikt der Volltrunkenheit[J]. Juristische Zeitung (JZ), 1963: 431-432. 例如德国刑法第306条a重放火罪是典型的抽象危险犯，如果故意内容不要求对人之生命的危险认识，即使行为人确信放火的建筑物内没有人也仍然肯定犯罪成立的话，那么就显然违反责任主义。也即重放火罪的重要不法要素不是物的损坏，而是对人之生命的危险，所以故意必须包含对人之生命的危险认识。

⑤ 霍恩（Horn）教授认为抽象危险犯应当作为"危险—行为犯（GefahräHandlungsdelikte）"而非作为"危险—结果犯（GefahräErfolgsdelikte）"而来理解，其理由是法并不要求该危险结果（程度较弱的具体危险）。因此，以危险—行为犯解决有必要确认行为的注意义务违反性。Vgl. ECKHARD HORN. Konkrete Gefährdungsdelikte[M]. Köln: O.Schmidt, 1973: 28.

不正当，有必要对抽象危险犯进行"类型修正（Typenkorrektur）"。这种被修正的抽象危险犯的违法性，能够通过以结果发生的具体适性判断的具体行动义务（Verhaltenspflicht）之违反来建立基础。行为人具有特别知识而知道谁都不会被侵害的时候，不存在作为义务违反而否定抽象危险犯的成立。① 许内曼对上述布雷姆的尝试加以修正，认为对可罚性限制来说关键不在于客观的注意义务违反，而是在于主观的注意义务违反，因此抽象危险犯实际上（根据情况也可能是不能未遂）作为过失未遂被规定。即使把客观全部事情纳入考虑后，所形成的安全措施因危险排除是充分的，但行为人从主观的自身角度来看没有采取必要预防措施的场合，仍然具有可罚性。② 许内曼认为，通过这样来构成的抽象危险犯"总算是与责任相适应，对容易粗糙对待责任主义的立法决定来说成为最容易使用的"③。

上述见解主张在认识到完全不会发生对人的危险或者采取一定安全措置且能确认避免危险的场合进行限定解释的立场是可取的。但是在保护集合法益的抽象危险犯和如交通犯罪那样的与大量发生行为有关的抽象危险犯的场合，根据注意义务违反性的观点进行限定解释不能发挥作用。能够适用这种限定解释的抽象危险犯只是少数，可以说仅限于以人的生命、身体为保护法益的传统抽象公共危险。所以，如果想要以抽象危险犯全体的共通限定解释论为目标就不能采取这种立场，反倒是与主观面相比在客观面阶段（抽象危险的概念解明）寻找答案是更适切的。④

3. 中间指向的见解

要素内在危险说主张在构成要件各要素上推测"危险发生"，在条文文

---

① WOLFGANG BREHM. Zur Dogmatik des abstrakten Gefährdungsdelikts [M].Tübingen: J.C.B.Mohr, 1973: 121-126.

② BERND SCHÜNEMANN. Moderne Tendenzen in der Dogmatik der Fahrlässigkeits-und Gefährdungsdelikte[J].Juristische Arbeitsblätter (JA), 1975: 798. 罗克辛教授也支持这种见解，参见 CLAUS ROXIN. Strafrecht Allgemeiner-Teil Band I: Grundlagen.Der Aufbau der Verbrechenslehre [M]. 4 Auflage. München: C.H.Beck, 2006:425-426.

③ BERND SCHÜNEMANN. Moderne Tendenzen in der Dogmatik der Fahrlässigkeits-und Gefährdungsdelikte[J]. Juristische Arbeitsblätter (JA), 1975: 798.

④ 谢煜伟. 抽象的危险犯論の新展开 [M]. 东京：弘文堂，2012: 65.

言具有的制约范围内进行实质的构成要件解释。[①] 例如星周一郎教授认为"在类型的观察危险行为的场合，如果存在征表危险发生的某些要素，那么在具体事案中通过介入该要素存否的判断，可以说'间接'判断危险发生有无具有充分合理性"。[②] 也即，"抽象危险犯上不是独立且显在的判断危险发生的有无，反倒是应该解释为着眼于征表危险发生的类型的构成要件要素，把该事由的有无作为所谓的中间项，来潜在的判断危险有无"[③]。

佐伯和也教授主张把抽象危险分类为"行为的危险性"和"作为结果的危险"，将前者定位于事前判断，后者定位于事后判断，而同时要求两种危险的存在。[④] 佐伯和也批判从来的实质说或者忽略了"事后考察的必要性"，而主要基于行为危险性而展开理论；或者缺乏对文言要求的认识分析，并未排除不成文构成要件要素的恣意性，就展开仍然要求作为结果之危险性的限制性见解。但是，既然对"法益实质危险"的考察从事后的视点来看是不可欠缺的，那么即使是抽象危险犯，根据事后判断的"作为结果的危险＝危险结果"也成为法的要求。因此，在这里被要求的作为结果的危险，并不是恣意的不成文的构成要件要素。

根据该见解，抽象危险犯也成为结果犯，例如在遗弃罪上，除了事后判断征表行为危险性的"遗弃"行为以外，不包含遗弃要素的危险结果（作为结果的危险）也必须作为不成文的构成要件要素被要求。也即，有必要事后判断对生命身体安全的危险。因此，把幼儿放置在养护机构的床上的场合，虽然遗弃该幼儿，但是在隐蔽处观察直到被他人救助的场合，不仅因欠缺行为的危险性而不该当遗弃罪，而且把幼儿抛弃在养护机构的门口，第三者从一开始就在隐蔽处看守（只要在遗弃发生后的第三人介入行为不偶然），在行为后保护该当幼儿的场合，和行为人认识到遗弃客体仍然活着但

---

① 星周一郎. 放火罪の理論 [M]. 東京：東京大学出版会，2004: 280; 星周一郎. 公共危険犯の現代的意義 [J]. 刑法雑誌. 2009, 48(2): 195-196.

② 星周一郎. 放火罪の理論 [M]. 東京：東京大学出版会，2004: 149.

③ 佐伯和也. 抽象的危険犯における可罰性の制限について (2・完)[J]. 関西大学法学論集, 1996, 46(2): 275-321.

④ 佐伯和也. 抽象的危険犯における可罰性の制限について (2・完)[J]. 関西大学法学論集, 1996, 46(2): 275-321.

遗弃的场合，根据事后的鉴定结果，即使是客体在行为时已经死亡是明显的场合，也因为欠缺作为结果的危险而不成立遗弃罪。[①] 对现住建筑物等放火罪（《日本刑法典》第 108 条）也与遗弃罪同样作为"抽象危险＋结果犯"定位，通过考虑根据事后考察的"作为结果的危险"之后能够适切把握。也即，不仅放火时点的行为危险性，而且有必要也考虑基于"烧损时点的危险判断"的"现在性"的有无。因此，"野外独栋房屋"和"海边独栋房屋"的事例，因为欠缺作为结果的危险所以不构成放火罪，充其量成立建筑物损坏罪。

此说想要调和行为还是结果、危险性还是危险、事前判断还是事后判断这一抽象危险犯论争的三种对立的努力是具有一定价值的。但是，该见解只不过是把"行为的危险性"和"作为结果的危险"单纯连结，并未解开二者择一的困境，反而使这种对立图示更加深刻化，很可能加总或增幅了各说的缺陷与问题点。原本的问题在于为何"危险性"和"行为"、"结果"和"危险或危殆状态"相连结。[②]

二、抽象危险犯处罚根据的理论检讨

以上争议围绕如何实质理解抽象危险犯的抽象危险，如何具体划定抽象危险犯的法益侵害，大致形成了"事前的行为之危险性"与"事后的结果之危险"这一对立图示。这种对立图示最后可以归结到对不法本质理解的差异，也即从结果无价值论出发，必然主张从"结果事态"出发而事后的实质性判断行为所导致的"危险状态"，而从行为无价值论处罚，必然主张从"行为本身"出发而事前的实质性判断内在于行为的潜在"危险性"。但是，这种偏执于一方的不法理解既难以合理解释作为处罚根据的抽象危险，也无法提供限制抽象危险犯前置扩张的实质基准。因此，不法的概念应当以

①　佐伯和也.抽象的危険犯における可罰性の制限について (2・完)[J]. 関西大学法学論集, 1996, 46(2): 316.

②　谢煜伟 . 抽象的危険犯論の新展開 [M]. 东京 : 弘文堂，2012: 56.

地位均等同等重要的行为不法和结果不法为基础来构成，^①只有客观上具备结果发生之现实可能性的行为方式才能成立不法中的行为无价值，也只有能够在构成要件上归责于行为的法益侵害或危险才能成立不法中的结果无价值。^②如何从不法二元论的立场出发来化解这种对立图示，寻求对抽象危险实质的更精密把握就成为问题的关键。

（一）抽象危险犯的前置处罚根据

1. 抽象危险的结果概念

抽象危险犯是指因行为本身具有法益侵害的危险性而被禁止的犯罪类型，与以发生具体危险状态为成立要件的具体危险犯不同，立法者在构成要件上一般不就抽象危险而设定具体的结果要素，因此想要贯彻法益侵害关联性的要求，首先必须厘清抽象危险的结果概念。

第一种见解认为所有的犯罪都是结果犯，因此即使在抽象危险犯的场合也仍然存在结果。例如王永茜博士认为，"传统的结果概念可以延伸解释为包括构成要件结果与违法结果这两个层面的结果"，"抽象危险虽然不是构成要件结果但可构成违法结果"。也即"尽管抽象危险犯的法条文字中找不到'危险'这一结果要素的明文表达，但考虑到抽象危险犯的实质违法性就会发现，抽象危险是不成文的构成要件要素"^③。付立庆博士也认为，虽然抽象危险犯的条文中并没有规定构成要件要素，但是"法条并不直接等于构成要件，既然称为抽象危险犯，那么危险的存在就是必备的构成要件要素"，这是因为"一方面有不成文的构成要件要素理论的支撑，另一方面也有助于例外情况下的刑法问题的解决"。^④

第二种见解认为抽象危险犯是行为犯，因此在抽象危险犯的场合不要求发生结果。例如郝艳兵博士认为，"对于抽象危险犯而言，其规范保护目

---

① REINHART MAURACH, HEINZ ZIPF. Strafrecht Allgemeiner Teil—Teilband 1: Grundlehren des Strafrechts und Aufbau der Straftat[M]. 8 Auflage. Heidelberg: C.F. Müller 1992: 215.

② 陈璇. 德国刑法学中结果无价值与行为无价值的流变、现状与趋势 [J]. 中外法学，2011(2): 386.

③ 王永茜. 抽象危险犯立法技术探讨——以对传统"结果"概念的延伸解释为切入点 [J]. 政治与法律，2013(8): 14,17.

④ 付立庆. 应否允许抽象危险犯反证问题研究 [J]. 法商研究，2013(6): 79.

的既不在于防止法益侵害的发生，也不在于防止危险的发生，而在于通过对某种行为方式的禁止保障安全"。抽象危险犯虽然在构成要件规定上也存在如《刑法典》第 127 条盗窃、抢夺枪支、弹药、爆炸物罪，第 144 条生产、销售有毒、有害食品罪那样规定有行为结果的场合，但是这种"结果要素并非侵害法益意义上的结果，而是行为性质所决定的结果，此结果属于不能直接说明行为对法益的侵害性的非侵害性结果"①。王雯汀博士认为，"抽象危险犯对具有危险性的行为进行的一般性禁止，是行为无价值的表现，对刑法规范效力的维护有着积极的价值，虽然抽象危险犯在一定程度上背离了以结果无价值为基础的法益理论，但抽象危险犯是法益保护前置化的措施，是基于更为周延保护法益的考虑，而行为无价值论则为这种处罚的前置化提供了合理根据"②。

这种争议不单只见于我国，在德国也同样存在。例如托马斯·菲希尔（Thomas Fischer）大法官认为抽象危险犯不是结果犯，这是因为抽象危险犯的构成要件不以危险发生为必要，而仅仅存在容易引起具体危险的行为。也即危险性不是构成要件要素，而只不过是有关刑罚威慑的立法基础。③耶塞克（Jescheck）教授认为，"抽象危险犯是行为犯，行为犯的应受处罚性，是以符合构成要件行为对特定法益的一般危险性为基础的。发生危险本身在这里并不属于构成要件，但'典型地导致具体危险'是适合于相关行为的"④。与此相反，雅各布斯（Jakobs）教授认为，抽象危险犯不仅有成为行为犯而且也有成为结果犯的场合，主观或者客观构成要件在与法益侵害或者危险相适应的场合成为结果犯。例如放火罪一方面属于抽象危险犯，另一

---

① 郝艳兵. 风险刑法：以危险犯为中心的展开 [D]: [博士]. 北京：中国人民大学，2011: 187-186.

② 王雯汀. 风险社会下抽象危险犯的理论境域 [J]. 河北法学，2013(2): 182.

③ 托马斯·菲希尔（Thomas Fischer）系德国联邦最高法院首席大法官，参见: THOMAS FISCHER. Strafgesetzbuch mit Nebengesetzen[M]. 65. Auflage. München: C.H. Beck, 2018: §13 Rn.19.

④ HANS-HEINRICH JESCHECK, THOMAS WEIGEND. Lehrbuch des Strafrechts: Allgemeiner Teil [M]. 5 Auflage.Berlin: Duncker & Humblot, 1996: 237-238; 中译本参见汉斯·海因里希·耶塞克，托马斯·魏根特. 德国刑法教科书：总论 [M]. 徐久生，译. 北京：中国法制出版社,2001: 322.

方面由于要求具有对建筑物等的毁损结果，所以也能被认为是结果犯。[①]

上述争议的实质争点源于对结果概念的理解不同。在刑法理论上，结果概念大致能够分为三种类型[②]：其一是形式结果说，即指对行为客体的与行为相分离的有形事实作用；其二是广义结果说，即指具有行为所导致的外界因果变动；其三是实质结果说，即指法益侵害或者其危险。第一种见解实际上是采实质结果说，第二种见解实际上是采形式结果说。也即如果把结果限定为作为法益或危险的实质结果，那么就会由于任何犯罪都必须具有法益或危险，而得出所有的犯罪都是结果犯。相反如果把结果限定为作为行为客体被害的形式结果，那么就会由于只有部分犯罪才要求结果发生，而得出只有对行为客体产生与行为相分离之因果作用的才是结果犯。

由于在具体危险犯的场合，行为客体的变动状态和法益侵害之间存在紧密的论理对应关系，法益侵害危险能够通过对行为客体的攻击而得以具体化，所以立法者往往把法益侵害危险类型化为一定的行为客体危险状态，通过该危险状态直接体现出法益侵害的危险。由此具体危险犯的具体危险既是法益侵害（实质结果）又是构成要素（形式结果），法益侵害借由外在构成结果得以具体化。但是在抽象危险犯的场合，由于"外界的变动状态"

---

① Vgl. GÜNTHER JAKOBS. Strafrecht: Allgemeiner Teil [M]. 2 Auflage.Berlin: W.de Gruyter,1991: (§6 Rn.86)172.

② 在日本由于结果无价值的不法理论占据通说地位，因此日本刑法理论的通说认为，由于"形式结果说"无法说明例如伪证罪等没有行为客体的犯罪，"广义结果说"所强调的只不过是实质结果说的事实侧面，因此作为结果的概念应当采取实质结果说的定义。在德国由于二元无价值的不法理论占据通说地位，因此德国刑法理论的通说认为，只有狭义的结果概念才具有解释学上的因果关系意义，"符合构成要件的结果应当与对保护法益的侵害区别开来。结果意味着对行为客体的与行为在时空上相分离的侵害或危害，而法益侵害则是指符合构成要件的行为对刑法规范保护价值诫命的破坏"。我国刑法理论的通说认为"危害结果是对直接客体所造成的损害事实"，但同时又认为"只有刑法规定的以某种特定的危害结果为构成要件的犯罪（即结果犯）才存在危害结果即构成结果"。此种通说显然存在实质结果与形式结果无法调和的矛盾，从"无法益侵害就无犯罪"的原则出发，既然危害结果是对作为犯罪本质的直接客体的侵害，那么该结果就不限于结果犯的结果而应当是所有犯罪都必须具备的结果。最近的有力说认为"广义的危害结果是指危害行为对犯罪客体即法益所造成的实际损害或者现实威胁，是一切犯罪所共同具有的特征，任何犯罪没有给法益造成实际侵害或现实危险的话，就不构成犯罪。狭义的危害结果是指刑法所规定的、作为犯罪构成客观要件的结果，也就是危害行为给行为对象所造成的实际损害"。

与"法益侵害及其危险"之间几乎不存在论理对应关系①，所以"作为结果的侵害或危险必须是所有犯罪共通构成要件要素"这一见解在抽象危险犯上并不妥当。② 也即，由于具体危险犯的具体危险比较确定，因此能够类型化为具体的构成要件结果。但是在抽象危险犯中或者由于行为客体的不可特定，或者由于因果结构的难以确定，或者由于损害事实的无法概括，立法者并未把法益侵害危险类型化为行为客体的直接被害，而只能通过把一定的攻击样态本身（属于行为犯的抽象危险犯的场合）或者攻击导致的变动状态（属于结果犯的抽象危险犯的场合），作为法益侵害危险的征表而规定为构成要件。前者例如在我国《刑法典》第 305 条伪证罪仅把"虚伪陈述"这一行为本身，用来表征对国家审判职能适正性的危险。后者例如《日本刑法典》第 108 条对现住建筑物等放火罪以现住建筑物等的"烧毁"状态，来表征对不特定多数人的生命、身体和财产的危险。

　　首先，抽象危险的结果不能是法益侵害结果。如果一边把抽象危险犯的结果限定在"法益侵害或危险"上一边强行贯彻这种要求的话，那么就会对不具有上述对应关系的抽象危险犯附加"作为不成文构成要素的抽象危险"，而招致抽象危险与具体危险在危险概念上的混乱。"作为结果之危险的实质性认定"这一要求，终归只不过是"在判断大致欠缺危险性的场合否定犯罪成立的构成要件阻却性处理"，但是"很难说'作为结果的危险发生'根据不能说没有危险的消极判断来认定，而且阻却处理在条文上的根据也并不明确"③。将作为评价标准的法益侵害作为评价对象实体本身，导致法益

---

　　① 对于个人法益的抽象危险犯（例如遗弃罪），由于能够肯定行为客体的变动状态和生命危险之间的一定对应关系，所以"构成要件结果"直接带来"法益侵害和危险"在理论上并非不可能。但是对于超个人法益或集合法益的抽象危险犯（例如伪造货币罪），由于不能说"伪造行为"和"交易安全"之间具有论理的对应关系，所以"构成要件结果"和"法益侵害和危险"之间实际上会发生龃龉。详细论述参见，香川達夫 . 危険犯と二個の客体（一）[J]. 学習院大学法学会雑誌，2006,42(1): 6-9.

　　② 对抽象危险犯"结果"概念的综合检讨可参见：岩間康夫 . 抽象的危険犯における結果概念 [J]. 大阪学院大学通信 ,2001, 32(3): 145-147; 渡邊卓也 . 電脳空間における刑事的規制 [M]. 東京：成文堂 ,2006: 54-57. 渡边博士的论文基本上立足于实质说，而把抽象危险犯中的实质结果作为不成文的构成要件要素来把握。

　　③ 塩見淳 . 危険の概念 [C]// 西田典之 , 山口厚 , 佐伯仁志編 . 刑法の争点（ジュリスト増刊）. 4 版 . 東京：有斐閣，2007: 25.

侵害这种价值判断退化为一种事实判断，不仅混淆了构成要件类型指示意义，而且脱离形式限制的实质判断蕴藏着可能扩大处罚的风险。同时，如果已经在评价对象中事先植入法益侵害结果，那么嗣后的评价不仅是一种重复，而且该评价本身也是可疑的。

其次，抽象危险犯的结果未必是构成要件结果。"行为犯与结果犯"和"危险犯与实害犯"是角度不同的概念，前者旨在解决犯罪既未遂判定的问题，而后者旨在解决犯罪成立条件的问题。两组概念的功能定位不同当然会导致彼此交叉的情形，例如伪证罪既属于抽象危险犯也属于行为犯，盗窃枪支罪既属于抽象危险犯也属于结果犯。因此，不是所有的抽象危险犯都不具有与狭义构成要件行为相分离的构成要件结果，也不是所有的抽象危险犯都在狭义构成要件行为以外包含"指涉外界变动的结果"。例如在日本刑法中仅以"虚伪陈述"为要件而不以陈述终了后的外界变动为必要的伪证罪是抽象危险犯，而要求指称"放火客体烧损"这一行为后的外界变动状态之结果的现住建筑物放火罪也是抽象危险犯。

总之，抽象危险犯上的"结果"不是指"法益的侵害或危险"，而只能理解为"外界变动"的意味。[①] 想要把"指称法益侵害或危险的结果"作为犯罪共通要素的要求，必须被部分修正。为了避免抽象危险概念作为被变换为"某种程度之具体危险"的结果而强行纳入构成要件这一概念性混乱，抽象危险犯上的构成要件"结果"，仅仅理解为因果的外界变动就足矣。

2. 抽象危险的性质界定

作为抽象危险犯前置处罚根据的抽象危险应该如何理解，是解释为行为时内在于行为本身的潜在危险性，还是理解为行为后引起一定危险事态的危险结果，一直以来存在较大争议。

"行为危险性说"主张在行为本身所具有的危险性而非在法益的具体危险状态上理解抽象危险，因此在判断抽象危险之际仅仅进行事前（行为时）判断，并不关注后来的外界变动状态变成什么。但该见解显然存在以下问题：第一，仅单从行为时点考量是否应予禁止，实际上完全无法确认什么是刑法所应禁止的行为模式。一个行为之所以应予以禁止的原始理由，正是

---

① 谢煜伟. 抽象的危険犯論の新展開 [M]. 东京：弘文堂,2012: 89-90.

该行为于"后续因果流程"的利益侵害作用，只有当特定行为有可能造成法益侵害时，刑法对该行为的禁止才具备正当性。第二，与判断时点的问题相比较，更重要的是"危险性"和"行为"的关系问题，也即只考虑"行为"是否必定产生"危险性"、仅以行为来判断"危险性"是否充分、为何"危险性"仅与行为直接连结等等。为了回答这些问题，仅把法益危险性与行为本身相连结的立场过于独断，"作为结果的危险"以及事后看待的视角应当成为危险性判断的必须补充。

"结果危险说"的见解主张在行为所导致的具体危险状态上理解抽象危险，因此在判断抽象危险之际不论该危险状态是否被构成要件明文记载，都被纳入视野而具体判断。但该见解显然存在以下问题：第一，虽然行为本身也能导致"一定事态发生"，但是"一定事态发生"和"法益侵害危险"不能被同等对待，前者是行为不法的具体表征，是反映行为的法益侵害现实可能性的客观要素。[①]后者是结果不法的具体表征，是说明行为所引起的法益损害结果的具体体现。如果把两种性质完全不同的客观损害事实混淆，那么原本判断构造与具体危险不同的抽象危险（质的差异），就会被强行与"作为结果的危险"相平列对待（量的差异），而最终被视为"某种具体的危险状态（结果）"。第二，把"具体危险状态（结果）"，作为"不成文的构成要件要素"来对待，实际上或者仅仅在"大致没有危险"的场合实现构成要件阻却的处理，或者由于把未必能从条文读出的"某种具体的危险状态"解释为"内在于构成要件要素的危险（结果）"，反而产生了构成对文言过剩包摄的担心。

从词源学来看，危险性（Gefährlichkeit）是指招致危险的潜在性质或属性的概念，解释为与行为人的举止（Verhalten）相连结是自然的；而危险（Gefährdung，日韩学者译为危殆化）作为及物动词转成的名词，意味着引起对客体的一定危险状态，解释为与作为结果的具体事象相关联是自然

---

① 陈璇. 德国刑法学中结果无价值与行为无价值的流变、现状与趋势 [J]. 中外法学, 2011(2): 387.

的。① 但是，从行为无价值的角度来看，何种行为受到规范禁止无法纯由规范效力得知，而只能经由解释演绎出行为有可能产生的后续作用，视其后续作用的强弱（生命或财产法益受侵害之可能性）而决定禁止与否。从结果无价值的角度来看，只有现实上出现的法益实害或危险，才能认定为破坏共同生活秩序。只有存在明确而可具体察知的结果，才是刑事责任发动的前提和根据。只有着眼于过去已经发生的事态，才能排除对纯粹内心悖反或客观不服从的处罚。因此，抽象危险犯的抽象危险概念必须打破"行为的危险性"和"结果的危险性"的对立图示，同时从行为不法和结果不法出发来进行把握。但问题是，立法就抽象危险犯只预订了一定危险性的行为，并未如具体危险犯那样规定有危险结果，而结果不法的判断不是从行为时而是从"行为后"综合考察所有已然事实进行判断的，显然和抽象危险犯不以结果发生的犯罪构成构造相龃龉，因此有必要进一步论证抽象危险犯在"法益危险"上所体现的结果不法。在结果犯特别是具体危险犯中，由于受保护法益是依附在特定客体之上的，法益侵害或危险自然必须从特定客体是否因为行为人的危险行为而受有侵害可能性来进行判定，由此结果犯的法益侵害或者危险不是直接体现在行为本身，而是以特定客体为中介来加

① 有关危险与危险性的分析，可参见德语文献中有关风险（Risiko）、危险（Gefahr）、危险性（Gefährlichkeit）、危殆化（Gefährdung）的诸概念。多数见解认为 Gefährdung 从财的视点来看指危殆状态（作为结果的危险），与此相对 Gefährlichkeit 从行为、行为者的视点来看指危险（行为的危险性）。而且，也有不少见解把 Risiko 作为 Gefährlichkeit 的同义语理解。例如金德霍伊泽尔（Kindhäuser）教授认为，风险概念（Risikobegriff）或者危险概念（Gefahrbegriff），把（事前的）损害盖然性的查定作为问题。在为防止财的损害而采取措置之际，不按事后的因果分析，而是基于事前的危险判断，进行合理的危险判断。Vgl. URS KINDHÄUSER. Erlaubtes Risiko und Sorgfaltswidrigkeit: Zur Struktur strafrechtlicher Fahrlässigkeitshaftung[J]. Goltdammer's Archiv für Strafrecht (GA) 1994: 199-200; 希尔施（Hirsch）教授主张以"危险"与"危险性（风险）"的对概念取代"抽象危险"与"具体危险"的对概念，认为"危险"不能用来指称行为而只能说明结果的事实状态，而"危险性"不涉及危险的结果而涉及行为的属性。继而希尔施教授提出"危险犯三分说"，将危险犯分为危殆犯（Gefährdungsdelikte）、具体的危险性犯（konkrete Gefährlichkeitsdelikte）和抽象的危险性犯（abstrakte Gefährlichkeitsdelikte）。Vgl. HANS JOACHIM HIRSCH. Gefahr und Gefährlichkeit (=FS für Arthur Kaufmann zum,1993) [M] // v. Günter Kohlmann (hrsg.). Strafrechtliche Probleme[C]. Berlin: Duncker & Humblot, 1999: 556-576; ders. Konkrete und abstrakte "Gefährdungsdelikte"（=FS für Kazimierz Buchala, 1994）[M] // v. Günter Kohlmann (hrsg.). Strafrechtliche Probleme[C]. Berlin: Duncker & Humblot, 1999: 623-636.

以表明，危险行为与法益之间存在特定客体作为危险中介。而如果在行为人实施危险行为与特定法益陷入紧迫的侵害可能状态之间，在时间与空间上存在相当距离时，法益危险的结果无价值判断就会脱离行为无价值的判断射程而有独立认定的必要。[①]在行为犯特别是抽象危险犯中，由于受保护法益和行为客体之间不存在论理的对应关联，法益侵害或危险不是借助于行为客体被害而得以具体化，反倒是"由于行为样态本身不能由行为者自身或者他人充分控制而在社会规范意义上被视为危险源"[②]，"只要相应的行为客体进入行为人的作用领域就具有把具体危险或侵害作为结果发生之状态的危险性"[③]。

因此，抽象危险的结果无价值判断难以脱离行为无价值的判断射程而独立存在，就像抽象危险犯在形式上可以被理解为行为与结果同时发生的犯罪类型那样，其在实质上也可以被理解为具有行为不法（法益侵害可能性）与结果不法（法益侵害危险）同时出现的违法结构。虽然抽象危险的结果无价值判断由于犯罪之存在结构的限制而难以获得独立地位，但是并不是说抽象危险的结果无价值判断就无须进行评价，立足于结果的、事后的角度对抽象危险的检视仍然是不可缺少的。抽象危险不是仅仅着眼于行为本身而是综合各构成要件要素，通过认定客观外界变动来检验的"法益侵害危险性"。换言之，在抽象危险犯的实质判断上，与其把"对法益的危险"直接看作是构成要件结果，毋宁去考察把何种"外界变动状态"作为构成要件标识设定后，该当构成要件和保护法益的（无价值的）关联性变得充分才是重要的。这种"与保护法益的关联性"要求，必须在构成要件上欠缺构成要件结果的抽象危险犯（例如伪证罪那样的单纯行为犯）上也被满足。据此

---

① 许恒达."行为非价"与"结果非价"——论刑事不法概念的实质内涵 [J]. 台湾: 政大法学评论，2010，114: 247.

② ANDREW VON HIRSCH, WOLFGANG WOHLERS. Rechtsgutstheorie und Deliktsstruktur-zu den Kriterien fairer Zurechnung[C] // Roland Hefendehl, Andrew von Hirsch, Wolfgang Wohlers (Hrsg.). Die Rechtsgutstheorie: Legitimationsbasis des Strafrechts oder dogmatisches Glasperlenspiel?[C]. Baden-*Baden*: Nomos, 2003: 211-212.

③ WOLFGANG WOHLERS. Rechtsgutstheorie und Deliktsstruktur [J].Goltdammer's Archiv für Strafrecht (GA) 2002: 18; WOLFGANG WOHLERS. Deliktstypen des Präventionsstrafrechts—zur Dogmatik"moderner"Gefährdungsdelikte[M]. Berlin: Duncker & Humblot, 2000: 311-312.

限定解释的重点应该转移到其他构成要件要素，例如行为主体、行为、行为时的状态等。

（二）抽象危险犯的前置处罚程度

无论是德国还是日本的危险性理论都有一项共通的特色，亦即藉由时间上以及空间上的划分，将攻击强度由强至弱分成实害犯、具体危险犯、抽象危险犯，并依此顺序将不法内涵由高至低排序。在这个"攻击强度范型（Angriffsparadigma）"下，具体危险代表近迫的危险，意味着较高度的不法，而抽象危险代表尚处遥远的危险，意味着较低度的不法。[①] 但是，这种"抽象危险＝行为的危险性＝低度不法"与"具体危险＝结果危险＝高度不法"的对立图式是否成立？用于评价抽象危险与具体危险不法程度的标准是否也能转运用于评价两者在存在结构乃至判断方法上的差异？在学说上向来存在诸多争议。

1. 抽象危险的程度论争

阶层关系说认为，立法者在设定不法类型时往往存在层级渐次的保护方式，即从对法益侵害较严重或较近的行为开始，再逐渐把防卫线扩张到对法益侵害较轻微或较遥远的行为。例如"实害指损害的发生、具体危险指实害发生的可能性，抽象危险则指具体危险的可能性"[②]。其理由是：第一，从刑法最后手段性原则的要求出发，只有在对严重犯行制裁尚不能满足社会保护需求时才能对轻微犯行施加制裁。例如"生命法益固然是刑法所要保护的首要价值，杀人罪系对此保护所提供的实害犯规定，遗弃罪就不该解释成抽象危险犯，因将其解释成抽象危险犯将导致刑法在生命的实害与抽象危险防止间缺乏具体危险的规范。此种情形犹如在立法上跳过未遂犯而经行处罚预备犯那样抵触层级保护原则。"[③]第二，刑法对法益采取层级渐次的保护方式，有利于实现对不同法益主体的区别保护。例如"如果某些破坏社会制度运作（司法公正、市场交易秩序）的行为，难以采用具体危险犯

① 谢煜伟. 风险社会中的抽象危险犯与食安管制食品 [J]. 台湾：月旦刑事法评论，2016(6): 81.
② 林东茂. 危险犯与经济刑法 [M]. 台北：五南图书出版公司，1996: 25.
③ 许泽天. 遗弃罪之研究——待厘清保护法益的具体危险犯 [J]. 台湾：东吴法律学报，2010，22(2): 12.

或实害犯的立法时，则比较有理由跳过具体危险犯的设计，径行假设此类行为具有破坏法益的危险性，而作出抽象危险犯的立法设计。但如同杀人罪之杀人行为，遗弃系针对特定人生命之攻击行为，可想象其实害发生，亦可想象具体危险的存在，从而规定为具体危险犯，较为客观合理，且符合刑法对法益保护的层级渐次方式"①。

包容关系说认为，阶梯论不能在所有的场合都成立，实害、具体危险和抽象危险的概念之间是包容关系，在某些场合，抽象危险是指发生实害特别重大、紧迫的危险，在某些场合抽象危险犯几乎等同于实害犯，如侮辱、诽谤行为对他人名誉造成的侵害几乎相当于实害犯，只是因为这种实害无法具体测定，刑法才将其规定为抽象的危险犯。②理由是，"第一，区分层次的理论前提并不成立。有些抽象危险犯对于法益对待侵害几乎等同于实害或者是比具体危险更加严重的侵害，因此不能笼统地将各种不同类型的抽象危险犯都看作是对于法益侵害较为轻微的犯罪。第二，确立层次的量化标准并不可靠。虽然行为对法益侵害的轻重或者远近关系可以从侧面佐证行为性质，但是如何定义行为所侵害的法益才真正决定着行为的性质。第三，采取层次的法条设置难以实现。对法益提供严密的不同层级的保护，或者会导致刑法条文过多或者会导致人为法律漏洞"③。

从来依据"实害指损害的发生、具体危险指实害发生的可能性、抽象危险则指具体危险的可能性"④的学说，把危险犯区分为从犯罪计划到侵害实现的若干典型阶段：⑤最严重的不法是侵害犯、较轻微的不法是具体危险犯、最轻微的不法是抽象危险犯。乌尔斯·金德霍伊泽尔（Urs Kindhäuser）对这种图式进行了批判，他认为这种模式虽然在某种程度上能够达成犯罪论

---

① 许泽天. 遗弃罪之研究——待厘清保护法益的具体危险犯 [J]. 东台湾：吴法律学报，2010，22(2)：12.

② 王永茜. 抽象危险犯研究 [D]：[博士]. 北京：清华大学，2013：89-90.

③ 王永茜. 抽象危险犯研究 [D]：[博士]. 北京：清华大学，2013：89.

④ 林东茂. 危险犯与经济刑法 [M]. 台北：五南图书出版公司，1996：25.

⑤ 金德霍伊泽尔教授把这种图示称为"攻击强度范式（Angriffsparadigma）"。参见 URS KINDHÄUSER. Rechtsgüterschutz durch Gefährdungsdelikte[M] // Knut Amelung (Hrsg.). Festschrift für Volker Krey zum 70[C]. Stuttgart: Kohlhammer, 2010: 253.

的问题解决，但是在刑法典上也有许多因该模式而与不法评价相矛盾的例子，因此根据攻击强度范式难以对现行法进行说明。例如，属于侵害犯的欺诈罪构成要件（《德国刑法典》第 263 条），虽然具有与属于危险犯的补助金欺诈罪构成要件（该法第 264 条）同样程度的法定刑，但是后者不以财产侵害的发生和潜在的被害人错误为必要。进而具有抽象危险的、以特定犯罪实行为目标的团体结成行为（该法 129 条第 1 项 2 号、第 2 项、第 4 项），相比该当犯罪的实行行为具有成立更重法定刑的情形。而且，作为抽象危险犯的伪证罪（该法第 154 条）和对法官的贿赂罪（该法第 332 条第 2 项），在量刑上能够与特别重的侵害犯相匹敌。[1]我国学者张明楷教授也认为，抽象危险犯存在不同类型。在某些场合是指具有发生实害的特别重大、紧迫的危险，例如我国《刑法》第 114 条将生产、销售有毒、有害食品罪规定为抽象危险犯，第 143 条将生产、销售不符合安全标准的食品罪规定为具体危险犯，是因为前者对生命、身体的危险更为紧迫。在某些场合，抽象危险实际上几乎等同于实害，例如侮辱、诽谤罪属于抽象危险犯，但是侮辱、诽谤行为对他人名誉造成的侵害几乎相当于实害犯，只是因为这种实害难以具体测量，刑法才将其规定为抽象危险犯。在某些场合，抽象危险是比较缓和的危险，毒品犯罪是以公众的健康为保护法益的抽象危险犯，但各种毒品犯罪对公众健康的危险不必是紧迫的、立即造成人员伤亡的危险。[2]

因此，侵害犯未必包含比危险犯更重大的不法内容，抽象危险犯也未必包含比具体危险犯更轻微的不法内容，上述对立图式在危险不法评价上确实容易招致龃龉。抽象危险犯与具体危险犯这种由来已久的传统分类，并不是对于危险状态程度高低的一种分类方式，而是对一件事情站在两个不同角度的观察方式。具体危险犯重在处罚行为所造成的具体危险状态（或者危险结果），是一种从被害法益的角度出发加以描述、在个案中去具体检验法益受到危害之程度的犯罪类型。而抽象危险犯所关注的，是行为本身的典型风险，也就是行为的危险性，不去管具体个案中到底有没有法益受到

---

[1]　URS KINDHÄUSER. Rechtsgüterschutz durch Gefährdungsdelikte[M] // Knut Amelung (Hrsg.). Festschrift für Volker Krey zum 70. Stuttgart: Kohlhammer, 2010: 255.

[2]　张明楷. 行为无价值论和结果无价值论 [M]. 北京：北京大学出版社，2012: 83.

危害的状态。二者虽然都以"危险犯"名之，但是侧重的重点则显然不同，一个是行为本身所具备的"危险性"；另一个是具有"危险性的行为"所造成的"危险状态"。Wolters 就曾经明白指出：如果认为抽象危险与具体危险之间存在一个流动的界线，则是混淆了行为的"危险性"与（因为该行为而引起的）"危险结果"在立法上与释义学上的区别。①

2. 抽象危险的程度界分

虽然无法用高低这种单一模式来区分具体危险与抽象危险，但是，一方面从时间上看，侵害犯是行为导致外界变动过程的终局，危险犯是行为导致外界变动过程的中途，两者在时间上具有一定的前后关系，因此在高低标准上如果加上先后、远近、轻重等标准加以弥补，谋求在攻击强度也即危险程度上进行阶段化细分也是有意义。另一方面，即使退一步认为抽象危险和具体危险的差异是存在结构上的不同，但是在抽象危险内部为谋求法定刑与不法的调和也必然要考察抽象危险的程度性划分。

日本学者铃木茂嗣认为，对危险的程度有必要进一步区分为危险的高低、远近、轻重这三个问题进行讨论。② 危险的"高低"是结果发生的盖然性或可能性的程度问题，危险的"远近"是接近侵害结果时间的程度也即危险的迫切性问题，危险的"轻重"是指围绕危险现实化场合的结果重大性的问题。"低度危险"通常不会使轻度损害发生，即使是时间遥远的危险，也不能断言后面发生的概率低。如果错误地把"高度的盖然性"与"危险的紧迫性"相连结，"无迫切性的危险"与"低度盖然性"相连结，有可能把与具体危险对置的抽象危险误解为"具体危殆前阶段"和"低度危险"的趋向就会变强。就强度来说，具体危险被视为"作为结果的危险＝紧迫的危险＝高度的危险"，抽象危险被视为"行为的一般危险性＝较远的危险＝低度危险"。这种对立图示确实是"具体危险犯"和"抽象危险犯"概念混乱的发生源。在日本，把具体危险犯和抽象危险犯的不同解释为只不过是程度、量差的见解是有力的。但是，抽象危险犯的立法样态涉及多方面，将具体危险

---

① JÜRGEN WOLTER. Systematischer Kommentar zum Strafgesetzbuch (SK-StGB). Band VI: §§303-358 StGB[M].Köln: Heymanns, 2016: §306 Rn.15.

② 鈴木茂嗣.刑法総論[M].2 版.東京：成文堂, 2011: 156-157.

犯和抽象危险犯对置，并把两者的差异视为量的程度问题在理论上显然存在问题。虽然作为具体危险犯处罚根据的具体危险以"危险的紧迫性"为必要，但是在抽象危险犯中，既有虽然距离法益侵害较远但由于危害重大而加以前置处罚的类型，也有如果导致既遂通常法益侵害的发生就变得紧迫的类型，还有经验上类型危险现实化概率很高的类型，因此关于抽象危险犯的程度，不能无区别地一概论之。①

在作为刑法处罚前置化主要形式的抽象危险犯的立法规定上，为防止法益侵害而要求国家介入的危险程度界线，应该根据"高低"、"远近"、"轻重"三个要因的之积被划定。也即有必要考虑侵害结果发生的重大性，也就是影响范围（多数或不特定）、侵害法益的种类等，反比例调整作为当罚基准的"处罚阶段的远近"和"盖然程度的高低"。② 首先，抽象危险的程度划定了刑法处罚前置化的程度。因法益侵害而要求国家介入的危险程度之界限，通常根据"高低"、"远近"、"轻重"这三种要因的累积被划定。通过在危险的"高低"（侵害发生的盖然性）、"远近"（时间上的迫切性）、"轻重"（实现场合的被害重大性）的"累积"上衡量刑法介入的必要性，在其中某个要素的程度偏低的场合，就有必要在解释上、立法上相应提高其它要素的份额。其次，这种危险的高低、远近、轻重的反比例的考虑，不仅在抽象危险犯立法的正当性上被使用，而且对限定解释论来说也成为重要的线索。例如，对于处罚的不当早期化（预备犯罪），能够把犯罪成立限定在影响范围广泛的场合和（或）经验上侵害发生之盖然性较高的场合，前者例如在行为客体上施加一定的限制要件（公共性、公众性）是可能的，后者例如把更高精度的危险判断要素（适性要素）纳入行为是必要的。再如，对于影响范围不明确的场合，能够把犯罪成立限定在以侵害的高度盖然性的场合和（或）时间紧迫性的场合，前者例如环境犯罪上要求排放量的基准值（阀值）和危殆化之间的高关联性，后者例如后续的外界变动状态的重视被视为必要的。

---

① 谢煜伟.抽象的危险犯論の新展開 [M]. 东京：弘文堂，2012：96.
② 谢煜伟.抽象的危险犯論の新展開 [M]. 东京：弘文堂，2012：97.

第二节　抽象危险犯的处罚界限

以前由于主张"在抽象危险犯中法益侵害仅仅是立法动机或者立法根据"，抽象危险犯的成立不要求证明在每个具体场合发生现实危险，只要具有法律所规定的形式要件就能成立犯罪"[①]，这种形式的理解由于存在"立法者可能因为证明困难、司法便宜和处罚冲动，连实施对法益完全没有具体实质关系行为的人也予以处罚"[②] 的危险，因而遭到违反宪法原则、责任主义和刑法最后手段性的批判。因此，从可罚性限制的角度来看，想要通过追问抽象危险构成要件该当行为与法益的实体关联，使抽象危险犯作为实质犯的处罚根据得以明确的尝试逐渐涌现。[③]特别是进入到现代社会以来，由于刑法处罚前置化所带来的抽象危险犯的剧增，刑法理论日益面临两个方面的任务，一方面为了在现有抽象危险犯上贯彻法益侵害关联且不抵触责任原则，对抽象危险犯的正当化基础和处罚根据应作何种实质解释才能满足要求；另一方面由于以大量发生行为作为对象或者保护精神化中间法益的现代型抽象危险犯大量增加，从来的抽象危险犯的处罚根据和正当解释应当作如何调整才能适应发展。

---

① 藤木英雄 . 刑法讲义总论 [M]. 東京：弘文堂 ,1975: 88; 嘉門優 . 法益論の現代的意義（二·完）——環境刑法を題材にして [J]. 大阪市立大学法学雑誌 ,2004,51(1): 114.

② 岡本勝 .『抽象的危殆犯』の問題性 [J]. 法学 ,1974,38(2): 126-127; 嘉門優 . 法益論の現代的意義（二·完）——環境刑法を題材にして [J]. 大阪市立大学法学雑誌 ,2004,51(1): 114-115.

③ 参见岡本勝 .『抽象的危殆犯』の問題性 [J]. 法学 ,1974,38(2): 1; 金尚均 . 抽象的危険犯の現代的展開とその問題性 (一／二／三): 近年のドイツの議論を参考にしながら [J]. 立命館法學 ,1995,239: 28-66 / 240: 66-108 / 241: 698-731; 佐伯和也 . 抽象的危険犯における可罰性の制限について (1-2)[J]. 関西大学法学論集 ,1996,46(1): 116-156 / 46(2): 275-321; 振津隆行 . 抽象的危険犯の研究 [M]. 東京：成文堂 ,2007; 謝煜偉 . 抽象的危険犯論の新展開 [M]. 東京：弘文堂 ,2012.

一、抽象危险犯处罚界限的不同解释

由于抽象危险犯既不要求发生法益侵害结果也不要求法益侵害的具体危险，因此要求抽象危险犯也要有独立于行为不法的结果不法，在某种程度上具有其先天的障碍，所以现今大部分学说均取道于抽象危险犯的"行为危险性"，通过实质判断属于行为无价值的法益危险性来论证抽象危险犯的可罚性基础。但是"结果无价值的结果并不等于法益侵害或者危殆化，法益平稳状态的扰乱也属于结果无价值的范畴"①②，因此即使是抽象危险犯也应进行结果无价值的审查。由此现今的学说可以说是综合了行为危险性与结果危险状态以及犯罪结构形式等多个方向对抽象危险犯的处罚界限进行限制解释。

（一）立足于保护对象的解释模式

1. 行为危险性的审查

如前所述，形式说认为在抽象危险犯上对法益危险发生的防止仅仅是立法者的动机，危险发生并不被视为构成要件上的犯罪成立要素。因此仅仅实施构成要件该当行为就被认为具有一般危险性或者拟制危险。但是实质说认为，不能把抽象危险犯的"抽象"理解为不需要进行危险性判断的一般或者类型危险性，抽象危险犯仍有必要查明构成要件该当行为和法益之间的无价值关联。由于刑法的机能是法益保护，因此从实质说的立场出发主张实质性审查行为危险性的见解是值得肯定的，抽象危险犯的行为危险性并不是不需要进行审查的形式要件，而是也要加以实质性考量的犯罪成立之实质基准，由此抽象危险犯的行为危险性就不再是"抽象的"而应是"具体的"。问题是如何审查抽象危险犯行为危险的"具体性"，学说上大致可以分为两种方向：

---

① CHRISTOS MYLONOPOULOS. Über das Verhältnis von Handlungs-und Erfolgsunwert im Strafrecht: Eine Studie zur Entwicklung der personalen Unrechtslehren[M].Köln/Berlin/Bonn/München: Heymann, 1981: 84f.

② 正是基于结果无价值的"结果"常常会让人引起误认和混淆这个理由，最近不少德国刑法教科书将结果无价值（Erfolgsunwert）与行为无价值（Handlungsunwert）改称事态无价值（Sachverhaltsunwert）和人的无价值（personaler Unwert）。

（1）相当性审查方法

首先，审查是否存在经验判断的前提。由于危险只会在一个开放的系统中存在，在一个所有风险因素可以百分之一百完全掌控的封闭系统中，理论上不可能有危险犯存在的空间，因为当任何风险因素都可以被精准、有效控制的时候，实害结果发生的可能性就可以被百分之一百的抑制，理论上也就不可能有危险发生的可能性。因此，系统的开放性对于抽象危险犯与具体危险犯来说，是一个通常不需额外强调的任何危险犯都必须具备的共同前提。[①]例如之所以只有在道路上醉酒驾驶才构成危险驾驶罪是因为，经验上在一个随时会有其他交通行为参与者出现可能的交通场域醉酒驾驶会存在危险，因此当由于某种原因致使这一经验判断的前提——一个开放的交通场域不存在时就应当认为不存在危险，例如在自家庭院的道路上酒醉驾车根本就不需要检验行为是否危险性，因为在这里不可能会有随时可能出现的其他交通行为参与者。

其次，审查行为具备危险性是否符合常理。所谓行为具备危险性符合常理是指，单纯就行为观察会有危险性、只不过刚好因为外在情状的关系，以致于结果不可能发生的情形。判断的关键在于如何就行为进行观察，这里又有两种观点：第一种观点主张以非重大无知作为行为危险性的判断标准。理由是抽象危险犯的存在正是因为立法者不愿意放任客观环境中那些不确定的因素与行为结合之后，所可能导致的实害结果，因此一旦行为着手之后，那些单纯因为外在环境而导致实害结果偶然无法发生的因素，就不应该作为影响我们认定行为本身有无危险性的判断因子。换言之，只要行为人不是出于重大无知而认为不会产生法益受到侵害的危险，也就是当行为客观上的危险性无法被完全排除的时候，就可以落入抽象危险犯的处罚范围。[②]第二种观点主张以轻微性和显著性作为行为危险性的判断标准。其理由是从罗马法上"法官不理会琐细之事"的法谚出发，该当行为

---

①　恽纯良.抽象危险犯作为对抗环境犯罪的基本制裁手段——以污染水体行为为例 [J].台湾：月旦刑事法评论，2018(3): 58.

②　恽纯良.抽象危险犯作为对抗环境犯罪的基本制裁手段——以污染水体行为为例 [J].台湾：月旦刑事法评论，2018(3): 57-58.

只有具有实质价值且必须预想法益侵害的一定强度才能成立犯罪，如果法益侵害程度轻微就必须从构成要件的适用对象排除，在德国以轻微性原则（Geringfugigkeitsprinzip）和显著性原则（Erheblichkeitsprinzip）来解说，在日本以可罚的违法性论来主张。可罚的违法性论、显著性原则和轻微性原则意味着，该当构成要件的行为以社会一般人观点能够被评价为显著法益危害行为时才能成立违法行为①。

（2）经验性审查方法

由于抽象危险是基于经验法则被假定的"法益侵害危险性"，因此有学者主张通过考察构成要件的各种要素来经验性判断抽象危险性之有无。该说具体可以分为三个步骤②：

首先是检讨抽象危险犯的经验法则是否足够明确并符合法益关连性的要求。抽象危险犯的危险判断应建立在经验主义的基础上。抽象危险系指基于经验法则想定而得的危险性，而抽象危险犯系指用各式各样的间接手法判断这些经验上危险性的犯罪类型。③经验法则是指由广义经验归纳而得到的法则，经验的判断是指在适用事实判断的场合如果某些前提事实齐备那么经验上就会发生某种后续事态的图式。经验法则是抽象危险犯的立法论以及解释论当中重要的判断主轴。经验法则暧昧不明的抽象危险犯正是刑罚泛滥的温床。因此即使有行政目的和秩序维持上的需要，也不能藉此排除经验法则的检验。④

其次是分析构成要件的各个要素，在文义范围内得以析出该经验法则的前提条件。"据我之见，一方面以立法者设定对法益危险性的经验法则为前提，另一方面在解释论上就每个犯罪类型，从各要素读出该经验法则的前提事情，以及在各要素的文言范围内进行实质判断为必要。在这一点上要素危险内在说是妥当的。但是，不应当仅注重行为本身的规范违反程度，而

---

① 김재현. 위험범의 본질적 구조 [J]. 한국：法學論叢, 2017, 34(1): 165-168.〔金宰贤. 危险犯的本质构造 [J]. 韩国：法学论丛, 2017, 34(1): 165-168.〕

② 谢煜伟. 风险社会中的抽象危险犯与食安管制食品 [J]. 月旦刑事法评论, 2016(6): 78, 80-81.

③ 谢煜伟. 风险社会中的抽象危险犯与食安管制食品 [J]. 月旦刑事法评论, 2016(6): 78.

④ 谢煜伟. 抽象的危険犯論の新展開 [M]. 东京：弘文堂, 2012: 113.

是把包含行为的行为时诸状况，与其后外界的变动这两者相结合，作为具体的判断对象"①。

最后是在个案当中实际判断这些前提条件是否已经齐备。"内在于各要素的危险性仅在征表危险性的'经验法则之前提事实'齐备的场合才能被承认。换言之，应该实质性判断的对象不是经验法则本身，而是经验法则的前提事实。因此，在判断征表危险性的'经验法则的前提事情'之际，仅仅把构成要件的'行为'本身纳入视野并不充分，行为时的状态、行为和行为客体之间的相互关系以及行为后的外界变动状态（结果）也必须考虑。如果这样理解的话，抽象危险犯的危险性，已经不能限定在行为本身的危险性上，而应体现在由构成要件全部要素来构成的危险性上（状态的危险性）"②

2.结果危险的审查

从实质犯罪概念的角度出发，犯罪必须对刑法保护的对象造成实质的侵害或者危险才能成立犯罪，因此抽象危险犯尽管不要求发生对法益的实际侵害或者具体危险，但仍然以发生对法益的抽象危险为条件，这种抽象危险不是依附在法条明确规定的作为构成要件要素的结果上，而是透过行为惹起的作为外界变动的因果作用过程来加以体现，通过作为抽象危险犯"结果"的这种外界因果变动能够合理限缩抽象危险犯的处罚范围。具体而言大致有以下三种解释方式：

（1）诉讼反证排除说

此说主张当行为人实施抽象危险构成要件该当行为时就已经具有了抽象危险，但是如果能够证明行为在特殊场合例外地不具有法益侵害危险的情况下，可以容许行为人反证不具有抽象危险而排除适用抽象危险犯。例如德国学者罗博（Kurt O.Rabl）认为，对法所保护利益的实质攻击这一现实事件对所有的犯罪构成要件都是必要的，因此抽象危险犯的危险结果不是被立法者拟制而是被立法者推定，能够在诉讼上反证。③我国学者也指出：

---

① 谢煜伟.抽象的危険犯論の新展開 [M]. 东京：弘文堂,2012: 114.

② 谢煜伟.抽象的危険犯論の新展開 [M]. 东京：弘文堂,2012: 114-115。

③ KURT O. Rabl. Der Gefährdungsvorsatz[M]. Breslau-Neukirch: Kurtze, 1933: 15ff.

"对所有的抽象危险犯都应该做实质化的理解，抽象危险犯中的危险是推定的危险而非拟制的危险，因此应当允许反证危险不存在而出罪"①。此说的理由是：其一，"法条并不直接等于构成要件，既然称为抽象'危险'犯，那么危险的存在就是必备的构成要件要素（属于不成文的构成要件要素）"②。其二，当行为人证明自己的行为未导致危险发生时，案件因未达到"证据充分"，当然应依"排除合理怀疑"的原则而排除犯罪成立。

（2）不成文构成结果排除说

此说从一元的结果无价值论出发，认为犯罪判断的重心在于结果（法益侵害或危险）而非行为，因此危险判断的焦点也自然在具体危险结果（危殆状态）而非行为本身所带有的危险性。此说将抽象危险理解为不成文的、某种程度的具体危险，认为抽象危险和具体危险没有实质区别，仅在于危险判断时事实抽象化的程度不同，抽象危险意味着更高度的抽象化判断，以及更低度的法益侵害可能性。③ 条文所规定的行为一旦发生，原则上可判定有发生抽象危险，但万一有例外的特殊情形而现实并未产生上述危险时，则应否定抽象危险犯之成立。④

（3）构成要件要素实质解释说

构成要件要素实质解释说认为，抽象危险内在于明文的构成要件当中，构成要件要素表征了值得处罚的危险性。围绕是何种构成要件要素表征了值得处罚的抽象危险，学说上又可分成"行为内在危险说"、"结果内在危险说"以及"要素内在危险说"三类。行为内在危险说认为应从构成要件行为所征表的内在危险来判断有无抽象危险。⑤ 结果内在要素说认为只有内在于构成要件结果中的危险才是实质判断的重点。⑥ 要素内在危险说主张

---

① 付立庆．应否允许抽象危险犯反证问题研究 [J]．法商研究，2013(6): 76；舒洪水．危险犯研究 [M]．北京：法律出版社，2009: 27；李婕．抽象危险犯研究 [M]．北京：法律出版社，2007: 174.

② 付立庆．应否允许抽象危险犯反证问题研究 [J]．法商研究,2013(6): 79.

③ 山口厚．危険犯の研究 [M]．東京：東京大学出版会,1982: 225.

④ 山口厚．刑法総論 [M]．3 版．東京：有斐閣,2016: 47.

⑤ 野村稔．刑法総論 [M]．補訂版．東京：成文堂,1998: 100-101.

⑥ 中山研一．刑法総論 [M]．東京：成文堂,1982: 155.

在构成要件各要素上推测"危险发生"，在条文文言具有的制约范围内进行实质的构成要件解释。① 因此，"抽象危险犯上不是独立且显的判断危险发生的有无，反倒是应该解释为着眼于征表危险发生的类型的构成要件要素，把该事由的有无作为所谓的中间项，来潜在的判断危险有无"②。

（二）立足于犯罪结构的解释模式

在德国刑法学中，迄今为止刑法规范的正当化问题一般能够与"正当的法益探求"相等置。但是，由于法益概念的抽象化和法益内容的稀薄化，法益论难以实现对立法者提供判断基准的"体系批判机能"③。在这种背景下，近年来关于抽象危险犯的限缩解释，出现了不拘泥于法益论而转向犯罪类型论的倾向，其代表性见解是瑞士刑法学者沃尔夫冈·沃勒斯（Wolfgang Wohlers）的主张。沃勒斯认为把法益保护早期化的问题也即抽象危险犯的问题，作为法益探求的问题来处理是错误的。在这里存在法益论的能力被过大评价的问题，作为正当刑罚权的基准，原本应当从更详细分析犯罪构成要件之构造入手。也即对犯罪构成要件的正当化来说重要的是，详细检讨在何种范围、对何种"攻击样态（Angriffsarten）"能够产生刑法的保护，并由此必须寻找"风险刑法的界限"。④

沃勒斯批判了作为抽象危险犯处罚根据的形式说与实质说仅仅着眼于法益论展开的解释模式，主张应当从刑法在何种范围内对何种攻击样态必须介入的观点出发进行检讨，从而真正展开抽象危险犯的类型解释。沃勒斯认为，既然抽象危险犯有必要脱离法益教义学而独立正当化，那么就应该细分化抽象危险犯特别是现代型的抽象危险犯的范畴，详细检讨在何种范

---

① 星周一郎. 放火罪の理論 [M]. 東京：東京大学出版会，2004: 280; 星周一郎. 公共危険犯の現代的意義 [J]. 刑法雑誌. 2009,48(2): 195-196.

② 星周一郎. 公共危険犯の現代的意義 [J]. 刑法雑誌, 2009,48(2): 198.

③ WOLFGANG WOHLERS. Rechtsgutstheorie und Deliktsstruktur [J]. Goltdammer's Archiv für Strafrecht (GA) 2002: 15-17; WOLFGANG WOHLERS. Deliktstypen des Präventionsstrafrechts—zur Dogmatik "moderner" Gefährdungsdelikte[M]. Berlin: Duncker & Humblot GmbH, 2000: 213-215; 嘉門優. 法益論の現代的意義（二·完）——環境刑法を題材にして [J]. 大阪市立大学法学雑誌, 2004, 51(1): 115-116.

④ WOLFGANG WOHLERS. Rechtsgutstheorie und Deliktsstruktur[J]. Goltdammer's Archiv für Strafrecht (GA) 2002: 15-16.

围、对何种攻击样态产生刑法的保护，以谋求各犯罪类型的具体合理的正当化根据。也即为了发现刑法的介入界限，必须把视点从是否能够说是法益这一正当性问题的探究〔也即"是否（ob）"的问题〕，转移到"刑法在何种范围内对何种攻击样态应该介入的问题〔也即"如何（wie）"的问题〕。① 由此 Wohlers 把抽象危险犯分为具体的危险性犯（konkrete Gefährlichkeitsdelikte）、累积犯（Kumulationsdelikte）、预备的犯罪（Vorbereitungsdelikte）。②

1. 具体的危险性犯

具体的危险性犯由来于赫尔希（Hirsch）、茨尚（Zieschang）的危险性说，是指由于在行为人行为的作用领域内不存在法益客体，因此处罚具体的危险和实害都不存在的行为样态本身的规定。也即该行为样态对行为人来说已经不能控制，只要相应的行为客体进入行为人的作用领域，就具有把具体的危殆化和根据场合的侵害作为结果发生之状态的危险性。③现行法上的例子诸如未造成结果的醉酒驾驶（《德国刑法典》第 316 条）、加重放火罪（《德国刑法典》第 306a 条）。在具体危险性犯上，立法者基于何种前提，把潜在的危险行为样态本身作为独立的危险惹起而以刑罚威吓能否被视为正当就成为问题。④

首先，该类型具有的重要机能是根据有拘束力的行为基准来实现行为协调的。在诸如道路交通那样的许多人实施行为的场合，虽然无法委托每个市民判断何种行动是必须的，但是在这种场合被视为必要的是使"行为协同（Verhaltenskoordination）"成为可能的那种行为模式。社会为了保障

---

① WOLFGANG WOHLERS. Rechtsgutstheorie und Deliktsstruktur[J]. Goltdammer's Archiv für Strafrecht (GA) 2002: 15-17; 嘉門優. 法益論の現代的展開——法益論と犯罪構造 [J]. 国学院法学，2007,44(4): 116-117.

② WOLFGANG WOHLERS. Rechtsgutstheorie und Deliktstruktur[J]. Goltdammer's Archiv für Strafrecht (GA) 2002: 18-19. WOLFGANG WOHLERS. Deliktstypen des Präventionsstrafrechts—zur Dogmatik "moderner" Gefährdungsdelikte[M]. Berlin: Duncker & Humblot GmbH, 2000: 311-313; 嘉門優. 法益論の現代的意義（二·完）——環境刑法を題材にして [J]. 大阪市立大学法学雑誌 [J], 2004,51(1): 116-117.

③ WOLFGANG WOHLERS. Rechtsgutstheorie und Deliktstruktur[J].Goltdammer's Archiv für Strafrecht (GA) 2002: 18; WOLFGANG WOHLERS. Deliktstypen des Präventionsstrafrechts—zur Dogmatik "moderner" Gefährdungsdelikte[M]. Berlin: Duncker & Humblot GmbH, 2000: 311-313.

④ WOLFGANG WOHLERS, Rechtsgutstheorie und Deliktstruktur [J].Goltdammer's Archiv für Strafrecht (GA), 2002: 19.

其本身之维持所必要的集合财,不仅期待其成员给予"协作(mitwirken)",而且以存在成员的"协力义务(duty of cooperation)"为前提,将他们的行为"标准化"。因为当罚基准被认为是潜在的危险行为样态,所以仅仅期待社会成员的"协作"并不足够,在一定场合必须把以"协力义务"为前提的成员行为"标准化"。当然,在行为人或者第三人通过后续的行为能控制危险的场合,不能承认这种行为的"标准化"。但是,在无论由行为人自身还是由他人,都无法充分、确实的控制行为样态上存在之风险的场合,事情就不同了。存在行为样态的风险不能由行为者自身或者他人充分控制的场合,因社会的规范性理解而创设不被容许危险源的行为,必须根据刑罚的威嚇而被"标准化"。①

其次,何种行为样态显示了潜在的风险这一点成为问题。沃勒斯认为,在这种情况下首先应该明确的是,危险状况是否具有控制的可能,如果具有控制可能,那么何时以及由谁控制。也就是说,如果危险状况被证明完全不可能控制,那么应从规范的观点来判断是原本就不应该惹起这种状况,还是偶然损害的危险性应由关系人甘受;如果危险状况被证明由行为人以外的他人可能控制的场合,那么应从规范的观点判断行为人应否负担由他人形成的风险。作为行为协同典型例子的是,《德国刑法典》(旧)第316条d(现第316条)的饮酒驾驶罪和道路交通法(StVG)第21条的无证驾驶罪。前者的场合,由没有驾驶能力的行为人引起的危险,无论其自身还是其他交通参加人都无法控制。所以从规范的社会的观点来看,与具有该风险的行为样态之实行有关的构成要件的正当性不容置疑。后者的场合,无证驾驶不是为了行政机关的职务完成的容易化,反倒是因为正是许可该当行为人驾驶,而能由此认为该行为人应当甘受从驾驶中产生的风险,而正当化处罚。②

---

① ANDREW VON HIRSCH, WOLFGANG WOHLERS. Rechtsgutstheorie und Deliktsstruktur-zu den Kriterien fairer Zurechnung[M] // Roland Hefendehl, Andrew von Hirsch, Wolfgang Wohlers (Hrsg.). Die Rechtsgutstheorie: Legitimationsbasis des Strafrechts oder dogmatisches Glasperlenspiel?[C]. Baden-*Baden*: Nomos, 2003: 211-212.

② ANDREW VON HIRSCH, WOLFGANG WOHLERS. Rechtsgutstheorie und Deliktsstruktur-zu den Kriterien fairer Zurechnung[M] // Roland Hefendehl, Andrew von Hirsch, Wolfgang Wohlers (Hrsg.). Die Rechtsgutstheorie: Legitimationsbasis des Strafrechts oder dogmatisches Glasperlenspiel?[C]. Baden-*Baden*: Nomos, 2003: 211-213.

2. 累积犯

累积犯（Kumilationsdelikte）由来于洛塔尔·库伦（Lothar Kuhlen）的累积犯概念[①]，是指某种行为样态虽然原本确实不能侵害法所保护的利益或者不能侵害到成为问题之程度，但是能够诱发居于同一方向的其他行为样态之共同作业侵害的犯罪类型。[②] 这种类型的主要适用领域是超个人（集合的）利益的保护，其代表适例如保护环境媒体的犯罪构成要件（如《德国刑法典》第324条以下），或者面向特定的国家制度或者社会机能保护的犯罪构成要件（如《德国刑法典》第264a条、第265b条及其他）。[③]

沃勒斯认为累积犯类型的正当化根据在于，社会上个人负担的法义务不限于"谁都不能给与损害（neminem laede）"禁止义务，还涉及为确保"能够分配给每个人他应得的（suum cuique tribuere）"之状态的"协力义务（duty of cooperation）"。为了维持社会秩序并使之机能化，为了保护必要的集合财，必须承认社会成员的"协力义务（duty of cooperation）"。[④] 基于这种正当化原理，沃勒斯认为累积犯有必要进行两阶段的正当化。

其一，预测的累积效果之现实化。即指每个行为仅仅在累积效果的假定充分"现实化（realistisch）"的场合才能被看作具有社会侵害性。预测

---

① 库伦（Kuhlen）教授认为，累积思想是指尽管独立个人的个别行为其本身只不过成为极轻微的对环境媒体的负荷，但是在由于同种行为的累积而使危殆化结果发生的场合，该个别行为也能被看作构成要件结果。参见 LOTHAR KUHLEN. Der Handlungserfolg der strafbaren Gewässerverunreinigung (§324 StGB)[J]. Goltdammer's Archiv für Strafrecht (GA) 1986: 399-401；金尚均. 環境刑法における蓄積犯罪：水域汚染を中心に [J]. 龍谷法学, 2001,34(3): 322-324. 有关对累积思想的批判，可参见 FRANK ZIESCHANG. Die Gefährdungsdelikte[M]. Berlin: Duncker & Humblot, 1998: 241-243; IOANNA ANASTASOPOULOU. Deliktstypen zum Schutz kollektiver Rechtsgüter[M]. Munchen: Beck, 2005: 178-180.

② WOLFGANG WOHLERS. Rechtsgutstheorie und Deliktsstruktur[J].Goltdammer's Archiv für Strafrecht (GA) 2002: 19-20; WOLFGANG WOHLERS. Deliktstypen des Präventionsstrafrechts—zur Dogmatik "moderner" Gefährdungsdelikte[M].Berlin: Duncker & Humblot, 2000: 318-320.

③ WOLFGANG WOHLERS. Rechtsgutstheorie und Deliktsstruktur [J].Goltdammer's Archiv für Strafrecht (GA) 2002: 19.

④ ANDREW VON HIRSCH, WOLFGANG WOHLERS. Rechtsgutstheorie und Deliktsstruktur-zu den Kriterien fairer Zurechnung[M] // Roland Hefendehl, Andrew von Hirsch, Wolfgang Wohlers (Hrsg.).Die Rechtsgutstheorie: Legitimationsbasis des Strafrechts oder dogmatisches Glasperlenspiel?[C]. Baden-*Baden*: Nomos, 2003: 207-208.

的累积效果又可以分为两种类型：一是现实的累积，是指在成为问题的行为样态的作用已经判明情况下的预测。例如在有关环境媒质的犯罪构成中，基于经验科学认识由何种数量的行为引起蓄积结果（检证义务 Verifizierungsverpflichtung）成为问题。[①] 二是假想的累积，是指在成为问题的行为样态具有何种作用并不确定场合下的预测。在这种情况下成为问题的是，在诸如补助金欺诈和投资欺诈、信用欺诈（《德国刑法典》第 264 条、第 264 条 a 项、第 265 条）等犯罪构成中，通常作为构成要件正当化根据被提出的"吸附效应（Sogwirkungen）、传染效应（Ansteckungswirkungen）、螺旋效应（Sprialwirkungen）"如何被经验性确证。[②]

其二，"协力义务"的规范限定。即指每个行为必须具有从规范观点来看可以说是可罚的这一特别性质。首先，"协力义务"仅仅存在于在集合财之维持上具有社会基本利益的场合。例如在环境媒体和司法制度保障的场合能够承认协力义务，但是补助金制度的场合不能被承认该协力义务，这是因为前者较后者在人类生存上更为重要。其次，由协力义务而引起的制约和负担不是平均适用的而是考虑各行为领域的差异。例如在环境犯罪中必须考虑行为人是作为职业活动还是作为普通市民来实施特定行为样态，应归属于营业活动的环境负荷的应当排除在《德国刑法典》第 324 条以下的适用。[③]

3. 预备犯罪

沃勒斯认为，预备犯是指行为人自身或者他人在继受成为问题的先

---

① ANDREW VON HIRSCH, WOLFGANG WOHLERS. Rechtsgutstheorie und Deliktsstruktur-zu den Kriterien fairer Zurechnung[M] // Roland Hefendehl, Andrew von Hirsch, Wolfgang Wohlers (Hrsg.). Die Rechtsgutstheorie: Legitimationsbasis des Strafrechts oder dogmatisches Glasperlenspiel?[C]. Baden-*Baden*: Nomos, 2003: 208-209.

② ANDREW VON HIRSCH, WOLFGANG WOHLERS. Rechtsgutstheorie und Deliktsstruktur-zu den Kriterien fairer Zurechnung[M] // Roland Hefendehl, Andrew von Hirsch, Wolfgang Wohlers (Hrsg.).Die Rechtsgutstheorie: Legitimationsbasis des Strafrechts oder dogmatisches Glasperlenspiel?.Baden-*Baden*: Nomos, 2003: 209-210.

③ ANDREW VON HIRSCH, WOLFGANG WOHLERS. Rechtsgutstheorie und Deliktsstruktur-zu den Kriterien fairer Zurechnung[M] // Roland Hefendehl, Andrew von Hirsch, Wolfgang Wohlers (Hrsg.).Die Rechtsgutstheorie: Legitimationsbasis des Strafrechts oder dogmatisches Glasperlenspiel? Baden-*Baden*: Nomos, 2003: 207-209.

行行为（Vorverhalten）之结果时存在的具有潜在危险性的行为样态。① 对预备犯罪的正当化来说的决定性问题是，在何种条件下能够因第三者的自我答责行为而影响到个人的答责领域，在何种前提下"公平归责标准（Kriterien fairer Zurechnung）"与由"预防责任"两种归责标准能够并存。为了在第二行为人的行为结果上为第一行为人的答责性建立根据，仅仅第一行为人对第二行为人行为的实际影响是不充分的，必要的是规范地考察第一行为人的行为性质，是否能被作为与第二行为人行为有关的答责性。也即为了把基础建立在先行行为自身的答责范围的扩张上，必须具有对后续行为的规范关联性（Normative Involvement）。②

沃勒斯进而把预备犯罪类型化的四种典型事例加以说明：其一，以使他人直接决意实行犯罪行为为目的的行为样态。例如对犯罪行为的公然煽动（《德国刑法典》第 111 条），由于先行行为明显促进后续行为之实行，所以煽动人不论煽动有无发生结果均以教唆犯处罚。其二，传授犯罪专门技能（know-how）的行为样态。例如指导爆炸物制造和毒物制造的行为，由于先行行为以支援后续犯罪行为为目的，所以设定处罚的构成要件原则上被看作正当的。其三，无权限的制造和携带（Inverkehrbringens）危险物质的行为样态，例如无权限的制造或携带军用武器或毒物而不论其使用目的正当与否的行为，能够作为支援后续犯罪行为的先行行为而承认其答责性。其四，先行行为成为他人恶行示范的行为样态，例如对他人具有潜在模仿效果的成人间基于同意的性虐待（S.M）行为，由于先行行为人欠缺为后续行为之实行的煽动性质或者从成人市民这一规范的观点来看不被其影响这一点必须被各市民所期待，所以不能承认先行行为人的答责性。③

① WOLFGANG WOHLERS. Rechtsgutstheorie und Deliktsstruktur [J].Goltdammer's Archiv für Strafrecht (GA) 2002: 19.

② ANDREW VON HIRSCH, WOLFGANG WOHLERS. Rechtsgutstheorie und Deliktsstruktur-zu den Kriterien fairer Zurechnung[M] // Roland Hefendehl, Andrew von Hirsch, Wolfgang Wohlers (Hrsg.).Die Rechtsgutstheorie: Legitimationsbasis des Strafrechts oder dogmatisches Glasperlenspiel?.Baden-Baden: Nomos, 2003: 204-206.

③ ANDREW VON HIRSCH, WOLFGANG WOHLERS. Rechtsgutstheorie und Deliktsstruktur-zu den Kriterien fairer Zurechnung[M] // Roland Hefendehl, Andrew von Hirsch, Wolfgang Wohlers (Hrsg.).Die Rechtsgutstheorie: Legitimationsbasis des Strafrechts oder dogmatisches Glasperlenspiel?[C]. Baden-Baden: Nomos, 2003: 204-206.

二、抽象危险犯处罚界限的初步构想

由于抽象危险犯在理论上往往被反面定义，也即把既不是侵害犯也不是具体危险犯的全部类型作为抽象危险犯，所以抽象危险犯成为把不具有一贯论理构造的、法益类型和构成要件样态都不同的诸犯罪汇集为同一范畴的复杂且开放的概念。① 在这种论理上，对抽象危险犯采取类型解释的立场是当然的。

（一）抽象危险犯的限制解释方法

1. 步骤一：行为危险性的类型判断

抽象危险犯是立法者基于风险精算而将某种风险制造行为类型化的规范类型。抽象危险是基于经验法则而被假定的"法益侵害之危险性"，抽象危险犯应该被理解为经验性判断"法益侵害之危险性"的犯罪类型。② 刑法规范的确立在某种意义上就是一个类型的构建，立法者的任务便是去发现此种"生活的原型"，并在规范观点下对其予以加工，以形成"规范类型"。在每一个刑法规范的背后，都矗立着某种原始意义上的"生活类型"，立法者的任务在于尽可能准确地描述类型，司法者的任务便在于不断地探求隐藏在制定法背后的类型，回溯到作为概念之基础的模型观念。③ 因此，司法者在解释抽象危险类型时，"必须一再地回溯至存在于制定法类型背后的生活类型"④，通过生活类型和规范类型之间的事物本质关联，来探寻立法者据以规范化的类型化法则和类型化前提，用于确定抽象危险类型的范围。

（1）类型性的根据：经验法则审查

"抽象危险是基于经验法则被假定的'法益侵害危险性'，抽象危险犯是通过结合构成要件的各种要素来经验性判断'法益侵害危险性'的犯罪类型"⑤。因此为了审查抽象危险的类型化是否成立，首先必须使条文背后的

---

① 谢煜伟．抽象的危险犯论的新展开 [M]．东京：弘文堂，2012: 83.
② 谢煜伟．抽象的危险犯论的新展开 [M]．东京：弘文堂，2012: 113.
③ 杜宇．刑法解释的另一种路径：以"合类型性"为中心 [J]．中国法学，2010(5): 181.
④ 吴从周．类型思维与法学方法 [D]: [硕士]．台湾：台湾大学，1993: 49.
⑤ 谢煜伟．抽象的危险犯论的新展开 [M]．东京：弘文堂，2012: 117-118.

经验法则明确化并检讨其合理性。所谓经验法则是指由广义经验归纳而得到的法则。经验判断是指在适用事实判断的场合如果某些前提事实齐备那么经验上就会发生某种后续事态的图式。

由于抽象危险不是基于科学知见的判断，而是通过基于经验法则的构成要件要素的解释被论定。因此需要研究的问题是：经验法则和科学知识的关系如何理解，特别是当经验法则和科学知识发生冲突时应当如何处理。本书认为，经验法则即使不是科学知识其本身，但也会以科学知识为客观根据，如果新的科学知识成为周知知识，则经验法则就会依据该知识被更新，因此经验法则与科学知识并非相互独立而完全不同的东西。经验法则必须根据科学知识被不断修正，以合乎我们的实际体验，并使经验法则得以实际落实。① 因此，一方面为了使刑罚法规的解释被客观接纳，基于科学知识的判断是必要的；另一方面为了使立法者的意志得以尊重，超越立法者的经验表达去扩张规范类型是不被允许的。也即如果依照科学知识不被承认但依照经验法则上被判断为可能的场合，应当认为抽象危险的类型化不成立，例如抢劫枪支根据经验知识被认为具有对公共安全的一般类型危险性，但是如果能够事后查明行为人抢劫枪支只是为了阻碍警察执行职务并且将之砸毁，则不具有公共安全的抽象危险。反过来如果依照科学知识能够被承认但依照经验法则不被认为可能的场合，也应当认为抽象危险的类型化不成立，例如吸食毒品后在道路上驾驶机动车辆的"毒驾"行为，尽管从科学知识上来看较之"醉驾"要更加危险，但由于立法者并未设定该规范类型，因此通过科学知识来扩张此经验法则是不能接受的。

（2）类型性的前提：典型事实审查

由于具有一般危险性的行为类型是立法者根据经验法则将某种典型事实予以类型化的结果，因此某种典型事实就成为一般危险性得以类型化的前提条件，如果具有该典型事实则根据经验法则就具有结果发生的一般可能性。因此，抽象危险犯仅在征表行为危险性的"经验法则之前提事实"齐

---

① 北野通世. 抽象的危険犯における法益の危殆化構造 [J]. 山形大学法政論叢，2014(60/61): 38.

备的场合才可能被承认,[①]应该实质性判断的对象不是被假定的后续因果事态而是经验法则的前提事实。[②]

问题在于如何确定行为危险性的典型事实,从刑法构成要件的类型化过程来看具体有两种方法:一是通过构成要件要素来确定典型事实。刑事立法是一个"从'生活类型'到'规范类型'再到'概念规定'的努力过程"[③],立法者基于"正当性控制(Richtigskontrolle)和一致性控制(Stimmigkeitskontrolle)的刑事政策考量"[④],从大量案件事实群中遴选出能够决定案件性质的重要共同特征,并借助构成要件要素将开放的类型特征封闭在法律概念之中。因此,立法者类型化的具有一般危险性的行为类型,是通过抽象危险犯的构成要件得以形式化。确定作为危险性类型化前提的典型事实,应当首先在作为立法者指示的构成要件要素中寻找。二是通过生活类型的回溯来确定典型事实。由于在从生活类型向规范概念转变的形式化过程中,类型的丰富性不可避免地会被概念的概括性所取代,经由构成要件要素来确定前提事实的努力难免会遭遇不确定性和不完整性的挫折,因此通过回溯至直观具体的生活类型,来限定或补充作为类型化前提的典型事实就成为必要。例如《刑法典》第133条之一危险驾驶罪所确立的经验法则是,醉酒驾驶一般具有对公共交通安全的危险性,该一般危险性成立的前提事实根据该罪构成要件可以确定为"醉酒事实、车辆事实、道路事实、驾驶事实",其中"道路事实"依据传统刑法理论应是指公共交通运输领域,但是依据《道路交通安全法》第119条第1项规定是指"公路、城市

---

①　谢煜伟. 抽象的危険犯論の新展開 [M]. 东京 : 弘文堂, 2012: 83,179.

②　从来的实质说特别是前述山口厚教授的见解,主张实质性判断被事前假定的危险是否在个别事案中现实发生,如果任何具体危险都没有发生的场合则不成立抽象危险犯。但是这种例外的犯罪阻却手法其理论根据不充分。本书认为,实质性判断的重点不应是经验上假定的后续行为事态(危险)是否现实发生,而应是位于危险被假想之前阶段的经验法则之前提事情。

③　杜宇. 刑法规范的形成机理:以"类型"建构为观察视角 [J]. 法商研究, 2010(1): 145f; 赵春玉. 罪刑法定的路径选择与方法保障———以刑法中的类型思维为中心 [J]. 现代法学, 2014(3): 125.

④　根据埃塞尔的说法,立法上法律政策的考量必须受"正当性控制 (Richtigskontrolle)"和"一致性控制 (Stimmigkeitskontrolle) "的双重限制。参见: 阿列克西 . 法律论证理论 [M]. 舒国滢, 译 . 北京: 中国法制出版社, 2002: 24.

道路和虽在单位管辖范围但允许社会机动车通行的地方，包括广场、公共停车场等用于公众通行的场所"，两种解释是否一致显然存有疑惑。如果回溯到立法者类型化醉酒危险驾驶的经验事实，可以认为道路并非如交通肇事罪那样仅限于在交通运输管理法规管辖范围内的领域，而是指一个任何人都可以进入的面向社会开放的领域，因此即使是住宅小区、学校校园的内部道路也可认为属于"在道路上"，但是停工待建且禁止通行的道路不属于"在道路上"。

（3）类型性的判断：实质包摄审查

所谓实质包摄审查是指实质性审查行为事实中是否包含作为危险性经验法则成立前提的典型事实。引起争议的的问题是如何理解实质性审查的含义，具体有两种见解：第一说认为危险性有无的判断应该摒除行为本身以外的外界因素单独观察，这些行为以外的外界因素最多只能在与行为结合以后，作为判断行为危险性高低的指标。[1]第二说认为在判断征表危险性的"经验法则的前提事实"是否被满足之际，仅仅把构成要件的"行为"纳入视野并不充分，行为时的状态、与行为客体的相互关系或者行为后的外界变动状态（结果）也必须被纳入考虑。也即抽象危险犯的危险性已经不再限定于"行为"本身的危险性，而是由构成要件全体要素构成的危险性。[2]本书认为，抽象危险性是行为本身的事实属性而非行为作用的具体效果，抽象类型判断是立法者依据经验法则对某种典型事实作出的类型化判断，其不依赖于针对具体对象的后续因果事态，因此其应当以行为时的既存事实作为判断基础。在判断行为危险性时融入行为后的外界变动状态（结果）显然忽略了抽象危险犯不在个案中具体检验特定法益受到危害之状态（或结果）的立场。

2. 步骤二：抽象危险的判断

从实质犯罪概念的角度来看，犯罪是对法益的侵害或者危险，能够作为犯罪处罚根据的是由该当构成要件行为所惹起的作为外界变动的法益侵害

---

① 恽纯良. 抽象危险犯作为对抗环境犯罪的基本制裁手段——以污染水体行为为例 [J]. 台湾：月旦刑事法评论, 2018(3): 59.

② 谢煜伟. 抽象的危险犯论の新展开 [M]. 东京：弘文堂, 2012: 179.

或者危险（危殆），因此即使是抽象危险犯也应当在实体上明确行为和法益之间的无价值关联，但麻烦在于抽象危险犯并未如侵害犯或者具体危险犯那样在行为客体的变动状态与法益毁损之间建立一个可归责的关联，因此如何确立抽象危险行为与法益之间的无价值关联就需要一个更加强化的理由开支（Begründungsaufwandes）。①

对此在理论上大致存有三种进路：其一是例外性反证抽象危险的立场。通过在解释论上附加"某种程度的具体危险是不成文的构成要件结果"或者提出"具体危险不存在则反证无抽象危险"，认为抽象危险犯是立法者依据一般经验而前置处罚通常具有一般危险的哪一类行为，但是例外地在某些个案足以证明此一经验判断是不正确的，行为人的行为尽管被法律视为已经造成危险状况，但事实上行为对构成要件所保护的法益却没有造成实际危险，在这种情况下就应反证不有对法益的抽象危险。其二是间接性推定抽象危险的立场。通过法条规定的各种要素并结合法条要素之外的行为事实，以"有无足以侵害法益的法定行为事实"②来间接地判断抽象危险是否成立，在这里"法益关连性的要求被理解为，不是通过直接把'法益侵害危险'作为实质判断对象，而是通过间接判定'法益侵害危险'有无的方法来应对"③。其三是实质性论证抽象危险的立场。认为"即使是同样以保护A法益为目的来设计处罚规定，但可以分为：①以A法益的侵害为要件的构成方法（侵害犯构成），②以A法益的危殆化为要件的构成方法（危险犯构成），③把与A法益不同的B法益作为如果其被维持则A法益也被维持的法益进行规定后，把B法益的侵害和危殆化作为要件构成的方法（屏障法益）"④。也即抽象危险是通过对屏障法益的侵害和危殆化而与构成要件法

---

① Vgl. Urs Kindhäuser. Gefährdung als Straftat – Rechtstheoretische Untersuchungen zur Dogmatik der abstrakten und konkreten Gefährdungsdelikte[M]. Frankfurt am Main: Klostermann, 1989: 135.

② 黎宏. 论抽象危险犯危险判断的经验法则之构建与适用——以抽象危险犯立法模式与传统法益侵害说的平衡和协调为目标 [J]. 政治与法律, 2013(8): 5.

③ 谢煜伟. 抽象的危険犯論の新展開 [M]. 东京：弘文堂，2012: 179.

④ 和田俊憲. 賄賂罪の見方——職務型賄賂罪と行為型賄賂罪：破産法罰則を題材にして [A]. 高山佳奈子 / 島田聡一郎，編，山口厚先生献呈論文集 [C]. 东京：成文堂，2014: 367-368.

益建立无价值关联。

上述第一种立场难以被接受：①如果判决时基于不明确的证明，则违反存疑时有利于被告人原则（in dubio pro reo）；②要求证明被保护客体是否实际上遭受损害，无异于将抽象危险犯变更为具体危险犯。①第二种立场也存在以下问题：①间接性推定方法只是转移问题并未解决问题；②在类型性判断中混入具体性考察实质上是混淆了行为的"危险性"与（因为该行为而引起的）"危险结果"在立法上与释义学上的区别。②

本书赞同实质性论证抽象危险的立场，认为抽象危险犯是通过抑制现在具有典型危险性的行为而预防将来法益侵害可能性的不法类型，因此如果把附着于行为客体的法益侵害与将来后续场合的法益侵害可能性相统合，就能够合理说明抽象危险犯的结果无价值。其理由是：其一，将保护法益区分为现实法益与将来法益，是以所谓的副次法益理论为基础的。副次法益论认为，无论是个人法益、社会法益和国家法益的三分法，还是个人法益与超个人法益的两分法，都只是一次、平面的分类，但是在刑法上大量存在着一并保护个人法益和社会法益、国家法益与个人法益的犯罪类型，将抽象危险犯的保护法益区分为现实法益与未来法益更符合实际。其二，将保护法益区分为屏障（侧防）法益或与固有（主要）法益，可以在实定法上分别对应于不法构成要素意味的法益和规范保护目的意味的法益。例如故意伤害罪的规范保护目的意味的法益是人的身体健康权，不法构成要素意味的法益是身体外部完整性。盗窃罪的规范保护目的意味的法益是所有权的保护，不法构成要素意味的法益是基于所有人地位的使用支配状态。

抽象危险犯的可罚根据在教义学上虽然不是以现实附着于行为客体的法益侵害可能性为内容，但是在刑事政策上仍然是以现实附着于行为客体的法益之外的未来法益侵害可能性为内容的。现实的法益侵害可能性和未来的法益侵害可能性虽然在时点上不同，但完全可以通过刑罚的正当化根

---

① Vgl. Bernd Schünemnn. Moderne Tendenzen in der Dogmatik der Fahrlässigkeit-und Gefährdungsdelikte[J]. Juristische Arbeitsblätter (JA), 1975: 797.

② Vgl. Hans-Joachim Rudolphi, Eckhard Hor Wolters (Hrsg.).SK-StGB : systematischer Kommentar zum Strafgesetzbuch[M]. Köln: Heymanns, 2016: §306 Rn.15.

据来加以统合。也即，刑罚是报应刑和预防刑的统一，只有因为有犯罪而科处刑罚并且为了没有犯罪而科处刑罚才是正当的。如果把现实附着于行为客体的法益侵害，称为为该当行为的（最低限度）报应非难建立基础的"报应法益"；把以报应法益侵害为根据预防将来侵袭的"风险预防意味的法益"，称为以（最低限度的）一般预防必要性为基础的"预防法益"，那么抽象危险犯就可以理解为，把以一般预防必要性为根据的"抽象危险"（将来法益侵害的可能性）和以报应抑制性为根据的"法益侵害"作为不法构成的犯罪类型：①

首先，抽象危险犯是把以报应抑制为目的的"法益侵害"作为不法根据的犯罪类型。抽象危险行为是具有抽象危险的行为，这种抽象危险虽然不致于惹起构成要件结果（法益的侵害或者危险），但仍然是能够惹起外界变动作用的行为。这种行为对外界的变动作用不是行为终了以后与行为相分离的作为后行事实的结果发生，而是把外界变动之中间变动结果作为外界变动作用之要素纳入的同时，向作为行为外界变动因果力之归结的外界变动结果展开的因果作用过程。②其次，抽象危险犯是把以预防必要为目的的"抽象危险"（将来法益侵害的可能性）作为不法根据的犯罪类型。抽象危险犯虽然以对该当个别事案中行为客体的攻击为必要，但却并不追究现实附着于行为客体的法益侵害可能性，而是以个别事案中现实附着于行为客体之法益以外的法益侵害可能性为根据。"所谓抽象危险，不是现实附着于行为客体的法益侵害可能性，而是以将来的法益侵害可能性为内容"。③

抽象危险犯的法益侵害根据不同的行为类型可以进行不同的解释：首先，公共危险型抽象危险犯是通过对现实"报应法益"侵害的滥用而具有了危及将来"预防法益"之侵害可能性的抽象危险犯类型。例如，危险驾驶罪可以被认为是为保护交通运输安全这一预防法益，而处罚在道路上醉酒驾驶机动车并现实侵害交通运输环境这一"报应法益"的抽象危险行为类型。

---

① 矢田悠真. 放射性物質の危険に関する法的規制の考察 [J]. 慶應法学，2015(7): 263.

② 北野通世. 抽象的危険犯における法益の危殆化構造 [J]. 山形大学法政論叢，2014 (60/61): 35.

③ 矢田悠真. 放射性物質の危険に関する法的規制の考察 [J]. 慶應法学，2015(7): 265.

现实附着于交通运输环境的交通秩序违反行为，能够决定在未来的后续事态流程中交通运输危险的发生与否。其次，累积型抽象危险犯是通过对现实"报应法益"侵害的累积而构成了对将来"预防法益"之侵害可能性的抽象危险犯类型。例如，伪造货币罪是为保护对货币的公共信用这一预防法益，而处罚以行使为目的而伪造真货币的行为。如果对货币的伪造与行使置之不理，行为人将伪造货币作为真货币而置于流通，就会损害作为报应法益的"货币制度的顺滑机能状态"，而通过该报应法益侵害的累积才能侵害作为预防法益的"对货币的公共信用"。再次，预备型抽象危险犯是通过对现实"报应法益"侵害之准备而促进了对将来的"预防法益"之侵害可能性的抽象危险犯类型。例如，在准备实施恐怖活动罪中，行为人为实施恐怖活动而准备凶器、危险物品或者其他工具的行为，现实侵害了对危险物品的国家监督，而这种对危险物品国家监督法益的破坏具有诱发未来公共安全之侵害的可能性。

3. 步骤三：关联结构的判断

在审查了危险性与危险之后还有必要考察危险性与危险是如何关联的，因为如果人们不清楚危险倾向和危险结果之间的相互关联是什么，这就显然违背了罪责原则，因为"该原则要求责任和刑罚之间必须是可理解的"[①]。也即危险性和危险的判断只是解决了是否存在一个对法律上被保护的利益的侵害或者威胁（有无的问题），但并未分析抽象危险犯的行为危险性导致抽象危险的具体实现过程，也就不可能回答侵犯法益的行为是否必须处罚的问题（如何的问题）。

（1）直接关联

所谓直接关联是指行为人通过自己的抽象危险行为直接制造了一个对法益的抽象危险，也即抽象危险犯的行为本身就"适于（geeignet）"直接导致受保护法益处于一种危险事态之中。在德国刑法中存在不少把"适于（geeignet）"作为要素的犯罪类型，例如《德国刑法典》第 311 条规定"违反行政法上义务而放逸放射性或造成核分裂反应，适于损害他人之身体、生命

---

① 以罪责和刑罚的可理解性作为罪责原则的基本要求，由德国联邦宪法法院通过其审判裁示所确立，参见：BVerfGE 20, 323, 331.

或贵重物品，或者适于对动物或植物、水体、空气、土壤造成显著之损害者"构成放逸游离辐射罪。对此施罗德（Schröde）提出"抽象的具体危险犯"[①]、霍伊（Hoyer）提出"适性犯"[②]将其作为不同于抽象危险犯的犯罪类型予以解释。我国也有学者针对我国《刑法》中的"足以"要素（例如 143 条生产、销售不符合安全标准的食品罪中"足以造成严重食物中毒事故或者其他严重食源性疾病的"），提出"准抽象危险犯"[③]或者"适格犯"[④]而主张抽象危险犯与具体危险犯之间的"第三条道路"[⑤]。这些学说无论是作为抽象危险犯的下位概念还是作为同位概念，都是站在行为面侧重于如何限制解释行为危险性的学说。

本书认为，"适性"判断和"适性"要素不能等同视之，前者用于确定断行为与法益的结构关联，后者用于确定行为危险性的性质，两者在功能上不相一致，但同时也有一定的相似之处。首先，适性或者足以要素并不是决定犯罪分类的唯一因素，除了作为危险性特征的适性／足以要素以外，法益客体、行为客体的样态等也会对犯罪分类产生影响，不能仅仅因为具有适性要素就作为或者不作为抽象危险犯。其次，无论怎么理解适性或者足以要素的犯罪类型，都不改变适性或者足以要素是立足于行为面对行为危险性的限制这一属性。既然是对行为危险性的限制，那么和基于实质说立场立足于行为不法面对抽象危险犯的限制论就没有多大区别。再次，从立法风险防控的角度来看，适性要素所针对的风险都是由行为人以其行为直接所引起的或者在行为人的作用领域所产生的，因此在行为危险性与危险结果的关联结构上也具有直接性。总之，我国刑法中的适性要素归入何种犯罪类

---

① Horst Schröder, Abstrakt-konkrete Gefährdungsdelikte[J]. Juristische Zeitung (JZ), 1967: 525.

② ANDREAS HOYER. Die Eignungsdelikte[M]. Berlin: Duncker & Humblot, 1987: 35f,57f,75ff.

③ 参见：陈洪兵. 准抽象危险犯概念之提倡 [J]. 法学研究，2015(5)；李婕. 限缩抑或分化：准抽象危险犯的构造与范围 [J]. 法学评论，2017(3).

④ 参见：李川. 适格犯的特征与机能初探——兼论危险犯第三类型的发展谱系 [J]. 政法论坛，2014(5).

⑤ 参见：黄礼登. 危险犯的第三类型探析 [A] // 熊谋林，主编. 光华法学（第十辑）[C]. 法律出版社，2016: 97f.

型要结合法文形式、犯罪客体与行为客体来确定。适性要素与抽象危险犯的适性结构具有相似之处但又不能完全等同。

（2）协同关联

所谓协同关联是指行为人实施了某一行为诱发了他人的协同效果，不仅具有与现实侵害因果的实质等价关系，而且具有经验上通过验证的累积关系。也即单个行为基于事实上的原因，对于所保护的法益不能产生损害，但如果类似行为大量实施最终会导致法益侵害。① 协同关联通常涉及对环境法益、信赖法益等超个人法益的保护，因此单独行为之于体系性或制度性的侵害并不充分，在规范意义上累积性构成要件中所预设的结果由两部分组成：一方面是单独行为所引起的结果，另一方面与大量类似的（他人）行为关联的部分结果。

协同关联通常会引起为第三人负责或者总体责任的疑虑：一方面总体归责形同舍弃个别结果之独立归责的要求，另一方面总体结果其实只是一种关于多数行为人之个别结果的累加想象而已。② 但是污染者是因为自己的行为而不是因为他人的行为才会被处罚，他人实施相同的行为只是污染者实施该行为的背景而已。污染者会被处以刑罚，是因为他所实施的行为属于大量累积会导致累积性侵害之列，是在预防累积性侵害视角下将之纳入刑事制裁范围的。在责任自负原则下，累积犯只能是个别性归责，也即将微量的个别结果归属于那些如果大量实施就会在事实上产生巨型风险的个别行为。

（3）后续关联

由于预备犯是指在行为人自身或者他人继受成为问题的"先行行为（Vorverhalten）"之结果时存在的具有潜在危险性的行为样态，为了在功能上达成与未遂犯的可罚性中"着手实施犯罪"这一前提的等价性从而认定刑事不法的成立，必须具备以下条件：第一，实质预备犯的后续关联。即指实质预备行为必须表征犯罪预备之决意而存在着与后续犯罪的特定联系，

① 张志钢. 论累积犯的法理——以污染环境罪为中心 [J].2017(2): 162.

② 古承宗. 刑法第190条之1作为"累积的具体危险犯" [J]. 台湾：月旦法学杂志，2018(5): 64.

以便将普遍的日常中性行为排除在外。① 例如我国《刑法典》第 120 条之一资助恐怖活动罪，如果行为人为恐怖活动组织或实施恐怖活动的个人筹集提供经费或物质的行为，明显超出个人日常生活所需时，就存在预备行为与后续犯罪的关联性。第二，实质预备犯的特殊危险。即指实质预备行为必须通过行为人的犯行计划显示出法益侵害危险性。只有当根据经验晚些时候就不能再有效抵御行为人所创设的危险时，通过实质预备犯对行为人自由的限制才是适当的。② 第三，实质预备犯的主观故意。即指对将来的犯罪行为具有直接故意（意欲或明知）时才能认定存在着充分的主观不法。这是因为危险实现还取决于行为人或者他人进一步的行为，所以必须要求行为人决意（亲自或支持他人）实施犯罪行为。③

（二）危险驾驶罪的限制解释适例

1. 基本案情：

案例 1：2015 年 6 月 12 日 23 时许，范某饮酒后在某市某小区家属楼前，驾驶丰田普通客车停车入位，结果将该车驶入草坪。经群众报警，民警将范某现场查获，遂被带至该市人民医院抽血取样。经鉴定，范某体内血液中的酒精含量为 182.29mg/100ml，达到醉酒标准。法院认为，范某血液内酒精含量较高，但因车辆未摆好而酒后在相对封闭的居民小区楼前公共通行区域移动车辆，误入草坪，未造成人员及财产损害，社会危害性较小，触犯危险驾驶罪，判处拘役三个月，缓刑六个月，并处罚金人民币 6000 元。

案例 2：2016 年 3 月某日晚 23 时许，戴某某与朋友酒足饭饱后，到停车处，酒店工作人员要求挪车，戴某某上车操作倒车撞到后面停放的车辆，民警到达现场后将戴某某带至医院抽取血液样本，经检验样本乙醇浓度为 211.3 mg/100 ml。法院审理认定，戴某某构成危险驾驶罪，被判处拘役二个月。

---

① ［德］乌尔里希·齐白 (Ulrich Sieber). 全球风险社会与信息社会中的刑法：二十一世纪刑法模式的转换 [M]. 周遵友，江溯，等，译. 北京：中国法制出版社，2012: 216.

② ［德］乌尔里希·齐白 (Ulrich Sieber). 全球风险社会与信息社会中的刑法：二十一世纪刑法模式的转换 [M]. 周遵友，江溯，等，译. 北京：中国法制出版社，2012: 217.

③ ［德］乌尔里希·齐白 (Ulrich Sieber). 全球风险社会与信息社会中的刑法：二十一世纪刑法模式的转换 [M]. 周遵友，江溯，等，译. 北京：中国法制出版社，2012: 217.

案例 3：2012 年 10 月 28 日晚，被告人唐某与朋友在重庆市南岸区福利社大河口鱼庄吃饭时饮酒。当日 21 时许，唐某女友驾驶车辆送其回家路上与出租车发生刮擦，其女友将车开至交巡平台接受处理时，因停车时阻碍他人出入车库门，民警要求挪车。唐某因女友驾驶技术不好，亲自挪车，致使与路边停放的车辆发生碰撞。经鉴定唐某血液酒精含量为 206.7 mg/100 ml。事后唐某主动赔偿对方维修费用。一审法院以被告人唐某犯危险驾驶罪，判处拘役四个月，并处罚金人民币 20000 元。二审法院经审理认为，原判认定事实不清，证据不足，发回重审。最终公诉机关撤诉。

2. 理论争议

醉驾型危险驾驶罪是典型的抽象危险犯，对其能否进行限制解释以限制该罪的处罚范围，也即关于醉驾型危险驾驶罪是否一律有罪，在理论上历来存在争论。

肯定说认为只要达到醉酒标准在道路上驾驶机动车辆的行为都应当以犯罪论处，无须考虑其行为情节是否严重。例如戴玉忠教授认为，《刑法修正案（八）》明确规定"在道路上醉酒驾驶机动车的"构成犯罪，就是立法认为醉酒驾车不是"情节显著轻微危害不大的"行为。[①] 最高人民检察院、公安部均支持肯定说的立场，[②] 最高人民检察院的新闻发言人明确表示，只要事实清楚、证据充分，检方就会一律起诉，而不会考虑情节的轻重。公安部相关部门负责人也明确表示，公安部门对经核实属于醉酒驾驶机动车的一律刑事立案。在这种背景下 2013 年最高人民法院、最高人民检察院和公安部联合发布的《关于办理醉酒驾驶机动车刑事案件适用法律若干问题的意见》明确规定：在道路上驾驶机动车，血液酒精含量达到 80 毫克 /100 毫升以上的，属于醉酒驾驶机动车，依照刑法第 133 条之 1 第 1 款的规定，以危险驾驶罪定罪处罚。

否定说认为醉驾型危险驾驶行为是否成立犯罪不可一概而论，还应当判断其行为情节是否严重。例如赵秉志教授明确指出，不管是从立法原意

---

① 戴玉忠．醉酒驾车犯罪相关法律规定的理解与适用 [N]. 检察日报，2011-6-20(3).

② 参见陆诗忠．论"危险驾驶罪"司法适用中的几个疑难问题 [J]. 甘肃政法学院学报，2018(2): 50.

来看，还是从《刑法》总则第 13 条但书的规定来权衡，醉驾行为都不宜一律入罪，实践中可能会出现按照刑法典第 13 条但书之规定——情节显著轻微危害不大的不认为是犯罪的醉驾行为。①2017 年 5 月 1 日起试行的《最高人民法院关于常见犯罪的量刑指导意见（二）（试行）》也明确规定：对于醉酒驾驶机动车的被告人，应当综合考虑被告人的醉酒程度、机动车类型、车辆行驶道路、行车速度、是否造成实际损害以及认罪悔罪等情况，准确定罪量刑。对于情节显著轻微危害不大的，不予定罪处罚；犯罪情节轻微不需要判处刑罚的，可以免予刑事处罚。

但是，对于最高法院规定的醉酒危险驾驶"不予定罪处罚"和"免于刑事处罚"之限制解释，下级法院却出乎意料地并未规定与之相配套的实施细则。例如 2017 年 11 月 2 日印发的《山东省高级人民法院〈关于常见犯罪的量刑指导意见（二）实施细则（试行）》规定：醉酒驾驶机动车，血液酒精含量达到 80 毫克 /100 毫升的，在一个月至二个月拘役幅度内确定量刑起点。在量刑起点的基础上，根据血液酒精含量、机动车类型、车辆行驶环境、行车速度、是否造成实际损害等其他影响犯罪构成的犯罪事实增加刑罚量，确定基准刑。醉酒驾驶机动车，具有以下情节的从严掌握缓刑的适用。该法律解释通篇都是有关如何确定刑罚的裁量基准，完全没有规定与"不予定罪处罚"和"免于刑事处罚"相对应的免罪免刑之实施规则。这或许表明即使是实务机关也远未掌握对醉酒危险驾驶免罪免刑的类型化事实，因此也就难以形成对醉酒危险驾驶如何免罪免刑的裁判规则。

3. 本书见解

醉驾型危险驾驶罪作为交通肇事罪的前置处罚类型，是立法者为应对交通风险规制失效与形塑公民交通意识而早期介入的国家治理手段。但这种为防控社会风险而早期干预的前置化立法，是以牺牲国民一定自由为代价的，因此该自由限制仅仅在为预防对公民在交通运输领域中的生命、身体安全的一般类型性危险所不可或缺时才是正当，因为在宪法基本权利的阶序上只有因为人的生命和身体安全才可以让自由得以退让，因此有必要对醉驾型危险驾驶罪进行限制解释，以确保该前置化立法不至于沦为纯粹的

---

① 赵秉志，赵远．危险驾驶罪研析与思考 [J]．政治与法律,2011(8): 21-22.

功能性工具。

首先，进行行为危险性的审查。具体分为三个步骤：①危险性经验法则审查。考察立法者类型化抽象危险的经验法则是否成立，即行为人是否通过醉酒驾驶制造了一个只有有人进入就会发生交通事故的危险领域。②危险性前提事实审查。通过在刑法规范和生活类型之间的诠释学往返，归纳出危险性成立的前提事实。醉驾型危险驾驶的的抽象危险类型化的前提事实可以包括：第一，醉酒事实，判断醉酒事实可以同时采用形式判断和实质判断两个标准，不仅要到达法定的酒精定量标准，还要辅之以身体动态平衡能力测试、模拟驾驶系统测试等实质标准检测行为人的辨认控制能力。第二，车辆事实，判断车辆的致害可能性大小、特种车辆的特殊安全义务等。第三，道路事实：判断道路的系统开放性程度，前述案例 1 中小区停车处为相对封闭小区的停车处，不属于公共通行场所，不应当认定为道路。案例 2 中酒店停车场为公共停车场，来往住宿人员较多且人员具有不确定性，可以视为道路。案例 3 中交巡警接受处理处属于公共通行场所，由于接受交通处罚的车辆与人员均不确定，所以应当视为道路。第四，驾驶事实：判断有无采取结果回避措施或者是否存有致使风险升高行为。③危险性存在有无审查：根据已经成立的经验法则与前提事实，从科学知识角度判断是否具有类型性一般危险。

其次进行结果可能性的审查。具体分为两个步骤：一是直接损失事实的现实性查明。抽象危险犯虽然不需要发生构成要件结果和法益侵害结果，但仍然能够发生一定的外界物理变动，这种物理变动可以称为不法中介结果。因此在醉驾型危险驾驶中要注意查明行为人的醉酒行为是否引起交通运输环境的变化以及这种变化所带来的影响，如果能够确定行为人的醉驾行为对交通秩序与交通环境并未带来有影响力的变更，即可直接判定行为人的醉驾行为尽管具有类型危险性，但不具有法益侵害或危险之发生可能性也就不具有结果不法，因此从法益保护原则的要求来看应排除入罪。二是间接危险结果的可能性判断。由于抽象危险并未附着在行为对象之上，因此抽象危险犯对法益的侵害危险不是直接发生的，而是通过外在因果变动也即不法中介结果来间接体现的。因此在醉酒型危险驾驶行为中要注意确认抽象危险行为对法益的（未来）直接结果是否能够通过现实的不法中介结果所引起。也即审查醉酒型危险驾驶行为对公共交通安全的侵犯是否可能通过该行为对交通环境的不利变更所引起。

再次进行结构关联性的审查。法益关联性的审查不仅要查明存在法益的主体与客体，还要查明法益的主体与客体之间具有适当的结构关联。醉酒型危险驾驶罪属于古典的抽象危险犯，其法益关联性结构是直接引起类型，因此接下来分为两个步骤进行审查：一是审查具有危险性的醉驾行为引起不法中介结果是否具有直接性。如何审查直接性不能仅仅从形式的因果关联角度来考察，而应从采用客观归责的危险现实化理论和第三人专属领域原则来判断。例如案例 1 中驾驶人员明知自己饮酒，主动驾车停放车辆；案例 2 中驾驶人员酒驾行为缘于酒店工作人员干预；案例 3 中驾驶人员挪车行为是在警察要求下进行的。从犯罪的结构关联性来看，案例 1 属于直接引起，而案例 2 虽然属于被动作为，但从客观归责的角度来看仍可认为具有直接性。案例 3 由于属于被动作为而且已经进入到警察的专属领域管辖领域，因此不存在直接的结构关联性，理应排除入罪。二是审查具有危险性的醉驾行为引起不法中介结果是否受到强制性。如果醉驾行为是因为他人强制引起的，则不符合法益损害结构的直接关联性要求。

第八章　结　论

　　自二十世纪后期开始，为了应对传统犯罪浪潮带来的犯罪风险和后期工业社会产生的新型风险，各国在刑事立法上出现了将保护范围由生命身体等个人法益侵害提前到体系机能等普遍法益侵害、将保护程度由侵害犯或结果犯犯罪类型提前到危险犯或预备犯犯罪类型的前置化立法。相应的在刑法理论上也出现了就这种前置化倾向的实质根据，以及刑法作为问题解决之手段和风险预防之工具的限度进行考察的前置化讨论。

　　从形式上看，刑法保护前置化的早期见解"主要是以征表反国家意思的行为者意图作为判断标识，把具有所谓的目的犯构造的预备行为作为处罚对象"；刑法保护前置化的后期见解主要是"把行为者外部的态度作为规制对象，把其具有的将来危险性作为重点"。从实质上看，刑法保护前置化的早期见解以传统犯罪为主要对象，把危险预防作为前置化的主要目的，主张刑法保护前置化是既存法益保护的向前推移，将可罚性时点由既遂结果发生提前到实害或危险之结果尚未出现的预备阶段就予以处罚；刑法保护前置化的后期见解以新型犯罪为主要对象，把风险管理作为前置化的主要目的，主张刑法保护前置化是刑法应对风险的向外扩张，将保护范围提前到个人法益之前提的普遍法益、将保护程度提前到法益侵害前阶段的抽象危险。

　　由于传统刑法以针对个人法益的侵害结果犯为中心，所以刑法保护的前置化逻辑上意味着在"个人法益"和"侵害结果"这两个起点上的提前。由此可以将刑法保护的前置化区分为保护法益的前置化（Vorverlagerung des Rechtsgüterschutzes）和刑法处罚的前置化（Vorverlagerung der Strafbarkeit），前者是指将法益保护由生命、身体、自由、名誉、财产等个人法益的保障，提前到对人格发展之前提条件这一超个人法益的保障上，其形式特征是法益概念的普遍化，实质特征是法益侵害质的提前。后者是指将刑法处罚由法益的侵害或危殆化阶段提前到法益的侵害危险性阶段，由注重结果不法的侵害犯转向更注重行为不法的抽象危险犯类型，其形式特征是犯罪构成要件的缩减，实质特征是法益侵害量的前倾。

刑法保护前置化的社会外因是社会风险的大量增加、社会不安的广泛蔓延以及社会统合的严重弱化，而刑法内因是机能主义的刑法观、积极一般预防的刑罚观以及结果导向的刑事政策观。由于此内因和外因的影响制约，刑法保护的前置化在保护法益前置化和刑法处罚前置化上分别具有不同表现。首先，保护法益前置化的适用领域是现代科学技术领域、行政从属规制领域以及犯罪情势恶化领域，而适用方式应根据前置化法益的不同论理适用不同类型。其次，刑法处罚前置化的适用方式可以分为预备阶段的前置、共犯阶段的前置以及行为阶段的前置，而适用类型可以包括实质预备犯、间接危险犯以及抽象危险犯等类型。

刑法保护前置化的虽然能够满足预防危险的安全需求，但同时隐藏着过度干涉公民自由的危险。从法益论的角度来看，刑法处罚的前置化面临法益侵害关联性微弱、刑法最后手段性无视、刑法义务规范性滥用的质疑；保护法益的前置化面临法益概念的抽象化、法益内容的空洞化、法益机能的弱体化的追问。从罪责论的角度来看，刑法处罚的前置化面临一般危险推定入罪和辩护实体条件降低的批判；保护法益的前置化面临责任主体不显、归责基准不清、归责对象不明的批判。从预防论的角度来看，由于保护法益的前置化和刑法处罚的前置化存在归属困难和反生产性问题，所以可能导致潜在性功能压倒明显性功能的象征性刑法。

刑法保护的前置化能够以何种根据进行正当化或者以何种理由被加以限制，在理论上既有偏向于风险刑法的未来领域保护、侧防规范保护以及危险来源消除的前置化根据，也有立足于传统刑法的回归核心刑法领域、通过传统刑法的灵活解释的前置化界限。本文认为刑法保护的前置化应当通过法益立法批判机能和行为类型攻击样态加以限制，前者主要通过充实前实定法的法益内容、充足体系内的立法者说明责任以及考虑法益侵害方式和具体类型来进行限制；后者主要通过把由法益正当性问题的探究（也即"是否"的问题），转移到"刑法在何种范围内对何种攻击样态"（Angriffsarten）"应该介入的问题（也即"如何"的问题）来加以限制。具体而言，在保护法益的前置化上要通过普遍法益概念的具体化和普遍法益内容的具体化，使前置化的法益能够发挥法益的立法批判机能。在刑法处罚的前置化上要考察抽象危险犯的处罚根据和处罚界限，通过前置化的类型通过法益侵害和行为样态的双重限制得以正当化。

参考文献

一、中文文献

[1] 王作富.刑法分则实务研究(中)[M].第3版.北京:中国方正出版社,2007.

[2] 王永茜.论现代刑法扩张的新手段——法益保护的提前化和刑事处罚的前置化[J].法学杂志,2013(6).

[3] 王永茜.论集体法益的刑法保护[J].环球法律评论,2013(4).

[4] 王永茜.抽象危险犯立法技术探讨——以对传统"结果"概念的延伸解释为切入点[J].政治与法律,2013(8).

[5] 王永茜.抽象危险犯研究[D]:[博士].北京:清华大学,2013.

[6] 王皇玉.刑罚与社会规训[M].台北:台湾元照出版公司,2009.

[7] 王莹.法治国的洁癖——对话Jakobs"敌人刑法"理论[J].中外法学,2011(1).

[8] 王雯汀.风险社会下抽象危险犯的理论境域[J].河北法学,2013(2).

[9] 王昭武.犯罪的本质特征与但书的机能及其适用[M].法学家,2014(4).

[10] 王立志.风险社会中刑法范式之转换——以隐私权刑法保护切入[J].政法论坛,2010(3).

[11] 左卫民.认罪认罚何以从宽:误区与正解——反思效率优先的改革主张[J].法学研究,2017(3).

[12] 古承宗.刑法第190条之1作为"累积的具体危险犯"[J].台湾:月旦法学杂志,2018(5).

[13] 车浩.体系化与功能主义:当代阶层犯罪理论的两个实践优势[J].清华法学,2017,11(5).

[14] 劳东燕.危害性原则的当代命运[J].中外法学.2008(3).

[15] 劳东燕.风险社会与变动中的刑法理论[J].中外法学,2014(1).

[16] 古承宗.风险社会与现代刑法的象征性[J].科技法学评论,2013,10(1).

[17] 皮勇.我国网络犯罪刑法立法研究——兼论我国刑法修正案(七)中的网络犯罪立

法 [J]. 河北法学，2009(6).

[18] 许玉秀. 我国环境刑法规范的过去、现在与未来 [M]// 许玉秀. 主观与客观之间：春风煦日论坛（刑事法丛书系列）. 台北：新学林出版社股份有限公司，1997.

[19] 许泽天. 遗弃罪之研究——待厘清保护法益的具体危险犯 [J]. 东吴法律学报，2010，22(2).

[20] 许恒达. "行为非价"与"结果非价"——论刑事不法概念的实质内涵 [J]. 政大法学评论，2010，114.

[21] 许玉秀. 刑法的任务：与效能论的小小对话 [J]. 刑事法杂志. 2003，47(2).

[22] 付立庆. 应否允许抽象危险犯反证问题研究 [J]. 法商研究，2013(6).

[23] 吕英杰. 风险刑法下的法益保护 [J]. 吉林大学社会科学学报，2013(4).

[24] 何荣功. 预防刑法的扩张及其限度 [J]. 法学研究，2017(4).

[25] 何荣功. "预防性"反恐刑事立法思考 [J]. 中国法学. 2016(3).

[26] 林东茂. 危险犯与经济刑法 [M]. 台北：五南图书出版公司，1996.

[27] 林东茂. 刑法纵览 [M]. 修订 5 版. 北京：中国人民大学出版社，2009.

[28] 林山田. 刑法通论 (上)[M]. 增订 10 版. 北京：北京大学出版社，2012.

[29] 刘艳红. 环境犯罪刑事治理早期化之反对 [J]. 政治与法律，2015(7).

[30] 黄旭巍. 污染环境罪法益保护早期化之展开——兼与刘艳红教授商榷 [J]. 法学，2016(7).

[31] 黄太云. 中华人民共和国刑法修正案（三）的理解与适用 [M] // 刑事审判参考. 北京：法律出版社，2002(1).

[32] 黄荣坚. 刑罚的极限 [M]. 台北：元照出版公司，1998.

[33] 黄礼登. 危险犯的第三类型探析 [M]// 熊谋林，主编. 光华法学（第十辑）. 法律出版社，2016.

[34] 米铁男. 共犯理论在计算机网络犯罪中的困境及其解决方案 [J]. 暨南学报 (哲学社会科学版)，2013(10).

[35] 卢勤忠. 信用卡信息安全的刑法保护——以窃取、收买、非法提供信用卡信息罪为例的分析 [J]. 中州学刊，2013(3).

[36] 全国人大常委会法制工作委员会刑法室编. 中华人民共和国刑法修正案 (八)：条文说明、立法理由及相关规定 [M]. 北京：北京大学出版社，2011.

[37] 赵秉志. 刑法修正案最新理解适用 [M]. 北京：中国法制出版社，2009.

[38] 赵书鸿. 风险社会的刑法保护 [J]. 人民检察，2008(1).

[39] 南连伟. 风险刑法理论的批判与反思 [J]. 法学研究，2012(4).

[40] 张明楷. 刑事立法的发展方向 [J]. 中国法学，2006(4).

[41] 张明楷."风险社会"若干刑法理论问题反思 [J]. 法商研究，2011(5).

[42] 张明楷. 组织出卖人体器官罪的基本问题 [J]. 吉林大学社会科学学报，2011(5).

[43] 张明楷. 论《刑法修正案（九）》关于恐怖犯罪的规定 [J]. 现代法学，2016(1).

[44] 张明楷. 刑法学（下）[M]. 5 版. 北京：法律出版社，2016.

[45] 张明楷. 危险驾驶罪的基本问题——与冯军教授商榷 [J]. 政法论坛，2012(6).

[46] 张明楷. 污染环境罪的争议问题 [J]. 法学评论，2018(2).

[47] 张书琴. 发票犯罪的立法完善探究——以《刑法修正案（八）》为基点 [J]. 中国刑事法杂志，2011(12).

[48] 张志钢. 论累积犯的法理——以污染环境罪为中心 [J]. 2017(2).

[49] 董桂文. 人体器官犯罪的刑法规制——对《刑法修正案（八）》第 37 条的分析解读 [J]. 法律科学（西北政法大学学报），2013.

[50] 郝艳兵. 风险刑法：以危险犯为中心的展开 [D]: [博士]. 北京：中国人民大学，2011.

[51] 郝艳兵，解永照. 风险社会下刑法的提前保护 [J]. 江西警察学院学报，2011(6).

[52] 郝艳兵. 风险社会中刑法保护机制的转型 [J]. 南通大学学报（社会科学版），2013(4).

[53] 姜敏. 法益保护前置：刑法对食品安全保护的路径选择——以帮助行为正犯化为研究视角 [J]. 北京师范大学学报（社会科学版），2013(5).

[54] 程岩. 风险规制的刑法理性重构——以风险社会理论为基础 [J]. 中外法学，2011(1).

[55] 姚贝，王拓. 法益保护前置化问题研究 [J]. 中国刑事法杂志，2012(1).

[56] 梁根林. 刑法修正：维度、策略、评价与反思 [J]. 法学研究，2017(1).

[57] 梁根林. 预备犯普遍处罚原则的困境与突围——《刑法》第 22 条的解读与重构 [J]. 中国法学，2011(2).

[58] 陈晓明. 风险社会之刑法应对 [J]. 法学研究，2009(6).

[59] 陈璇. 德国刑法学中结果无价值与行为无价值的流变、现状与趋势 [J]. 中外法学，2011(2).

[60] 陈毅坚."共犯正犯化"立法模式正当性评析 [J]. 中山大学法律评论，2010(2).

[61] 陈志龙. 法益与刑事立法 [M]. 3 版. 台北：自刊，1997.

[62] 陈璇. 侵害人视角下的正当防卫论 [J]. 法学研究，2015(3).

[63] 陈璇. 刑法中社会相当性理论研究 [M]. 北京：法律出版社，2010.

[64] 陈洪兵. 准抽象危险犯概念之提倡 [J]. 法学研究，2015(5).

[65] 姚贝，王拓. 法益保护前置化问题研究 [J]. 中国刑事法杂志，2012(1).

[66] 恽纯良. 抽象危险犯作为对抗环境犯罪的基本制裁手段——以污染水体行为为例

[J]. 台湾：月旦刑事法评论，2018(3).

[67] 杜宇. 刑法规范的形成机理：以"类型"建构为观察视角 [J]. 法商研究，2010(1).

[68] 李晓明. 诽谤行为是否构罪不应由他人的行为来决定——评"网络诽谤"司法解释 [J]. 政法论坛，2014(1).

[69] 李川. 适格犯的特征与机能初探——兼论危险犯第三类型的发展谱系 [J]. 政法论坛，2014(5).

[70] 李婕. 限缩抑或分化：准抽象危险犯的构造与范围 [J]. 法学评论，2017(3).

[71] 李婕. 抽象危险犯研究 [M]. 北京：法律出版社，2007.

[72] 李晓龙. 刑事归责的概念与构造 [J]. 江汉论坛．2014(4): 63.

[73] 单丽玟. 抽象危险犯的必要性审查 [J]. 月旦法学杂志，2015(3).

[74] 黎宏. 对风险刑法观的反思 [J]. 人民检察，2011(3).

[75] 黎宏. 刑法学 [M]. 北京：法律出版社，2012.

[76] 黎宏. 法益论的研究现状和展望 [J]. 人民检察，2013(7).

[77] 黎宏. 论抽象危险犯危险判断的经验法则之构建与适用——以抽象危险犯立法模式与传统法益侵害说的平衡和协调为目标 [J]. 政治与法律，2013(8).

[78] 谢杰，王延祥. 抽象危险犯的反思性审视与优化展望——基于风险社会的刑法保护 [J]. 政治与法律，2011(2).

[79] 舒洪水，张晶. 法益在现代刑法中的困境与发展——以德、日刑法的立法动态为视角 [J]. 政治与法律，2009(7).

[80] 刘明祥. 论危险犯的既遂、未遂与中止 [J]. 中国法学，2005(6).

[81] 周光权. 积极刑法立法观在中国的确立 [J]. 法学研究，2016(4).

[82] 周漾沂. 从实质法概念重新定义法益：以法主体性论述为基础 [J]. 台大法学论丛，2012，41(3).

[83] 陆诗忠. 论"危险驾驶罪"司法适用中的几个疑难问题 [J]. 甘肃政法学院学报，2018(2).

[84] [日] 伊东研祐. 现代社会中危险犯的新类型 [M]. 郑军男，译．// 何鹏，李洁主编. 危险犯与危险概念. 吉林：吉林大学出版社，2006.

[85] [日] 关哲夫. 现代社会中法益论的课题 [J]. 王充，译，刑法论丛，2007(2).

[86] [日] 山口厚. 刑法各论 [M]. 2 版．王昭武，译. 北京：中国人民大学出版社，2011.

[87] [德]Günther Jakobs. 市民刑法与敌人刑法 [M]. 徐育安，译．// 许玉秀，主编. 刑事法之基础与界限. 台北：学林文化事业有限公司，2003.

[88] [德] 许逎曼. 法益保护原则——刑法构成要件及其解释之宪法界限之汇集点 [M]. // 何赖杰，译. 许玉秀，陈志辉，编. 不移不惑献身法与正义——许逎曼教授刑法论

文选辑 . 台北 : 新学林出版股份有限公司, 2006.

[89] [德] 贝恩德·许逎曼 . 敌人刑法？——对刑事司法现实中令人无法忍受的侵蚀趋向及其在理论上的过分膨胀的批判 [M]. // 杨萌, 译 . 冯军, 主编 . 比较刑法研究 . 北京 : 中国人民大学出版社, 2007.

[90] [德] 哈塞默尔 . 面对各种新型犯罪的刑法 [M]. 冯军, 译 . // 中国人民大学刑事法律科学研究中心编 . 明德刑法学名家讲演录 : 第 1 卷 . 北京大学出版社, 2009.

[91] [德] Roxin. 法益讨论的新发展 [J]. 许丝捷, 译 . 台湾 : 月旦法学杂志, 2012(12).

[92] [德] 乌尔里希·齐白 (Ulrich Sieber). 全球风险社会与信息社会中的刑法 : 二十一世纪刑法模式的转换 [M]. 周遵友, 江溯, 等, 译 . 北京 : 中国法制出版社, 2012.

[93] [德] Winfried Hassemer. 现代刑法的特征与危机 [J]. 陈俊伟, 译 . 台湾 : 月旦法学杂志, 2012(8).

[94] [德] 汉斯·阿亨巴赫 (Hans Achenbach). 德国经济刑法的发展 [J]. 周遵友, 译 . 中国刑事法杂志, 2013(2).

二、日文文献

[1] 大塚仁 . 刑法概説 (総論)[M]. 4 版 . 東京 : 有斐閣, 2008.

[2] 大谷實 . 刑法講義総論 [M]. 4 版 . 東京 : 成文堂, 2012: 127.

[3] 山中敬一 . 刑法総論 [M]. 東京 : 成文堂, 2008.

[4] 山中敬一 . 犯罪論の機能と構造 [M]. 東京 : 成文堂, 2010.

[5] 山口厚 . 危険犯の研究 [M]. 東京 : 東京大学出版会, 1982.

[6] 山口厚 . 刑法総論 [M]. 2 版 . 東京 : 有斐閣, 2007.

[7] 西原春夫 . 刑法総論改訂版 (上巻)[M]. 東京 : 成文堂, 1995.

[8] 西田典之 . 刑法各論 [M]. 6 版 . 東京 : 弘文堂, 2012.

[9] 西田典之 . 刑法総論 [M]. 2 版 . 東京 : 弘文堂, 2010.

[10] 内藤謙 . 法益論の一考察 [M]// 平場安治 (ほか) 編 . 団藤重光博士古稀祝賀論文集第 1 巻 . 東京 : 有斐閣, 1984.

[11] 内藤謙 . 刑法講義総論 (上)[M]. 東京 : 有斐閣, 2001.

[12] 内藤謙 . 刑法理論の史的展開 [M]. 東京 : 有斐閣, 2007.

[13] 生田勝義 . 行為原理と刑事違法論 [M]. 東京 : 信山社, 2002.

[14] 井田良 . 刑事立法の活性化とそのゆくえ [J]. 法律時報, 2003, 75(2).

[15] 井田良 . 変革の時代における理論刑法学 [M]. 東京 : 慶感義塾大学出版会, 2007.

[16] 井田良 . 最近の刑事立法をめぐる方法論的諸問題 [J]. ジュリスト, 2008, 1369.

[17] 井田良.比較法的視点から見たテロ等準備罪 [J].刑事法ジャーナル.2018,55.

[18] 平野龍一.刑法概説 [M].東京：東京大学出版会,1977.

[19] 平野龍一.刑法総論 I[M].東京：有斐閣,1972.

[20] 矢田悠真.放射性物質の危険に関する法的規制の考察 [J].慶應法学,2015(7).

[21] 伊東研祐.『環境の保護』の手段としての刑法の機能 [M]// 平場安治 (ほか) 編.
団藤重光博士古稀祝賀論文集 3 巻.東京：有斐閣,1984.

[22] 伊東研祐.法益概念史研究 [M].東京：成文堂,1984.

[23] 伊東研祐.現代社会における刑法解釈論の機能と視座 [J].刑法雑誌,2001,40(2).

[24] 名和鐵郎.放火罪・溢水罪 [M]// 中山研一 (ほか) 編.刑法各論 (青林双書).東
京：青林書院新社,1977.

[25] 杉本一敏.リスク社会と過失結果犯 [J].刑事法ジャーナル,2012,33.

[26] 金尚均.抽象的危険犯の現代的展開とその問題性 (一 / 二 / 三): 近年のドイツの
議論を参考にしながら [J].立命館法學,1995,239/240/241.

[27] 金尚均.環境刑法における蓄積犯罪：水域汚染を中心に [J].龍谷法学,2001,34(3).

[28] 金尚均.危険社会と刑法：現代社会における刑法の機能と限界成文堂 [M].東京：
成文堂,2001.

[29] 金尚均.刑法とリスク [J].法の科学,2009,40.

[30] 金尚均.処罰段階の早期化再考 [M]// 浅田和茂 (ほか),編.人権の刑事法学：村
井敏邦先生古稀記念論文集.東京：日本評論社,2011.

[31] 金尚均.社会的迷惑行為と刑法の机能 [M]// 金尚均,Henning RosenauB,編著.刑
罚论と刑罚正义：日本——ドイツ刑事法に関する对话.東京：成文堂,2012.

[32] 金裕根.危険社会における客観的帰属上の問題点 [J].関西大学法学研究所：ノモ
ス,2012,30.

[33] 香川達夫.危険犯と二個の客体 (一)[J].学習院大学法学会雑誌,2006,42(1).

[34] 新谷幸一.法益保护的早期化倾向——雅各布斯的学说 [J].修道法学,1989,11(1).

[35] 甲斐克則.刑法におけるリスクと危険性の区別 [J].新潟大学法政理論,2013,
45(4).

[36] 和田俊憲.賄賂罪の見方——職務型賄賂罪と行為型賄賂罪：破産法罰則を題材に
して [M].髙山佳奈子 / 島田聡一郎,編,山口厚先生献呈論文集.东京：成文堂,
2014.

[37] 松生建.危険犯における危険概念 [J].刑法雑誌,1993,33(2).

[38] 松生建.抽象的危険犯における危険 [M]// 片山信弘,甲斐克則.海上犯罪の理論と
実務：大国仁先生退官記念論集.東京：中央法規出版,1993.

[39] 浅田和茂 . 刑法的介入の早期化と刑法の役割 [M]// 浅田和茂 (ほか) 編集 . 転換期の刑事法学 : 井戸田侃先生古稀祝賀論文集 . 東京 : 現代人文社 , 1999.

[40] 曽根威彦 . カード犯罪に関する刑法の一部改正 : 理論上の問題点 [J]. 現代刑事法 , 2001, 31.

[41] 曽根威彦 . 現代の刑事立法と刑法理論 [J]. 刑事法ジャーナル . 2005, 1.

[42] 曽根威彦 . 現代社会と刑法 [M]. 東京 : 成文堂 , 2013.

[43] 高橋則夫 . 刑法的保護の早期化と刑法の限界 [J]. 法律時報 , 2003, 75(2).

[44] 高山佳奈子 . 実体法の見地から [J]. 刑法雑誌 , 2003, 43(1).

[45] 高山佳奈子 . 共謀罪の何が問題か [M]. 東京 : 岩波書店 , 2017.

[46] 堀内捷三 . 刑法における重点の変遷 [M]// 芝原邦爾 (ほか), 編 . 松尾浩也先生古稀祝賀論文集 . 上巻 . 東京 : 有斐閣 , 1998.

[47] 野村稔 . 刑法総論 [M]. 補訂版 . 東京 : 成文堂 , 1998.

[48] 新谷一幸 . ハセマー「象徴的刑法と法益保護」[J]. 修道法学 . 1995, 17(2).

[49] 島田聡一郎 . リスク社会と刑法 [M]// 長谷部恭男 , 編 . リスク学入門 3 法律からみたリスク . 東京 : 岩波書店 , 2007.

[50] 佐伯和也 . 抽象的危険犯における可罰性の制限について (1-2)[J]. 関西大学法学論集 , 1996, 46(1)/46(2).

[51] 佐伯千仭 . 三訂刑法講義 (總論)[M]. 東京 : 有斐閣 , 1977.

[52] 佐々木康貴 . 紹介ローランド・ヘッフェンデール「刑罰規範の実質的な主要点としての法益」[J]. 朝日大学大学院法学研究論集 , 2005, 5.

[53] 原田保 .『社会法益』の実体について──個人法益への「還元」の試み [J]. 愛知学院大学論叢 : 法学研究 , 1986, 29(3-4).

[54] 原田保 . 刑法における超個人的法益の保護 [M]. 東京 : 成文堂 , 1991.

[55] 岡本勝 .『抽象的危殆犯』の問題性 [J]. 法学 , 1974, 38(2).

[56] 岡本勝 .『危険犯』をめぐる諸問題──危険犯の諸類型の各論的検討──[J]. Law School, 1981, 39.

[57] 星周一郎 . 放火罪の理論 [M]. 東京 : 東京大学出版会 , 2004.

[58] 星周一郎 . 公共危険犯の現代的意義 [J]. 刑法雑誌 . 2009, 48(2).

[59] 振津隆行 . 抽象的危険犯の研究 [M]. 東京 : 成文堂 , 2007.

[60] 柳仁模 . 危険社会と刑法 [J]. 箭野章五郎 , Lee Jin Ye, 訳 . 日本中央大学日本比較法研究所 : 比較法雑誌 , 2011, 44(4).

[61] 鈴木茂嗣 . 刑法総論 [M]. 2 版 . 東京 : 成文堂 , 2011.

[62] 藤木英雄 . 刑法讲义总论 [M]. 東京 : 弘文堂 , 1975.

[63] 岩間康夫 . 抽象的危険犯における結果概念 [J]. 大阪学院大学通信，2001，32(3).

[64] 渡邊卓也 . 電脳空間における刑事的規制 [M]. 東京：成文堂，2006.

[65] 塩見淳 . 危険の概念 [M]// 西田典之，山口厚，佐伯仁志，編 . 刑法の争点 (ジュリスト増刊). 4 版 . 東京：有斐閣，2007.

[66] 増田豊 . 規範論による責任刑法の再構築：認識論的自由意志論と批判的責任論 [M]. 東京：勁草書房，2009.

[67] 鎮目征樹 . 社会的—国家的法益 [J]. 法律時報，2009，81(6).

[68] 谢煜伟 . 抽象的危険犯論の新展開 [M]. 东京：弘文堂，2012.

[69] 谢煜伟 . 抽象的危険犯の現代的課題 [J]. 刑事法ジャーナル，2012，33.

[70]

[71] 嘉門優 . 法益論の現代的意義 (一，二・完)：環境刑法を題材にして [J]. 大阪市立大學法學雜誌，2004，50(4)/51(1).

[72] 嘉門優 . 法益論の現代的展開——法益論と犯罪構造 [J]. 国学院法学，2007，44(4).

[73] 嘉門優 . 法益論の現代的意義 [J]. 刑法雑誌，2011，50(2).

[74] 嘉門優 . 法益論の現代的意義 [J]. 刑法雑誌，2007，47(1).

[75] 深町晋也 . 路上喫煙条例・ポイ捨て禁止条例と刑罰論——刑事立法学序説 [J]. 立教法学，2010，79.

三、德文文献

[1] ADOLF SCHÖNKE, HORST SCHRÖDER, ALBIN ESER, et al. Strafgesetzbuch: Kommentar (Scönke/Schröder: stGB)[M]. 28 Auflage. München: C. H. Beck,2010.

[2] ALEJANDRO KISS. El delito de peligro abstracto[J]. Buenos Aires: Ad-hoc, 2011.

[3] ANDREAS VON HIRSCH, KURT SEELMANN, WOLFGANG WOHLERS (Hrsg.). Mediating Principles Strafbegrenzungskriterien bei der Strafbegründung[C]. Baden-Baden: Nomos, 2006.

[4] ANDREW VON HIRSCH,WOLFGANG WOHLERS. Rechtsgutstheorie und Deliktsstruktur—zu den Kriterien fairer Zurechnung[M] // Roland Hefendehl,Andrew von Hirsch,Wolfgang Wohlers (Hrsg.). Die Rechtsgutstheorie: Legitimationsbasis des Strafrechts oder dogmatisches Glasperlenspiel?[C]. Baden-Baden: Nomos,2003.

[5] ANDREW ASHWORTH. Was ist positive Generalprävention? Eine kurze Antwort [M]// Bernd Schünemann,Andreas von Hirsch, Nils Jareborg (Hrsg.). Positive Generalprävention: Kritische Analysen im deutsch-englischen Dialog: Uppsala Symposium 1996[C]. Heidelberg: C. F. Müller, 1998.

[6] ARNDT SINN. Moderne Verbrechensverfolgung – auf dem Weg zu einem Feindstrafrecht[J]. Zeitschrift für Internationale Strafrechtsdogmatik (ZIS), 2006.

[7] ARNDT SINN/WALTER GROPP/FERENC NAGY(Hrsg.). Grenzen der Vorverlagerung in einem Tatstrafrecht: Eine rechtsvergleichende Analyse am Beispiel des deutschen und ungarischen Strafrechts[C]. Göttingen: Universitätsverlag Osnabrück, 2011.

[8] ARTHUR KAUFMANN. Unrecht und Schuld beim Delikt der Volltrunkenheit[J]. Juristische Zeitung(JZ),1963.

[9] BERNHARD HAFFKE. Vom Rechtsstaat zum Sicherheitsstaat?[J]. Kritische Justiz(KJ), 2005, 38 (1).

[10] BERND SCHÜNEMANN. Moderne Tendenzen in der Dogmatik der Fahrlässigkeits- und GefÜhrdungsdelikte[J]. Juristische Arbeitsblätter (JA), 1975.

[11] BERND SCHÜNEMANN. Das Rechtsgüterschutzprinzip als Fluchtpunkt der verfassungsrechtlichen Grenzen der Straftatbestände und ihrer Interpretation[M] // Roland Hefendehl,Andrew von Hirsch,Wolfgang Wohlers (Hrsg.). Die Rechtsgutstheorie: Legitimationsbasis des Strafrechts oder dogmatisches Glasperlenspiel?. Baden-Baden: Nomos,2003.

[12] BVerfGE 33,367,383.[J] = Nenu Juristische Wochenschrift (NJW) 1972,2214-2215.

[13] CHRISTOPH LAU. Risikodiskurse: Gesellschaftliche Auseinandersetzungen um die Definition von Risiken[J]. Soziale Welt,1989

[14] CLAUS ROXIN. Strafrecht Allgemeiner—Teil Band I: Grundlagen. Der Aufbau der Verbrechenslehre [M]. 4 Auflage. München: C. H. Beck,2006.

[15] CLAUS ROXIN. Täterschaft und Tatherrschaft[M]. 8 Auflage. Berlin/New York: W. de Gruyter, 2006.

[16] CLAUS ROXIN. Zur neueren Entwicklung der Rechtsgutsdebatte[M] //Ulfrid Neumann, Felix Herzog (Hrsg.). Festschrift für Winfried Hassemer. Heidelberg: C. F. Müller, 2010.

[17] CORNELIUS PRITTWITZ. Funktionalisierung des Strafrechts[J]. Kritische Vierteljahresschrift für Gesetzgebung und Rechtswissenschaft (KritV), 1991 (9).

[18] CORNELIUS PRITTWITZ. Strafrecht und Risiko: Untersuchungen zur Krise von Strafrecht und Kriminalpolitik in der Risikogesellschaft [M]. Frankfurt am Main: Vittorio Klostermann,1993.

[19] CORNELIUS PRITTWITZ. Risiken des Risikostrafrechts[M] // Frehsee, Löschper, Smaus (Hrsg.). Interdisziplinäre Studien zu Recht und Staat: Konstruktion der

Wirklichkeit durch Kriminalität und Strafe. Band 5,Baden-Baden: Nomos, 1997.

[20] CORNELIUS PRITTWITZ. Strafrecht und Risiko[M]// Alfons Bora (Hrsg.),Rechtliches Risikomanagement. Form,Funktion und Leistungsfähigkeit des Rechts in der Risikogesellschaft. Berlin: Duncker & Humblot, 1999.

[21] GUNNAR DUTTGE. Vorbereitung eines Computerbetruges: auf dem Weg zu einem "grenzenlosen" Strafrecht[M] // Bernd Heinrich,Eric Hilgendorf,u. a. (Hrsg.). Festschrift fuer Ulrich Weber zum 70. Geburtstag. Bielefeld: Gieseking,2004.

[22] GUNTHER TEUBNER. Verrechtlichung—Begriffe, Merkmale, Grenzen, Auswege[M] //Friedrich Kübler (Hrsg.). Verrechtlichung von Wirtschaft: Arbeit und sozialer Solidarität. Frankfurt a. M: Suhrkamp, 1985.

[23] DIMITRIS ZIOUVAS. Das neue Kapitalmarktstrafrecht Europäisierung und Legitimation[M]. Köln: Carl Heymanns,2005.

[24] DIRK SIMON. Präzeptoraler Sicherheitsstaat und Risikovorsorge[M]. Frankfurt amMain: Peter Lang,2009.

[25] ECKHARD HORN. KonkreteGefährdungsdelikte [M]. Köln: O. Schmidt,1973.

[26] EDUARD DREHER. Der Paragraph mit dem Januskopf [M]// K. Lackner et al. (eds.), Festschrift für Wilhelm Gallas zum 70. Geburtstag,Berlin/New York: Walter de Gruyter, 1973.

[27] ERIC HILGENDORF. Strafrechtliche Produzentenhaftung in der Risikogesellschaft [M]. Berlin: Duncker & Humblot,1993.

[28] ERNST-WALTER HANACK. Zur Revision des Sexualstrafrechts in der Bundesrepublik[M]. Hamburg: Rowohlt,1969.

[29] EVA GRAUL. Abstrakte Gefährdungsdelikte und Präsumtionen im Strafrecht [M]. Duncker & Humblot,Berlin: 1991.

[30] FELIX HERZOG. Gesellschaftliche Unsicherheit und strafrechtliche Daseinsvorsorge: Studien zur Vorverlegung des Strafrechtsschutzes in den Gefährdungsbereich[M]. Heidelberg: R. v. Decker,1991.

[31] FELIX HERZOG. Grenzen der strafrechtlichen Kontrolle gesellschaftlicher Risiken: Eine kritische Perspektive auf das Gefährdungsstrafrecht[M]// R. Lahti, K. Nuotio (Hrsg.). Strafrechtstheorie im Umbruch. Finnische und vergleichende Perspektiven, Helsinki: Finnish Lawyer`s Publishing Company, 1992.

[32] FRANK NEUBACHER. An den Grenzen des Strafrechts: Stalking,Graffiti, Weisungsverstöße[J]. Zeitschrift für die gesamte Strafrechtswissenschaft (ZStW), 2007, 118(4).

[33] FRANK SALIGER. Feindstrafrecht: Kritisches oder totalitäres Strafrechtskonzept?[J]. Juristen Zeitung (JZ): 2006,15/16.

[34] FRANK ZIESCHANG. Die Gefährdungsdelikte[M]. Berlin: Duncker & Humblot,1998.

[35] FRANZ-XAVER KAUFMANN. Normen und Institutionen als Mittel zur Bewältigung von Unsicherheit: die Sicht der Soziologie[M]// Holzheu F,Bayerische Rückversicherung,eds. Gesellschaft und Unsicherheit. Karlsruhe: Versicherungswirtschaft, 1987.

[36] FRIEDRICH-CHRISTIAN SCHROEDER. Die Straftaten gegen das Strafrecht[M]. Berlin/New York: Walter de Gruyter, 1985.

[37] JOHANNES WESSELS, WERNER BEULKE. Strafrecht Allgemeiner Teil [M]. 42 Auflage, Heidelberg: C. F. Müller, 2012.

[38] JÜRGEN SCHMIDT. Untersuchung zur Dogmatik und zum Abstraktionsgrad abstrakter Gefährdungsdelikte: zugleich ein Beitrag zur Rechtsgutslehre[M]. Marburg: Elwert,1999.

[39] JULIA BRONS. Binnendissonanzen im AT: Die Vorfeld-und Beteiligungsstrafbarkeit nach dem StGBim Spannungsfeld zwischen europäischen Vorgaben und deutscher Strafrechtsdogmatik[M]. Baden-Baden: Nomos, 2013.

[40] MATTHIAS KRÜGER. Die Entmaterialisierungstendenz beim Rechtsgutsbegriff[M]. Berlin: Duncker & Humblot, 2000.

[41] GÜNTER JAKOBS. Kriminalisierung im Vorfeld einer Rechtsgutsverletzung[J]. Zeitschrift für die gesamte Strafrechtswissenschaft (ZStW), 1985, 97(4).

[42] GÜNTHER JAKOBS. Strafrecht: Allgemeiner Teil [M]. 2 Auflage. Berlin: W. de Gruyter, 1991.

[43] GÜNTHER JAKOBS. Strafrecht Allgemeiner Teil[M]. 2. Auflage. Berlin/New York: Walter de Gruyter,1993.

[44] GÜNTHER JAKOBS. Bürgerstrafrecht und Feindstrafrecht. [J]. Höchstrichterliche Rechtsprechung zum Strafrecht (HRRS),2004(3).

[45] GÜNTHER JAKOBS. Staatliche Strafe: Bedeutung und Zweck [M]. Paderborn/ München/ Wien/Zürich: Ferdinand Schöningh,2004.

[46] GÜNTHER JAKOBS. Terroristen als Personen im Recht?[J]. Zeitschrift für die gesamte Strafrechtswissenschaft (ZStW) , 2006, 117(4).

[47] GÜNTER STRATENWERTH. Zukunftssicherung mit den Mitteln des Strafrechts?[J]. Zeitschrift für die gesamte Strafrechtswissenschaft (ZStW), 1993, 105(4).

[48] GÜNTER STRATENWERTH. Zum Begriff des "Rechtsgutes"[M]// Albin Eser,Ulrike Schnittenhelm, Heribert Schumann(Hrsg.). Festschrift für Theodor Lenckner zum 70.

Geburtstag,München: C. H. Beck,1998.

[49] GÜNTER STRATENWERTH. Kriminalisierung bei Delikten gegen Kollektivrechts-güter[M]// Roland Hefendehl,Andrew von Hirsch,Wolfgang Wohlers (Hrsg.). Die Rechtsgutstheorie: Legitimationsbasis des Strafrechts oder dogmatisches Glasperlen-spiel?. Baden-Baden: Nomos, 2003.

[50] G. STAECHELIN. Strafgesetzgebung im Verfassungsstaat[M]. Berlin: Duncker und Humblot,1998.

[51] G. STAECHELIN. Interdependenzen zwischen der Rechtsgutstheorie und den An-griffswegen auf die dadurch bestimmten Güter[M]// K. Lüderssen (Hrsg.). Aufgeklärte Kriminalpolitik oder Kampf gegen das Böse?. Band I: Legitimation. Baden-*Baden*: Nomos,1998.

[52] HANS-HEINRICH JESCHECK, THOMAS WEIGEND. Lehrbuch des Strafrechts: Allgemeiner Teil[M]. 5 Auflage. Berlin: Duncker & Humblot,1996.

[53] HANS JOACHIM HIRSCH. Strafrecht als Mittel zur Bekämpfung neuer Kriminalitäts-formen?[M]// Hans-Heiner Kühne,Koichi Miyazawa(Hrsg.). Neue Strafrechtsentwick-lungen im deutsch-japanischen Vergleich, Köln: Carl Heymanns, 1995.

[54] HANS JOACHIM HIRSCH. Strafrecht als Mittel zur Bekämpfung neuer Kriminalitäts-formen?[M]// Hans-Heiner Kühne,Koichi Miyazawa(Hrsg.). Neue Strafrechtsentwick-lungen im deutsch-japanischen Vergleich. Köln: Carl Heymanns 1995.

[55] HANS JOACHIM HIRSCH. Gefahr und Gefährlichkeit(=FS für Arthur Kaufmann zum, 1993) [M] // v. Günter Kohlmann(hrsg.). Strafrechtliche Probleme. Berlin: Duncker & Humblot, 1999: 556-576.

[56] HANS JOACHIM HIRSCH. Konkrete und abstrakte "Gefährdungsdelikte"(=FS für Kazimierz Buchala, 1994)[M] // v. Günter Kohlmann(hrsg.). Strafrechtliche Probleme. Berlin: Duncker & Humblot, 1999: 623-636.

[57] HANS-JOACHIM RUDOLPHI. Notwendigkeit und Grenzen einer Vorverlagerung des Strafrechtsschutzes im Kampf gegen den Terrorismus[J]. Zeitschrift für Rechtspoli-tik(ZRP), 1979(9).

[58] HANS-JOACHIM RUDOLPHI. Verteidigerhandeln als Unterstützung einer kriminellen oder terroristischen Vereinigung i. S. der §§ 129 und 129a StGB [M]// Festschrift zum 70. Geburtstag von Hans-Jörg Bruns,Köln: Carl Heymanns, 1978.

[59] HANS-JOACHIM RUDOLPHI, ECKHARD HORN, JÜRGEN WOLTER, et al. Systematischer Kommentar zum Strafgesetzbuch: SK-StGB[C]. 7 Auflage. München:

Luchterhand,2007.

[60] HARRO OTTO. Die Strafbarkeit von Unternehmen und Verbänden[M]. Berlin/New York: de Gruyter, 1993.

[61] HEINRICH. Die Grenzen des Strafrechts bei der Gefahrprävention[J]. Zeitschrift für die gesamte Strafrechtswissenschaft (ZStW), 2009, 121(1).

[62] HERBERT JÄGER. Strafgesetzgebung und Rechtsgüterschutz bei Sittlichkeitsdelikten. Eine kriminalsoziologische Untersuchung[M]. Stuttgart: Enke, 1957.

[63] HERIBERT OSTENDORF. Grundzüge des konkreten Gefährdungsdeliktes[J]. Juristische Schulung (Jus),1982(6).

[64] HORST SCHRÖDER. Gefährdungsdelikte im Strafrecht [J]. Zeitschrift für die gesamte Strafrechtswissenschaft (ZStW),1969,81(1).

[65] IOANNA ANASTASOPOULOU. Deliktstypen zum Schutz kollektiver Rechtsgüter[M]. Munchen: C. H. Beck,2005.

[66] KURT SEELMANN. Risikostrafrecht: Die "Risikogesellschaft" und ihre "symbolische Gesetzgebung" im Umwelt-und Betäubungsmittelstrafrecht [J]. Kritische Vierteljahresschrift für Gesetzgebung und Rechtswissenschaft (KritV),1992(4).

[67] KARL BINDING. Lehrbuch des gemeinen deutschen Strafrechts: Besonderer Teil [M]. 2. Auflage. Leipzig : W. Engelmann, 1902.

[68] KARL BINDING. Die Normen und ihre Übertretung: Band I [M]. 4 Auflage. Aalen: Scientia Verlag,1965(Neudruck der 4 Auflage. Leipzig, 1922).

[69] KLAUS LÜDERSSEN. Das Strafrecht zwischen Funktionalismus und "alteuropäischem" Prinzipiendenken[J]. Zeitschrift für die gesamte Strafrechtswissenschaft (ZStW) , 1995, 107(4).

[70] KURT O. RABL. Der Gefährdungsvorsatz [M],Breslau-Neukirch: Alfred Kurtze, 1933.

[71] LOTHAR KUHLEN. Der Handlungserfolg der strafbaren Gewässerverunreinigung (§ 324 StGB)[J]. Goltdammer's Archiv für Strafrecht (GA), 1986.

[72] LOTHAR KUHLEN. Anmerkungen zur positiven Generalprävention[M]// Bernd Schünemann, Andreas von Hirsch, Nils Jareborg (Hrsg.). Positive Generalprävention. Kritische Analysen im deutsch-englischen Dialog, Uppsala Symposium 1996. Heidelberg: C. F. Müller, 1998.

[73] LUIS GRECO. Gibt es Kriterien zur Postulierung eines kollektiven Rechtsguts?[M]// Heinrich u. a. (Hrsg.). Festschrift für Claus Roxin zum 80 Geburtstag. Berlin/New York: De Gruyter,2011.

[74] MICHAEL BAURMANN. Vorüberlegung zu einer empirischen Theorie der positiven Generalprävention[M]// Bernd Schünemann,Andreas von Hirsch, Nils Jareborg (Hrsg.). Positive Generalprävention. Kritische Analysen im deutsch-englischen Dialog, Uppsala Symposium 1996. Heidelberg: C. F. Müller, 1998.

[75] MICHAEL BUNZEL. Die Potenz des verfassungsrechtlichen VerhaltnismaBigkeitsprinzips als Grenze des Rechtsgiiterschutzes in der Informationsgesellschaft[M] // Roland Hefendehl,Andrew von Hirsch,Wolfgang Wohlers (Hrsg.). Die Rechtsgutstheorie: Legitimationsbasis des Strafrechts oder dogmatisches Glasperlenspiel?, Baden-Baden: Nomos, 2003.

[76] PETER-ALEXIS ALBRECHT. Das Strafrecht auf den Weg vom liberalen Rechtsstaat zum sozialen Interventionsstaat[J].Kritische Vierteljahresschrift für Gesetzgebung und Rechtswissenschaft (KritV), 1988(3).

[77] PETER CRAMER. Der Vollrauschtatbestand als abstraktes Gefährdungsdelikt [M]. Tübingen: Mohr, 1962.

[78] REINHART MAURACH, HEINZ ZIPF, CHRISTIAN JÄGER. Strafrecht Allgemeiner Teil—Teilband 1: Grundlehren des Strafrechts und Aufbau der Straftat[M]. 9 Auflage. Heidelberg: C. F. Müller,2014.

[79] REINHART MAURACH, HEINZ ZIPF. Strafrecht Allgemeiner Teil—Teilband 1: Grundlehren des Strafrechts und Aufbau der Straftat[M]. 8 Auflage. Heidelberg: C. F. Müller, 1992.

[80] ROLAND HEFENDEHL. Kollektive Rechtsgüter im Strafrecht[M]. Köln: C. Heymann, 2002.

[81] ROLAND HEFENDEHL. Die Materialisierung von Rechtsgut und Deliktsstruktur[J]. Goltdammer's Archiv für Strafrecht (GA) 2002.

[82] ROLAND HEFENDEHL. Das Rechtsgut als materialer Angelpunkt einer Strafnorm[C]// Roland Hefendehl,Andrew von Hirsch,Wolfgang Wohlers (Hrsg.). Die Rechtsgutstheorie: Legitimationsbasis des Strafrechts oder dogmatisches Glasperlenspiel?, Baden-Baden: Nomos, 2003.

[83] STERNENBERG-LIEBEN. Rechtsgut: Verhältnismäßigkeit und die Freiheit des Strafgesetzgebers[M]// Roland Hefendehl,Andrew von Hirsch,Wolfgang Wohlers (Hrsg.). Die Rechtsgutstheorie: Legitimationsbasis des Strafrechts oder dogmatisches Glasperlenspiel?. Baden-*Baden*: Nomos, 2003.

[84] STEFAN HUSTER, KARSTEN RUDOLPH(Hrsg.). Vom Rechtsstaat zum Präventionsstaat

[M]. Frankfurt: Suhrkamp, 2008.

[85] THOMAS FISCHER. Strafgesetzbuch mit Nebengesetzen[M]. 65. Auflage. München : C. H. Beck, 2018.

[86] TOBIAS SINGELNSTEIN, PEER STOLLE. Die Sicherheitsgesellschaft: Soziale Kontrolle im 21. Jahrhundert[M]. Wiesbaden: Verlag für Sozialwissenschaften,2008.

[87] ULRICH SIEBER. Legitimation und Grenzen von Gefährdungsdelikten im Vorfeld von terroristischer Gewalt: Eine Analyse der Vorfeldtatbestände im Entwurf eines Gesetzes zur Verfolgung der Vorbereitung von schweren staatsgefährdenden Gewalttaten[J]. Neue Zeitschrift für Strafrecht (NStZ), 2009.

[88] URS KINDHÄUSER, ULFRID NEUMANN, HANS-ULLRICH PAEFFGEN (Hrsg.). Nomos Kommentar zum Strafgesetzbuch (NK): Band 1[M]. 5 Auflage. Baden-Baden: Nomos, 2017.

[89] SIEGFRIED KAUDER. Strafbarkeit terroristischer Vorbereitungshandlungen[J]. Zeitschrift für Rechtspolitik (ZRP), 2009(1).

[90] URS KINDHÄUSER, ULFRID NEUMANN, HANS-ULLRICH PAEFFGEN (Hrsg.). Nomos Kommentar zum Strafgesetzbuch (NK): Band 2[M].5 Auflage. Baden-Baden: Nomos, 2017.

[91] NIKOLAOS GAZEAS, THOMAS GROSSE-WILDE, ALEXANDRA KIEßLING. Die neuen Tatbestände im Staatsschutzstrafrecht,11Versuch einer ersten Auslegung der §§89a,89b und 91 StGB[J]. Neue Zeitschrift für Strafrecht (NStZ), 2009,29(11).

[92] Heinrich. Die Grenzen des Strafrechts bei der Gefahrprävention[J]. Zeitschrift für die gesamte Strafrechtswissenschaft (ZStW), 2009, 121(1)

[93] GUNTER ARZT, ULRICH WEBER, BERND HEINRICH, ERIC HILGENDORF. Strafrecht Besonderer Teil: Lehrbuch [M]. 2. Auflage. Bielefeld: Gieseking, 2009.

[94] GUNTER ARZT, ULRICH WEBER, BERND HEINRICH, ERIC HILGENDORF. Strafrecht Besonderer Teil: Lehrbuch [M]. 2. Auflage. Bielefeld: Gieseking, 2009.

[95] MARX. Zur Definition des Begriffs "Rechtsgut"[M]. Köln: Carl Heymanns, 1972.

[96] MICHAEL KLOEPFER, HANS-PETER VIERHAUS. Umweltstrafrecht[M]. 2 Auflage, München: C. H. Beck Verlag,2002.

[97] MONIKA VOß. Symbolische Gesetzgebung: Fragen zur Rationalität von Strafgesetzge-bungsakten[M], Ebelsbach: Gremer, 1989.

[98] JÜRGEN BAUMANN, ULRICH WEBER, WOLFGANG MITSCH. Strafrecht Allgemeiner Teil[M]. 11 Auflage. Bielefeld: Gieseking, 2003.

[99] JENS PUSCHKE. Vorverlagerung der Strafbarkeit am Beispiel der Verfolgung von Cybercrime in Deutschland[M] // Arndt Sinn (Hg.). Cybercrime im Rechtsvergleich: Beiträge zumdeutsch-japanisch-koreanischen Strafrechtssymposium 2013. Göttingen: V&Runipress GmbH, 2015.

[100] HANS-JOACHIM RUDOLPHI. Notwendigkeit und Grenzen einer Vorverlagerung des Strafrechtsschutzes im Kampf gegen den Terrorismus[J],Zeitschrift für Rechtspolitik (ZRP), 1979(9).

[101] FRIEDRICH-CHRISTIAN SCHROEDER. Die Straftaten gegen das Strafrecht[M]. Berlin/New York: Walter de Gruyter, 1985.

[102] GÜNTER JAKOBS. Kriminalisierung im Vorfeld einer Rechtsgutsverletzung[J]. Zeitschrift für die gesamte Strafrechtswissenschaft (ZStW), 1985, 97(4).

[103] O. HOHMANN. Das Rechtsgut der Umweltdelikte: Grenzen des strafrechtlichen Umweltschutzes[M]. Frankfurt am Main: P. Lang, 1991.

[104] O. HOHMANN. Von den Konsequenzen einer personalen Rechtsgutsbestimmung im Umweltstrafrecht[J]. Goltdammer's Archiv für Strafrecht (GA), 1992.

[105] PETER-ALEXIS ALBRECHT. Erosionen des rechtsstaatlichen Strafrechts[J]. Kritische Vierteljahresschrift für Gesetzgebung und Rechtswissenschaft (KritV) 1993.

[106] PETER CRAWMER. Der Vollrauschtatbestand als abstraktes Gefährdungsdelikt[M]. Tübingen: Mohr, 1962.

[107] THOMAS VORMBAUM. "Politisches" Strafrecht[J]. Zeitschrift für die gesamte Strafrechtswissenschaft (ZStW), 1995, 107(4).

[108] TONIO WALTER. §298 StGB und die Lehre von den Delikistypen[J]. Goltdammer's Archiv für Strafrecht (GA), 2001.

[109] URILICH WEBER. Die Vorverlegung des Strafrechtsschutzes durch Gefährdungs-und Unternehmensdelikte[M]// Hans-Heinrich Jescheck(Hrsg.). Die Vorverlegung des Strafrechtsschutzes durch Gefährdungs-und Unternehmensdelikte. Berlin/New York: Walter de Gruyter,1987.

[110] URS KINDHÄUSER. Gefährdung als Strafrecht[M]. Frankfurt amMain: Klostermann, 1989.

[111] URS KINDHÄUSER. Erlaubtes Risiko und Sorgfaltswidrigkeit: Zur Struktur strafrechtlicher Fahrlässigkeitshaftung[J]. Goltdammer's Archiv für Strafrecht (GA) 1994.

[112] URS KINDHÄUSER, ULFRID NEUMANN, HANS-ULLRICH PAEFFGEN (Hrsg.). Nomos-Kommentar zum Strafgesetzbuch[M]. Band 1. 3 Auflage. Baden-*Baden*:

Nomos, 2010.

[113] URS KINDHÄUSER. Rechtsgüterschutz durch Gefährdungsdelikte [M] // Knut Amelung (Hrsg.). Festschrift für Volker Krey zum 70. Stuttgart: Kohlhammer,2010.

[114] Urs Kindhäuser. Rationaler Rechtsgüterschutz durch Verletzungs-und Gefährdungsverbote[M]// Lüderssen (Hrsg.). Aufgeklärte Kriminalpolitik oder Kampf gegen das Böse?. Bd. 1. Baden-*Baden*: Nomos,1998.

[115] UDO DI FABIO. Sicherheit in Freiheit[J]. Neue juristische Wochenschrift (NJW), 2008, 61(7).

[116] WINFRIED HASSEMER. Theorie und Soziologie des Verbrechens: Ansätze zu einer praxisorientierten Rechtsgutslehre[M]. Frankfurt a. M: Athenäum,1973.

[117] WINFRIED HASSEMER. Symbolisches Strafrecht und Rechtsgüterschutz[J]. Neue Zeitschrift für Strafrecht (NStZ), 1989(12).

[118] WINFRIED HASSEMER. Einführung in die Grundlagen des Strafrechts[M]. 2. Auflage. München: Verlag C. H. Beck,1990.

[119] WINFRIED HASSEMER. Kennzeichen und Krisen des modernen Strafrechts[J]. Zeitschrift für Rechtspolitik(ZRP),1992(10).

[120] WINFRIED HASSEMER. Produktverantwortung im modernen Strafrecht[M]. Heidelberg: C. F. Müller,1994.

[121] WINFRIED HASSEMER. Produktverantwortung im modernen Strafrecht [M]. 2 Auflage. Heidelberg: C. F. Müller, 1996.

[122] WINFRIED HASSEMER. Grundlinien einer personalen Rechtsgutslehre[M] // Andrew von Hirsch (Hrsg.). Strafen im Rechtsstaat. Baden-Baden: Nomos, 2000.

[123] WINFRIED HASSEMER. Sicherheit durch Strafrecht[J]. Strafverteidiger (StV), 2006, 24(3).

[124] WOLFGANG BREHM. Zur Dogmatik des abstraktenGefährdungsdelikts [M]. Tübingen: J. C. B. Mohr,1973.

[125] WOLFGANG KÖCK. Risikovorsorge als Staatsaufgabe[J]. Archiv des öffentlichen Rechts (AöR), 1996,121.

[126] WOLFGANG NAUCKE. Schwerpunktverlagerungen im Strafrecht [J]. Kritische Vierteljahresschrift für Gesetzgebung und Rechtswissenschaft (KritV), 1993(2).

[127] WOLFGANG WOHLERS. Deliktstypen des Präventionsstrafrechts—zur Dogmatik "moderner" Gefährdungsdelikte[M]. Berlin: Duncker & Humblot,2000.

[128] WOLFGANG WOHLERS. Rechtsgutstheorie und Deliktsstruktur [J]. Golddammer's

Archiv für Strafrecht (GA) 2002.

[129] WOLFGANG JOECKS, KLAUS MIEBACH. Münchener Kommentar zum Strafgesetzbuch: Band 1: §§ 1-37.3 Auflage. München: C.H.Beck,2017.

[130] YOUNG-WHAN KIM. Zur Veränderung der Verantwortungsstrukturen in der modernen Risikogesellschaft [M]//Risiko und Prognose: Rechtliche Instrumente zur Regelung von Gefährdungen in Korea,Japan und Deutschland aus zivil-, öffentlich-und strafrechtlicher Sicht: Vorträge des 2. trilateralen-deutsch-japanisch-koreanischen-Seminars,20-22. Juni 2006 in Konstanz. Wolfgang: Heinz, 2008.

四、韩文文献

[1] Eric Hilgendorf, 형법의 세계화와 전문화 [M]. 이상돈 , 홍승희 , 역 . 서울 : 박영사 , 2010.

[2] 김재윤 . 형법을 통한 안전보장의 가능 성과 한계에 관한 고찰 [J]. 비교형사법연구 , 2004,6(1)

[3] 김재윤 . 現代刑法에 있어 擧證責任轉換의 許容限界에 對한 考察 [J]. 저스티스 , 2005.

[4] 김재윤 . 위험사회에 있어 형법의 팽창현상에 대한 비판적 고찰 [J]. 비교형사법연구 , 2005,7(1)

[5] 김재윤 . 현대형법의 위기와 과제 [M]. 광주광역시 : 전남대학교출판부 ,2010.

[6] 김정환 . 독일 형법발전의 최근 동향 [J]. 韓獨法學 , 2012,17.

[7] 김정환 . 테러예비행위와 보호감호의 규정을 통해 살펴본 독일형법의 유럽화와 기능화 [J]. 비교형사법연구 ,2012,14(1).

[8] 김학태 . 상징형법의 의미와 기능 [J]. 외법논집 ,1999,6.

[9] 김학태 . 법의 상징기능에 관한 연구 - 상징입법의 개념과 기능에 대한 비판적 고찰 [J]. 법철학연구 ,2000,3(2).

[10] 김학태 . 현대위험사회에서의 형법상 귀속구조 [J]. 비교형사법연구 ,2001,3(1).

[11] 김성돈 . 형법총론 [M]. 제 2 판 . 서울 : 성균관대학교 출판부 ,2009.

[12] 김영환 . 위험사회에서의 형법의 귀속원리 [J]. 법철학연구 ,2000,3(1).

[13] 김영환 . Über die Veratwortungsstruktur inder Risikogesellschaft [J]. 법철학연구 ,2011,14(3)

[14] 김일수 . 위험형법 • 적대형법과 사랑의 형법 [J]. 고려법학 ,2012,65.

[15] 박강우 . 危險社會와 刑法의 變化 [J]. 형사정책연구 .1997,8(4).

[16] 박강우 . 사회변화와 형사입법의 정당화조건 : 형법의 기능화의 문제와 형법각칙 과 형사특별법의 개정방향 [J]. 형사법연구 ,2012,24(3).

[17] 이용식 . 위험사회에서의 법익보호와 적극적 일반예방 [J]. 형사정 책 ,2001,13(1).

[18] 이진국 . 형사입법자의 형벌법규 제정권한의 한계에 관한 연구 [M]. 서울 : 한국 형사정책연구원 ,2003.

[19] 朴桃顯 . 危險社會에서의 法益侵害에 관한 刑法的 考察 [D].[博士]. 광주광역 시 : 全南大學校大學院 ,2011.

[20] 이진국 . 형사입법에서 법익개념의 체계비판적 기능 [J]. 동아법학 ,2005,37.

[21] 이재일 . 범죄인의 Magna Charta 로서의 형법이념의 포기 : (반시민적) 적형법 [J]. 韓獨法學 ,2012.

[22] 백상진 . 위험형법의 전개에 대한 비판과 바람직한 형법적 대응방안 [J]. 비교형 사법연구 , 2011,13(1).

[23] 류전철 . 위험원의 제거와 형법의 과제 [J]. 아주법학 ,2010,4(2).

[24] 최성진 . 현대사회에 있어서 형법의 이원화 경향 : Jakobs 의 적대형법 구상을 예 로 하여 형사정책연구 . 형사정책연구 ,2010,21(3).

五、英文文献

[1] JOHN C. COFFEE JR. HUSH!: The Criminal Status of Confidential Information After McNally and Carpenter and the Enduring Problem of Overcriminalization[J]. American Criminal Law Review(26), 1988.

[2] JONATHAN SIMON. The Emergence of a Risk Society: Insurance,Law,and the State[J]. Socialist Review(95), 1987.

[3] KADISH. Some Observations on the Use of Criminal Sanctions in Enforcing Economic Regulations[J]. University of Chicago Law Review(30), 1963.

[4] O'MALLEY. Risk, Power and Crime Prevention[M] // G. Hughes et. al. (eds) Criminological Perspectives: EssentialReadings. London: Sage, 2003.